# 藤原保信著作集

10

## 公共性の再構築に向けて

齋藤純一・谷澤正嗣❖編

新評論

教壇にて　1991年

# 刊行の辞

政治学者藤原保信が一九九四年六月五日に五八歳で逝去してからほぼ一〇年の歳月が経過した。このたび、没後一〇年を節目に、〈藤原保信著作集〉を刊行し、混迷を深めつつある二一世紀にその思索の意義をあらためて世に問うこととした。

本著作集刊行の第一の意義は、藤原の多岐にわたるテキストを再編し、全体を見渡しやすいものにすることによって、かれの研究を貫いている問題関心が何であったかを明らかにできることである。近代の秩序を規定してきた考え方を問題化し、原子論・機械論に代わる秩序のあり方を積極的に探ろうと試みた藤原の思想の軌跡を辿ることによって、一九七〇年代から九〇年代にかけての思想状況において、近代に対してどのようなスタンスの取り方が可能であったかをとらえなおすことができると思われる。藤原は、アリストテレスの「プロネーシス（実践知）」やヘーゲルの「人倫」の概念などに着目しながら、実践哲学を復権させることの必要性に注意を喚起した。政治学者として藤原は、近代の秩序をどのように再編すべきかについての実質的な指針となりうるような、規範理論としての性格を政治学が取り戻すべきであると強調したのである。

つぎに、藤原は個々の作品それぞれとしても色褪せない学問的意義をもったテキストを遺したが、それらのうち一部のものは現在手に入りにくくなっている。著作集の刊行によってそれらをより広範な読者に提供できることが、第二の意義として挙げられる。たとえば、『近代政治哲学の形成――ホッブズの政治哲学』（一九七四）、『政治哲学の復権』（一九七九／増補版八八）、『二〇世紀の政治理論』（一九九一）、『大山郁夫と大正デモクラシー』（一九八九）などはそのような作品である。これらに加えて、〈公共性論〉など、これまで学術雑誌等には発表されてはいたものの、藤原自身の単行本には含まれていない諸論文も本著作集には収録される（第一〇巻）。

さらに、藤原の著作には、ホッブズ論やヘーゲル論など、かれの同時代の政治思想史研究の進展に貢献したものだけではなく、現代の政治理論・政治哲学に新しい学問的関心を喚起したものも少なくない。とりわけ、ジョン・ロールズらの正義論、コミュニタリアニズム（共同体論）、環境倫理学などについては、日本の政治学界においていち早く関心を寄せた研究者の一人であった。そうしたアクチュアリティを帯びた関心がどのように成立したのか、またそれらの関心が互いにどのように関連しているのかを探り、〈藤原保信政治哲学〉の総合的把握を可能にすること、これが本著作集刊行の第三の意義と考える。

本著作集の刊行を通して、ともすれば別個のものに分かれがちな政治思想史の研究と規範的な政治理論の研究とを有機的に結びつけようと格闘した一人の研究者の学問の姿をくっきりと浮かび上がらせることができるものと確信する。藤原が西洋の政治思想の研究を主としながらも、早くから日本の政治思想の研究にも深い関心を示し、その関心を堅持したことも周知の事実である。それらの関心がいかに結びついていたのかも、かれの学問の全体像のなかに示されるはずである。

アーネスト・バーカーとT・H・グリーンを読み解くことから出発し、ホッブズの批判的検討を通して、ヘーゲルやアリストテレス、そして現代のコミュニタリアンの立場に接近するに至った藤原の学問は、つねに理想主義的な、あるいは観念論的な色彩を帯びていた。事実、時事的な評論や談話といったテキストを、藤原はほとんど遺していない。教育論や学問論についてはいくつかのテキストを書いてはいるが、それらは研究テーマに基づく編集を旨とした本著作集には収めることはできなかった。それにもかかわらず、研究と教育や後進の指導とを別々のものとは考えなかった藤原の学問のスタイルも、政治学は「現実との対決の姿勢を決して失うべきではない」という信念にもとづくかれの学問的態度も、行間からおのずと明らかになってくるはずである。社会の現状に対する批判的な感性と、将来に向けての規範的な構想力を涵養することがいまこそ求められているとするならば、藤原の理想主義的な学問には現実的な意義があることをわれわれは確信する。本著作集が一人でも多くの真摯な読者の手に届くことを願ってやまない。

学術書の出版をめぐる厳しい環境のなかで、本著作集を刊行することができたのは、非常に多くの方々の精神的、物質的なご支援の賜物である。お名前をひとりひとり挙げることはできないが、ここではとくに、早稲田大学政治経済学部ならびに早稲田大学大学院政治学研究科において藤原保信の学問的指導を直接受けた卒業生たちからの貴重な援助に対して心からお礼申し上げたい。

〈藤原保信著作集〉編集委員会

厚見恵一郎　飯島昇藏　梅森直之　荻原　隆　押村　高　金田耕一　川出良枝
岸本広司　齋藤純一　佐藤正志　添谷育志　田中智彦　谷　喬夫　千葉　眞
中金　聡　引田隆也　松園　伸　的射場敬一　谷澤正嗣　山岡龍一　山田正行

二〇〇四年一二月

編集委員会を代表して

飯島昇藏

# 藤原保信著作集　第一〇巻　公共性の再構築に向けて　目次

藤原保信著作集　第一〇巻

# 公共性の再構築に向けて

# 凡例

1　各巻内部のテキストの配列は編者の判断によるものであり、必ずしも発表・刊行順とはしなかった。なお、初出は各章末に付した。
2　文章はかなづかいを含め基本的に初出の原文のままであるが、編者の判断により、明らかに誤植や誤記と思われるものは訂正した。
3　（　）をはじめ各種の記号は原文のものであり、編者の判断によって言葉を補った場合には〔　〕を用いた。
4　必要と思われる範囲で固有名詞等の表記の統一を行った（ただし表記の統一は基本的に各巻の内部にとどめた）。
5　補注が必要であると編者が判断した場合は、その箇所を※で示した。
6　編者の責任で人名索引および事項索引を作成し、巻末に付した。
7　第一〇巻（本書）に年譜と著作目録を付した。

# 第Ⅰ部　公／私概念の再検討

# 公共性の再構築に向けて——思想史の視座から

## 一　公的領域と私的領域

『人間の条件』（*The Human Condition*, 1958）の著者H・アレントによれば、古代のギリシア人やローマ人にとっては、公的空間から切り離されたたんなる私生活《プライヴァシー》は、人間として欠如した状態であった。

「ギリシア人にとっては、共通なものの世界の外部において、「自分自身の」（idion）私生活において送る生活は、本質的に「愚かしい」（idiotic）ものであったし、ローマ人にとっては、私生活は公的なるもの *res publica* の仕事からの一時的な避難所を提供するにすぎなかった。……古代人の感情においては、言葉そのものが示しているように、私生活《プライヴァシー》のもつ欠如的な特徴 privative trait は、きわめて重要な意味をもっていた。それは文字通り、何ものかが奪われている being deprived、いな人間の能力のうちでもっとも高貴でもっとも人間的なものが奪われている状態を意味した。私的生活しか送らない人間、奴隷のように公的領域に入ることを許されていない人間、あるいは野蛮人のようにそのような公的領域を設立しようとしない人間は、完全には人間ではなかった[1]」。

もちろん、古代ギリシアにおいても、公的生活から区別された私的生活、公的領域から区別された私的領域が存在しなかったわけではない。それどころか、たとえばアリストテレスは、プラトンとは異なって、家族や私有財産をより人間性にかなったものとして認める。そして『政治学』においては、政治的共同体《コイノーニア・ポリティケー》の生成に先立って、家《オイコス》や村落《コーメー》の存在を認める[2]。にもかかわらず、政治的共同体としてのポリスは、これらの共同体を包摂した最高に位置しているものであり、そこにおいてのみ人間はまさに人間としての十全な生活を営みうるというのであった。かくしてポリスの市民にあらざる人間、私的な領域にのみ生きる人間は、人間としての要件を奪われた人間であった。

このような公的領域の優位は中世にも存在した。あるいはヘーゲルやマルクスの表現を用いるならば、そこにおいては公的領域と私的領域、いわば政治的諸要素と市民社会的諸要素とは未分化であったともいえる。すなわち、たとえば領主権、身分、職業団体という形で、私的事項が公的性格をおび、公的事項が私的性格をおびていたといえる。そしてまさに市民革命に象徴的な形であらわれる政治的解放の本質は、この両領域、両要素の分離にあった。財産、家族、労働という私的、市民社会的諸要素は、政治的国家の拘束から解放され、各人の自由に委ねられるものとなった。政治的国家は、外交関係の処理と国内的な秩序の維持という外的なことがらにかかわり、むしろ市民社会における個人の自由な活動を保障するためのものとなった[3]。ここに公的、政治的領域と私的、市民社会的領域との関係は逆転したともいえる。

もちろん、この過程は思想的にも実践的にも中世から近代への移行における徐々の過程であった。しかし、それを理論的にもっともよく表現しているのが、市民革命期の中心的な政治理論である社会契約説であったといえる。そこでは、アリストテレスとは逆に、前政治的、時には前道徳的な状態こそ、人間の自然の状態であり、政治社会は手段的な作為の所産とされた。

たとえば、ホッブズは最初の書物である『市民論』（*De Cive*, 1642）第一章において、アリストテレス的なゾーン・ポリティコン〔政治的動物〕の観念を否定し、「かかる公理は、大多数の人びとによって受け入れられているけれども、まったく誤りであり、人間性をあまりにも皮相にしか考察しないことから生ずる過誤である」といいつつ、つぎのように述べていた。

「というのも、人びとが結合し、相互の交わりのうちに喜びを見出す理由をつぶさに究めようとする人ならば、そのことが起こるのは、自然的にそれ以外のものではありえないからではなく、偶然によってであることを容易に見出すであろう。……それゆえわれわれは自然本性によって by nature それ自身を目的として社会を求めるのではなく、そこからなんらかの名誉や利益を得るためであるということになる。われわれはまず第一に後者を求めるのであり、前者は二次的である[4]」。

ホッブズの自然状態は、前（没）政治的であるのみならず、前（没）道徳的な状態でもある。そこでは完全に自由で平等な個人は、自分自身の保存のための自然権をもっている。自分自身の能力の範囲内にあるかぎり、いかなることをもなしうる。しかしそれゆえにホッブズの自然状態は、「万人の万人に対する戦争」の状態であった。そこで人びとは死の恐怖に促され理性の計算を通じて、平和の戒律としての自然法を発見する。ホッブズにとってかかる自然法が唯一の道徳規則であったが、それだけでは、平和の条件として十分ではない。そこで各人の各人との信約《コヴェナント》を通じて、授権という形をとって主権者を設立し、その保護のもとで相互の平和と安全を確保しようとするのである。ここでは、政治社会は前政治的な個人の自己保存のよりよき実現のための手段として存在することになる。公的、政治的領域は、決してそこにおいておのれを十分に実現できる自然的な場としてあるのではない。

同様な論理は、ロックにもみられた。もっとも、周知のように、ロックはすでに自然状態に自然法の存在をみた。しかしその自然法も、もはやアリストテレス的にそれ自身としての道徳的行為を命ずるものではなく、お互いを侵害しないために他人の自然権の尊重を命ずるものにすぎなかった。しかもロックのばあいにも、そのような自然法の解釈、執行、それを侵した者にたいする処罰が、完全に個々人に委ねられているかぎり、自然状態は不安定な状態である。そこでロックにおいても、同意による政治権力の設立は不可避とされる。もっともこのばあい、ロックは、すでに自然状態に所有権《プロパティー》をみていた。各人が自分自身の生命とその諸能力の所有者であり、かつ人間にとっての有用なる事物の価値の九九パーセントは、その取得のために費やされた労働の結果であるがゆえに、各人の労働の所産は、各人の所有物として各人に帰属するのが正しいとしたのである。しかも貨幣の導入を通じて、最初は所有権に課せられていた自然法的制約も撤廃され、無限の所有と蓄積が正当化されていったのであるから、すでにそこに一定の社会的な相互依存関係が成立していたといえる。このことは、『政府論』（一六九〇年）の最終章における「社会の解体」と「政府の解体」との区別においても明らかであって、抵抗権の行使によって政府が解体されたとしても、なおも社会が存続するのであり、母胎としての社会を通じて新しい政府を設立することができるとしたのである。ここでは明らかに市民社会と政治的国家は分離され、政治的領域は市民社会的諸要素（このばあいには生命、自由、財産という個人の自然権）をよりよく実現するためのものとしてあるといえる。

たしかに、すでに触れたように、アリストテレスもまた家、村落、ポリスという形で、政治社会の生成をたどった。しかし論理的には、全体としてのポリスが他の共同体《コイノーニア》に先行しているのであり、そこにおける生活が人間の自然本性にかなった生活であった。M・リーデルのいうように、たんなる家や村落における生活は、人間としての形相（目的）が欠落《ステレーシス》した状態であった(5)。これにたいして、ホッブズやロックにおいては、時間的にも論理的にも、個人が国家に先行するのであり、国家は個人の生存のための手段としてあるといえる。

## 二　ノミナリズムと普遍の外化

だが、このことはたんなる政治思想の領域の問題にとどまらない。われわれはむしろ、その背後にある基本的な思惟の様式や存在理解をみていかなければならない。

すなわち、プラトンやアリストテレスが、論理的には全体が部分に先行するというとき、それはたんに社会の問題にとどまらなかった。むしろ存在の世界全体が、そのような構成をもっていたのである。プラトンにとってもアリストテレスにとっても、人間の社会そのものが、それを包摂する自然（宇宙）の一部分にすぎなかった。人間をうちに包む存在の宇宙論的秩序《コズミック・オーダー》が存在し、むしろ人間はその一部としてそこから規範をひき出すべきものとされていた。プラトンにとっては、それは善のイデアの認識を通じてはじめて姿をあらわすものであり、それゆえに善のイデアは「真理と知識を超え、さらにより高い価値をもつ(6)」ものであった。アリストテレスにとっても、人間の世界を超え、不動の動者としての神々が統《す》べる存在の宇宙論的秩序が考えられていたのであり、アリストテレスがいわゆる観照的＝理論的生活（bios theōrētikos）を実践的＝政治的生活（bios politikos）の優位においたのはそれゆえであった。人間はその理性能力を通じて、一部分神のロゴスに与《あずか》りうるのであり、そこにこそ至福をみていたのであった。そして人間の形相（目的）はかかる存在の秩序においてそれが占める位置によって決定されていたのである。

同様な議論は、中世最大の哲学者トマス・アクィナスにもみられた。周知のように、トマスはこの世を支配する法に、永久法、自然法、人定法、神法を分けたが、このうち理性的存在者たる人間の規範としての自然法は、全宇宙を創造し、主宰し、それゆえにすべての被造物を貫く神の意志の表現としての永久法に由来するものであった。トマスにおいても、全体が部分に先行し、部分の価値はその全体の階層的秩序において占める位置によって決定されていた。トマスがことさらに共通善（bonum commune）の観念を強調するのは、それゆえであり、ここにおいても個の目的は全体のそれに調和的に組み込まれて存在していた。

ここで、われわれがこのような存在理解から近代的存在理論への移行をみようとするならば、われわれはさまざまのものに言及しなければならないであろう。中世後期のノミナリズム、ルネサンスと宗教改革、地理上の発見、科学革命、等々さまざまのものがさまざまの形でその生成にかかわっていたといえる。しかしここで、その成立した形態にのみ言及するならば、そのひとつの前提が、自然からの人間の分離と、自然の調和的秩序の解体にあったことは否めない。デカルトのコギトがそのひとつの典型であり、そこでは思惟の主体と対象、いわば主観と客観が分離されつつ、対象の世界は人間がおのれ自身の内なる真理基準にしたがって構成していくべきものとされた。同様な機能は、ホッブズの“annihilation”ないし“privation”という手続きにもみられた。すなわち、ホッブズは、仮にこの世界からすべての物がとり除かれたとして、そこにおいて物体の場所が決定される空間と物体の運動が測定されうる時間とを、主観の側の“a co-ordinate system”として想定せざるをえないというのである。(7) かくしてここでも主観と客観が分離され、自然は唯一の存在としての物体とその運動を通じて構成されることになる。もっともこのばあいホッブズは、人間における観念の成立を、感覚器官によって受けとめられた外なる物体の運動に求める。そこにおける運動が神経組織を通じて頭脳まで伝えられたとき、そこでのリアクションがそれぞれの感覚器官に一定の像を結ぶというのである。そしてかかる心像《イメージ》が残存して記憶となり、そこにさまざまの観念の系列が成立していくというのである。この意味では、観念の成立は受動的であるようにみえるかもしれない。しかしホッブズによれば、観念の系列が言葉の系列へと組み換えられ、定義に始まる確実な推論が可能となったとき、そこにはじめて学問《サイエンス》が成立する。

　ホッブズは自然の全体像の認識が可能などと考えていない。ホッブズによれば、「無限」とは、われわれがそのものの「終わりや限界を考えることができない」という意味で、われわれの能力の限界を示す以外のものではない。(8) すでに完全に機械論化されたホッブズの自然像においては、全体は部分の量的結合にすぎないものであったが、その自然についてすら、われわれが知りうるのは部分像の機械論的集合にすぎなかったのである。そのかぎりにおいて、人間の自然認識は、むしろ意識の構成物であったといえる。ホッブズがアリストテレスと異なって、自然学そのものはある種の蓋然性を免れないとしながら、幾何学と政治哲学にのみ論証可能な確実な学の成立を認めたのはそれゆえであった。幾何学の対象がコンパスや定規を使って人工的に描き出すところに成立するのと同様に、政治哲学の対象としての国家も、自分自身を素材とし自分自身の内なる原因によって人工的に作り出すところに成立するからであった。このようにして、ここでも自然の世界は、おのれの内なる真理基準にしたがった主観の構成物となっていくのである。

ここで、そのように機械論化されたホッブズの自然像における「特殊」と「普遍」の関係についていうならば、ホッブズにとって唯一の存在は特殊的なる個物であり、普遍は多くのものについての言葉の共通性をあらわすものにすぎなかった。それは決して事物に内在するものではない。ここにホッブズのノミナリズムが端的に表現されているともいえるが、この問題がより強く意識されているのがロックであった。ロックもまたあらゆる生得観念を否定し、人間の有するすべての観念、すべての知識を、感覚とそこから得られた諸観念にたいする心の作用の知覚としての内省に由来せしめる。そして感覚の成立についても、ホッブズと同じく、アリストテレス的な対象のもつ形相が質料を抜きにしてそのまま受けとめられるとする立場を否定し、もっぱら対象から伝えられるものは異なった運動にすぎないとする。そして感覚→心像→記憶という観念の成立についてもほぼホッブズと同様である。ロックにおいてもすべての複雑観念は、このようにして得られた単純観念の結合よりなる。そしてこの複雑観念をおおきく様相（modes）、実体（substances）、関係（relations）に分けるのであるが、時間および空間の様相における無限ということに関していうならば、それについてわれわれが知りうるのは実定的観念（positive idea）ではなく、われわれの心のなかの観念の飛翔によって得られる否定的＝消極的観念（negative idea）にすぎないというのである。この意味で、ここでもわれわれの知りうる自然の世界は感覚と内省より得られた有限な世界にかぎられる。「それゆえ、われわれが感覚と内省から受けとる単純観念がわれわれの思惟の限界であるということは、わたくしには至当に思われる。それを越えては、どんなに努力しようと、心は一歩も前進することができないし、それらの観念の本性と隠れた原因を探ろうとしても、心は何も発見することができないのである」(9)。このことは伝統的な実体や本質についての問いを無意味とすることを意味する。ロックによれば、実体については、われわれはそれが様相を通じて仮に存在することは知りえたとしても、それが何であるかは知りえない。同様に本質についても、「事物の実在の内的な、しかし一般には（実体としては）知られていない構成[10]」としての実在的本質（real essence）についてわれわれは何も知りえないのであり、われわれの知りうるのは、たんなる唯名的本質（nominal essence）にすぎない。このばあいロックが唯名的本質によって意味するのは、たんなる名辞の結合よりなる抽象観念にすぎず、「類や種の人為的構成 artificial constitution[11]」にほかならない。いわばロックによれば類や種は実在的なものではなく、類似性にもとづき特殊的なるものを次々に抽象することによって得られる抽象観念であり、「人びとの知識のより容易で確実な進歩と伝達のために、いわば束にして事物を考察せしめ議論せしめる[12]」ためのものにすぎない。

このようにしてホッブズにとってもロックにとっても、特殊的な個物が唯一の実在であり、普遍は人為的構成物であり、観念のつくり出した抽象物にすぎなかった。アリストテレス＝トマス的伝統においては、普遍は個物に内在し、それゆえに個物は特殊的なるものと普遍的なるものとの総合として存在していたのである。この意味で、ホッブズやロックにおいて、普遍は完全に外化され抽象化されたといえる。しかも存在の世界は、感覚より得られた単純観念よりなる人為的構成物にすぎなかった。このような存在理解が、われわれがすでにみたその政治理論における公的、政治的領域と私的、市民社会的領域との分離、そして後者の自立化と前者の外化、手段化という問題と密接不可分な繋がりをもっていることはすでに明らかであろう。存在理解におけるノミナリズムは、政治理論におけるノミナリズムと不可分の結びつきをもっており、むしろ後者は前者の帰結であったともいえる。このことは、公的、政治的空間の回復、公共性の再構築は、もはやたんなる政治理論内部の問題ではなく、存在理解そのものの転換をともなわざるをえないことを意味する。

## 三　人倫と類的存在性

さて、ホッブズ、ロック、およびその他の啓蒙主義者にみられる公的、政治的領域の外化、手段化は、当然のこととしてそれへのリアクションを呼び起こさざるをえなかった。いわゆるロマン主義者は別として、すでにルソーは（ルソー自身ロマン主義と無縁ではなかったが）、『社会契約論』（一七六二年）において、政府の意志が国民の意志より乖離しないための直接民主主義を主張するのみならず、そこに成立する国家にある種の道徳的教化の役割をも期待していた。しかしそのような共同性、公共的空間の回復への志向は、ヘーゲルにおける人倫（Sittlichkeit）やマルクスにおける類的存在（Gattungswesen）という概念のうちにより明確に看取しうる。

さて、ヘーゲルは『精神現象学』（一八〇七年）の「理性」の章において、人倫を定義し、「人倫とは、諸個人が自立的な現実性をもちながら、かれらの本質の絶対的統一を得ていることにほかならない」といい、また「人倫とは、他の意識のうちに自己を現実化している即自的に普遍的な自己意識にほかならず、それはかかる他の意識が完全に自立性をもち、あるいはそれにたいして物でありながらまさにそこにおいて自己意識は他の自己意識との統一を自覚しており、かかる対象的な実在との統一においてはじめて自己意識であるようなものである」(13)という。この意味において、人倫とは諸個人が現実に自立的でありながら、しかも他者との本質的統一を自覚している人間存在のあり方であるといえる。それゆえにそれはたんに近代以前、とりわけ古代ギリシアへの回帰ではない。むしろ解放され、自立化した個を媒介としながらの他者との統一の回復であり、公的、政治的世界の回復であるといえる。

もっともこのばあい、ヘーゲルは最初からこのような立場にあったわけではない。ベルンからフランクフルト時代のヘーゲルは、むしろ古代ギリシアやローマの共和制に共鳴し、それを憧憬をもって眺めていた。しかしやがて、そこにおいては全体のうちに個人が埋没していたことを自覚していく。そしてたんなる理念による変革ではなく、現実の諸連関を介した人倫的世界の確立を模索していく。それはすでに人間の自然的な欲望、それを実現するための労働、労働の所産についての所有とその市場を通じての交換、というまさに市民社会の連関を通じての人倫的結合の回復という形をとるのである。それが体系的に示されたのが『法の哲学』（一八二一年）であったが、そこにおいては人倫の体系は、周知のように、家族、市民社会、国家という形で示されるそこでは家族にあった人倫の直接的一体性は、市民社会における分裂を介し、国家において回復されていくのである。もっともすでに諸氏によっても指摘されているように、ヘーゲルは市民社会において、所有と交換のシステムが一定の相互依存の体系をつくり出し、身分や職業団体という中間団体が一定の教養形成《ビルドゥング》の機能を担いうると考えていた。このような解放された個人の主体性と特殊性、しかもそこに成立している一定の依存関係に媒介されているがゆえに、近代国家は、まさに古代ポリスと異なった強さと拡がりをもつと考えていたのである。

ここで、いわゆる人倫的理念の現実性としてのヘーゲル国家の歴史的制約やその歴史的限界を云々することはしないであろう。むしろここでわれわれにとって問題なのは、このような私的、市民社会的領域を介した公的、政治的領域ないし空間の回復を支える基本的な論理であり、その存在理解である。われわれが、ここですでに述べたところとも関連させつつ、ヘーゲルにおけるいわゆる普遍性（Allgemeinheit）、特殊性（Besonderheit）、個別性（Einzelheit）という三つの契機との関連でいうならば、それは存在そのものの運動の形式でもあり、すべては無規定の普遍性より出発しながら、分裂しおのれに内容を与え、おのれを規定しつつ、統一へと回帰していく。その意味で、その政治理論において個を介した人倫的世界の回復を意図したヘーゲルは、その存在理解においても、特殊性を介した普遍性の回復という形で、ノミナリズムの克服を企てたといえる。ヘーゲルにとって普遍は決して抽象的、外的なものではなかった。にもかかわらず、このばあいヘーゲルが存在の根底にみたものは、精神《ガイスト》であり、ヘーゲルは精神の自己展開の運動のうちに、さきの三つの契機の展開をみたのである。ヘーゲルにとって精神の外なる存在（自然）がどのようなものであったかは必ずしも明らかではない。ヘーゲルが、対象意識でありながら自己意識であり、まさに即且対自的な存在としての精神の運動において、具体的普遍として存在の世界が開示されると考えていたことは疑いえない。

　この点は、マルクスのヘーゲル批判の出発点でもあった。すでにマルクスは『ヘーゲル国法論批判』（一八四三年）において、ヘーゲルにおいては、主語と述語、思惟とその対象との関係が逆立ちしているという。「かれは理念の主語であるところのものを、それのひとつの産物、ひとつの述語にした。かれはみずからの思惟を対象から展開するのではなく、対象を、それ自身完成した、しかも論理の抽象的な領域のなかでおのれ自身完成した思惟にしたがって展開する」[14]。かくしてマルクスは、思惟からではなく対象から、理念からではなく現実から出発しながら、対象の展開の論理として思惟を用いていく。唯物史観が、それに最終的な定式化を与えていったことはいうまでもないであろう。しかしわれわれは、マルクスの意図にもかかわらず、ここでヘーゲルとマルクスの相違のみを強調しないようにも注意しなければならない。けだし実際には、マルクスのばあいにも、対象は一定の概念や思惟をもってのみ記述され展開されうるのであり、その意味では一定の解釈たるを免れえないからである。

ところで、ヘーゲルが市民社会的分裂を止揚した人倫的共同体の再興を意図したように、マルクスもすでに最初から市民社会と政治的国家との分裂の止揚を意図していた（そしてそれは個人の内面における公と私の分裂の止揚でもあった）。ただそのばあい『ヘーゲル国法論批判』を中心とする最初期においては、マルクスはそれが普通選挙制や言論、出版の自由というブルジョア的諸権利の実現を通じて可能であると考えていた。「無制限な選挙および被選挙において市民社会ははじめて現実的に自分自身の捨象へ、つまり真の普遍的本質的定在としての政治的定在へと高まっていくのである」(15)。つまり無制限の普通選挙制を通じて、市民社会における各人の意志が自由に表明され、政治的国家に伝達されるならば、特殊的事項が普遍的事項となり、まさに両者の分裂と対立が止揚されるとしたのである。しかしやがてマルクスは、問題は政治的領域にではなく、市民社会そのもののうちにあることを見抜いていく。人びとを類から疎外し、公人と私人の分裂をひき起こしているものは、市民社会の原理としての物質主義と利己主義であり、貨幣の支配である。そのように考えたとき、すでに触れたように、自由、平等、安全、等々という人権は、政治的諸領域から市民社会的諸領域を解放するためのイデオロギーにすぎなかった。そしてさらに、このような市民社会の原理は、私有財産という経済的カテゴリーに集約されつつ、この私有財産の止揚としての共産主義のうちに、類的本質の回復をみるのである。「人間の自己疎外としての私有財産の積極的止揚としての共産主義、それゆえ人間による人間のための人間的本質の現実的な獲得としての共産主義、それゆえに、社会的すなわち人間的な人間としての人間の、意識的に、またこれまでの発展の全成果の内部で生まれてきた完全な自己還帰としての共産主義。この共産主義は完成した自然主義として＝人間主義であり、完成した人間主義として＝自然主義である。それは人間と自然および人間と人間との間の抗争の真の解決であり、現実的存在と本質との、対象化と自己確認との、自由と必然との、個と類との間の争いの真の解決である」(16)。しかもすでにこの時点におけるマルクスにとって、かかる共産主義は、たんなる観念や理想ではなく、歴史の現実であり、歴史の全運動は、かかる共産主義を現実に生みだす行為であった。

## 四　関係性としての公共性

マルクスが、このように私有財産（資本主義）を人間本性の否定として描き出し、それにかわる共産主義を「否定の否定」とするとき、それはこのような概念そのものの展開のうちに全面肯定されているふしがないわけではない。そこでは、共産主義の前提として、資本主義における生産の社会的性格の増大という指摘にもかかわらず、ヘーゲル的な市民社会の連関やそこにおける教養《ビルドゥング》過程が、どのように媒介されていくかという問題は残る。そのような連関や教養過程に媒介されないとき、共産主義は特殊性を捨象した普遍性として権威主義的体制に堕する危険がないとはいえない。だがそのことは別として、ヘーゲルとマルクスに、市民社会と政治的国家、もしくは私的、市民社会的領域と公的、政治的領域との分裂を克服しようという意図があったこと、そしてそれが、近代啓蒙思想における公的、政治的領域の外化、手段化という傾向にたいする批判に端を発していることは明らかであろう。

ここでは、公的、政治的領域のあり方、あるいは公共性の回復という問題に関して、異なった二つのパターンが考えられうる。ひとつは、すでに述べたホッブズ、ロック、あるいはアダム・スミスらに典型的にみられるように、私的、市民社会的領域（もちろんわれわれはこのばあい、さらに私的領域と市民社会的領域とを区別することもできよう）における生を人間の本質としながら、公的、政治的領域をそのための手段としていく立場である。ここでは公共性への関心や公的領域への参加は、個人の直接的利害にかかわるかぎり、あるいはそれが損なわれるかぎりにおいて保持される傾向がつよい。労働と生産の場としての市民社会の領域が自立化し、そこにおいて個人の欲望が満たされていくかぎり、そこでは公共性への関心は薄らいでいくのも当然であるといえる。とりわけ分業が多様化し複雑化しつつ、個人がそのごく限られた一部分にのみかかわっているとき、それが依拠している連関への関心すら希薄化していく危険があるといえる。

だが、わたくしにはそのような形における公共性のあり方は、今日おおきな危険に直面しているように思われる。ひとつには、仮に個人がそのような自立化した市民社会の構造のなかで、没公共的な私的空間における生活を享受していようとも、その構造そのものが対内的、対外的に矛盾を孕んでいないとはいえないからである。とりわけこのことは、国際社会の構造において顕著であり、しばしば指摘されるように、南北の格差や非対称な構造が存在するのみならず、北の国々の豊かさは南の国々の貧困と無縁であるとはいえない。のみならず、ひとたび眼を人間社会における人間と人間との関係から、人間と自然との関係にまで転ずるならば、すでに自然環境の破壊は人類の生存そのものを脅かすものとなっているのである。このような構造をみたとき、おのれの生の他との連動を無視した、没公共的な私的利害や関心への埋没は、そのような矛盾を隠蔽しむしろ拡大することを意味するであろう。いなそこにおいては、すでに個人の欲望すら、自然的選択の範囲を超えて、産業、消費社会の構造によって再生産されているのである。

このようにみたとき、私的、市民社会的領域と公的、政治的領域の二分化すら、すでに疑問の余地を残しているように思われる。私的、市民社会的生活さえ、その領域において完結しているわけではなく、つねに他との関係を含み、相互に規定しつつ規定されている。その意味ではすでにそれは公共性と無縁ではない。ヘーゲルやマルクスが、市民社会と政治的国家の分裂を克服しようとしたとき、かれらはそのことを意識していたように思われる。そこではたんなる領域の問題をこえて、個人の内面とその行動における公人と私人、シトワイアンとブルジョアへの分裂の止揚が意図されていたのである。そこではまさに、現実の個別的人間が、「公民を自分のなかに取り戻し、個体的な人間でありながら、その経験的生活、その個人的労働……のなかで、『その固有の力』を社会的な力として認識し組織し[17]」ていくような状態が意図されていた。もちろん、このことは市民社会の連関を無視した公共性の回復、特殊性や主体性を無視した普遍性の回復を意味しない。その意味では、私的、社会的、政治的という領域の区分を廃棄するのではなく、保持していくことが必要であるといえる。とりわけ、E・バーカーのつとに指摘したように、国家は他の結社と並ぶひとつの結社《アソシエーション》でありながら、しかもそれは法的結社として法的強制力を独占している[18]。法的強制力を独占した国家が、同時に唯一の普遍性の体現者となったとき、そこにある種の権威主義的な支配体制が成立することはすでに述べたとおりである。このことは私的、社会的、政治的諸領域が区別され、その主体性が認められつつも、しかも私的、社会的領域がたんにそこにとどまることなく、その公共的連関を意識し、それとの関連においておのれを規制し方向づけていくことを意味する。そのことがまた国家による公共性の僭称への歯止めともなるであろう。

このように考えたとき、類的存在という人間の本質規定の当否は別として、またその帰結やそれが実現されうる社会的条件についての洞察は別として、その根本的動機において、ヘーゲルやマルクスの立てた問題は今日なお有効性を失っていないように思われる。にもかかわらず、自然破壊という今日の状況を視野に入れたとき、ヘーゲルやマルクスの思考の基本的な枠組みにも限界があるように思われる。すなわち、歴史を精神の自己展開の場として描き出そうと、あるいは生産力と生産関係を基本とする経済の運動過程としてとらえようと、そこでは自然は与件とされ、人間の作為の領域はそれとは別に自立的に展開され拡大されることになる。そのかぎりにおいて、人間の作為の領域が拡大すればするほど、それは自然から乖離し、むしろ自然を攪乱することになるであろう。ヘーゲルのばあい、その自然認識は力学的自然から物理学的自然、さらに有機体的自然へと進みながらも、なおも自然は基本的に「他在という形式における理念」（die Idee in der Form des Andersseins）[19]であり、やがて精神はおのれ自身に還帰されるべきものとされた。そしてマルクスにおいて、自然破壊や環境汚染への洞察があったとしても、それは利潤の拡大を旨とする資本の論理に還元される傾向のつよいものであった。しかも労働を人間の本質とし、自然への働きかけのうちに自己実現をみるという構図をとるかぎり、自然と作為の二元的対立は残存するであろう。

　ここでは公共性という概念がどこまで拡大されるべきかが問題となる。われわれはすでに私的、市民社会的、政治的（国家的）、さらに国際的という形における公共圏の拡大をみた。ここではこれらのいかなる領域においても、それぞれが自己完結的に存在するのではなく、つねにより広いレヴェルの領域との関係において考えられていかなければならない。ここでは公共性は、領域の問題であるとともに、関係性の問題であるといえる。それぞれの領域が、その目的選択に関してはある種の自立性をもちながら、しかもつねに他の領域との関係、他の領域への拡がりを考慮に入れ、かかる考慮によって自己規制を働かせるようなものでなければならない。そのような論理を自然にまで拡大していくことは不可能ではないであろう。もちろんそれがたんなる当為にとどまらないためには、人間を自然内存在としてとらえつつ、自然と人間を貫くその存在論的構造を解き明かしていかなければならないであろう。それは認識論（それ自身が人間中心主義と密接な繋がりをもっていた）にかかわる存在論の再興を意味するかもしれない。しかしわれわれは今日それを必ずしもアリストテレス的に階層的なものとする必要はない。しかもその存在論は、科学的な真理基準にもとづく固定的なものではなく、つねに相互修正が可能な解釈的なものと考えることが必要である。近代の自律化した主体を、いま一度かかる存在論的構造のうちにとらえかえし、つねに関係性の拡がりにおいてその生のあり方を問うような視点の転換が必要なのである。

## 五　ロールズ、ハーバーマス、フーコー

このように考えたとき、わたくしには現今の代表的な政治哲学者における公共性への視座は、いずれも一定の限界をもっているように思われる。ここでは少しく便宜的に、J・ロールズ、J・ハーバーマス、M・フーコーを取り上げることにしたい。

戦後の欧米における哲学や社会諸科学の実証主義化に抗して、一九七一年に『正義の理論』（*A Theory of Justice*）を著したのがJ・ロールズである。ロールズによるならば、正義こそ社会制度を判断するにあたってのもっとも重要な基準である。「真理が思想体系の第一の徳目であるように、正義は社会制度の第一の徳目 the first virtue である」[20]。それゆえ社会制度は、それがいかに効率的で整然としていようとも、正義という基準に反するならば、改革され修正されなければならない。それゆえに正義の理論は、社会理論の中心に位置することになる。

このばあいロールズは、正義の理論を展開するにあたって、それにしたがってその正否が決定される唯一の真理基準を設定しない。むしろそれは人びとの有する正義感覚や正義観念より出発しつつ、それを定式化したところに成立するものである。それゆえにそれは「内省的均衡における熟慮された判断」の所産であり、相互

修正が可能なものとしてある。にもかかわらず、それはたんなる恣意的な意見の吐露を意味しない。むしろそれがより普遍妥当性をもつために、近代の社会契約説における自然状態の観念より示唆をえた「原初状態《オリジナル・ポジション》」という概念を想定する。それはその社会における各人の位置、階級的立場や地位、資質や能力、その他およそ判断を曇らせあるいは特殊化するおそれのあるものについての知識がすべて排除され、「無知のヴェール」（the veil of ignorance）に覆われた状態である。そして正義の基準は、そのような中立的な公平無私の立場から、すべての人の同意によって導出されるとするのである。その正義の基準は、つぎのような二つの原理によって示される。第一原理――各人は、他の人びとにとっての同様な自由と両立しうる最大限の基本的自由への平等な権利を持つべきである（平等な自由原理）、第二原理――社会的、経済的不平等は、(a)正しい貯蓄原理と一致しつつ、もっとも恵まれていない人びとの最大の利益になるよう（格差原理）、(b)公正なる機会均等という条件のもとにすべての人に開かれている職務や地位にのみともなうよう（公正な機会均等原理）、配置されるべきである。[21] このように正義の二原理が選択されたのち、それにもとづいて憲法が制定され、制度化されていくものとされる。しかしロールズの正義の原理が、このような制度化の原理であるにとどまらず、あらゆる社会制度の善し悪しの判断基準となっていることは明らかであろう。

　ところで、このばあいロールズは正義の原理を導出するにあたって、善（good）と正（right, justice）を区別し、正義の理論はもっぱら後者にのみかかわるものとする。つまり「各人がいかに生きるべきか」という究極的な価値観の選択は、むしろ各人の主観に委ねつつ、正義の理論はもっぱら富、地位、職務、等々社会的価値の配分、いわば権利・義務の体系にのみかかわるべきとするのである。もちろん、ロールズのいう「秩序ある社会」（a well-ordered society）、すなわち自分自身も正義の原理にしたがいかつ他人も正義の原理にしたがっているという感覚に支えられた社会においては、正義の実現が即個人の善となることもありうる。しかし原則的にはこれを区分するのである。しかしわれわれがすでにみたように、個人のいかなる善の選択も他と関係している。個人がどのように生きるかは、他者がどのように生きるかにつねに連動している。のみならず、善の選択を個人に委ねつつ、正義を規範として定立していったとき、それは個人の内面と時には抗争しそれを抑圧する義務論的な形であらわれざるをえない。その意味では、公共性はたんに正の問題であるのみならず、むしろ善のあり方にかかわるべきであり、のちにみるように共通善（common good）の観念が今日なお意味をもつのはこの点においてである。

　ロールズ自身すでに『正義の理論』において、正義の原理の国際関係への適用を試みていた。しかしそれは、国家を単位としての「無知のヴェール」に覆われた国際状態からの同意による正義の導出という形をとり、独立国家の平等を基本原則とした自決《セルフ・ディターミネーション》、自衛、契約の遵守ということにとどまっていた[22]。いわば正義の二原理のうち第一原理の適用にとどまっていた。これにたいしてC・R・ベイツは、むしろ国民国家を超えたコスモポリタン的立場から、ロールズの第二原理とくに「配分の正義」としての格差原理の適用を試みた[23]。もちろん、われわれは個人を究極の単位としつつ、この二つの原理を国際的に適用するような理論構成をとることもできよう。しかしおそらくロールズの正義観念は、それを超えて対自然との関係にまで拡大することはできないであろう。けだし、その権利の主体も、かつ同意による正義の導出に参加する主体も、理性的な判断能力をもった個人であるからである。自然と人間の非対称な構造に注目するとき、ここでは行為規範の選択は、平等者の同意という形ではなく、人間の側からの自己規制という形をとらざるをえないし、それはすでにたんなる正の問題をこえて善の問題——個人個人の生のあり方——にかかわってこざるをえないのである。

ロールズが善と正を区別し、善の選択を各人の主観に委ねるというとき、すでにそこには価値観の多様性が暗黙の前提とされているわけであるが、この問題をさらに深刻に受けとめているのがJ・ハーバーマスである。ハーバーマスによれば、すべてを統一する神学的・形而上学的世界像が崩壊したいま、もはやいかなる意味での実質倫理（substantive Ethik）の成立する余地もない。ロールズ的な善から区別された正義についてすら普遍的基準は立てられえない。それだけ世界像が分化し、脱中心化してしまったのである。かくして今日成立し、他者との関係において合理性を主張しうる唯一の倫理は、コミュニケーション倫理（kommunikative Ethik）である。「コミュニケーション倫理のみが、許容されうる規範の普遍性と行為主体の自律性を保証しうる」[24]のであり、討論の結果として得られる——参加者の一致による——結果のみが、唯一規範としての妥当性をもつ。

ハーバーマスがこのようにいうとき、かれがウェーバー的な世界像の脱魔術化という問題を引き継いでいること、それを主知化ないし合理化の不可避的傾向とみていることは明らかである。ウェーバーにとって、いわゆる禁欲的合理主義によって積極的におし進められた世界の魔術からの解放は、経済的、政治的、審美的、性愛的、知的諸領域が分化し、それぞれが自立的発展を遂げていく過程であり、そこではそれぞれの領域がそれを産みだした禁欲的倫理と矛盾するのみならず、それぞれの領域が相互に対立し、抗争していく過程でもある。ウェーバーのいう「神々の闘争」はここからの帰結であり、そこにおいてはもはや共通の価値基準の成立する余地はない。それゆえにウェーバーは社会科学における事実認識と価値判断を分離し、もっぱら前者のみを社会科学の役割とした。ハーバーマスもまた世界の魔術からの解放を不可避な前提として受けいれる。しかしウェーバーがそこから事実の確定ないし事実における因果関係の認識、いわば科学的合理性だけを唯一普遍性をもちうるものとしていくのにたいして、ハーバーマスはその点でのウェーバーの一面性を衝く。むしろ行為者の外なる客観的世界との関係における真理性（Wahrheit）に加え、他者との社会的世界にかかわる正当性（Richtigkeit）、さらには自分自身の主観的世界との関係における誠実性（Wahrhaftigkeit）をも合理性の基準――ハーバーマスはそれを妥当請求（Geltungsanspruch）とよぶ――として掲げる。もちろん、それらは実質的な内容を示すものではない。あくまでもそれらは、それをめぐってコミュニケーションが行われるべき準拠点であり、そのような妥当請求が満たされつつ、討論の結果として得られる結論が、はじめて合理性をもちうるとするのである。そしてこのようなコミュニケーションとそこで得られた了解にもとづく行為調整に期待するのである。

ハーバーマスの討論への注目は、すでに『公共性の構造転換』（一九六二年）以来のものであり、それは合理性の基準を科学的合理性に一面化するウェーバー的なものにたいする批判とともに、いわゆる相互行為（記号に媒介されたコミュニケーション行為）を排除し、目的合理的ないわゆる労働へと局限していくマルクス主義への批判を含意していた。コミュニケーションの重要性は何人も否定しえないであろう。しかし、実質的内容を捨象し、妥当請求のみを基準とする討論の結果は、そのコミュニケーション共同体以外の世界にたいして、どのようにしてその妥当性を主張しうるであろうか。そこでは討論の結果は、そのコミュニケーション共同体の価値観や利害関係に拘束されることにならないであろうか。とりわけ、自然、外なる自然の存在者はいかなる意味においてもロゴスに媒介されたコミュニケーションの主体となりうるものではない。このように考えるならば、むしろコミュニケーションに先立って、自然の存在論的連関やそこにおける人間の位置、それゆえに自然にたいする人間のかかわり方についての理論が、学のなかに組み込まれてこなければならないのである。しかも存在論的レヴェルにおいて他者との連関や公共性が自覚されたとき、はじめて了解を求めてのコミュニケーション参加も可能になるといえる。ハーバーマスのいうように、コミュニケーションへの要求は、貨幣や権力をメディアとするシステム合理性によって支配されている生活世界に抗事実的《コントラ・ファクティッシュ》に存在することはたしかであろう。しかしコミュニケーションがたんなる利害の対立や抗争に終わらないためにも、それに先立って公共性に向かっての一定の教養形成《ビルドゥング》が必要であると思われるのである。

ポスト・モダーンの旗手M・フーコーからするならば、ハーバーマス的なコミュニケーションすら、既存の権力体系に組み込まれ、いわゆる規律訓練権力の一助となる危険性をもつ。それゆえに、フーコーからするならば、すべてのものをとり込んでいるかかる権力の網の目を、それぞれの分野にわたって解き明かしていくことが課題となる。そしてそのばあい近代的主体の論理が、自分自身にたいしても他者にたいしても一種の支配と抑圧の論理であったことに注目する。それゆえに、フーコーはもはや、特定の立場において「普遍的なもの」、「規範的なもの」、「すべての人のための正義と真理」(25)を示しうるような普遍的知識人(l'intellectuel universel)の立場を認めない。唯一認めうるのは、特定の限定された領域、たとえば住居、病院、精神病院、研究所、大学、家族、性関係という具体的な仕事や生活の場において活動する特定領域の知識人(l'intellectuel spécifique)である。それゆえに知識人の役割は、状況をトータルに説明し、変革の方向を示しながら、大衆が「何をなすべきか」を示すことにあるのではなく、実際に抵抗し権力と闘っている人びとのなかに「かれらに添って」(26)活動することにある。その意味では知識人の活動もその特定の領域における闘いの一部としてあり、現場で闘っている人びとにその抵抗のための道具箱を提供すること以上には出ない。それ以上のかつての啓蒙的知識人がむしろ抑圧的に機能することにおおいなる危惧を示すのである。

このような知識人のあり方が、それ自身権力機構に組み込まれることを警戒しつつ、権力機構を解体するのにおおいなる役割を演ずることがあるかもしれない。にもかかわらず、権力の解体やそこからの解放が、そのまま自由な共同体や公共性の再興に繋がると考えるならば、それはあまりにも楽観的にすぎるように思われる。無秩序がより強力な物理的な権力機構をよび起こさないという保証はない。いな特定領域における問題解決が、他との連関においては特殊的利益の表現にとどまらないともかぎらない。ここには、かつての啓蒙的知識のあり方とは逆の陥穽が存在するように思われる。たしかに普遍性を掲げる知が、抑圧として機能することに関しての警戒を怠ってはならないであろう。その意味では、おのれの知の解釈学的限界についての自覚とコミュニケーションによる調整への努力を怠ってはならない(27)。そのことを十分に前提としたうえで、なおも自然と人間の全体を貫き、そこにおいて部分の位置と機能が見定められうるような存在論的知識が必要であると思われるのである(28)。

## 六　公共性の再構築と道徳的存在論

公共性の問題は、一般論としてよりも、その時代に課せられている歴史的課題との関係において論じられなければならない。少なくともそれは今日、自然破壊、南北問題、アイデンティティの喪失という人類のかかえる問題との関連を抜きにして論ずることはできないであろう。

ところで、わたくし自身ひとりの思想史家としてフーコーの指摘の意味を無視するわけではない（ただし積極的な提言としてよりも、反省の契機、警句として）。またハーバーマス的なコミュニケーションの重要性を認めないわけではない。さらにロールズ的な正義の基準が、社会制度や政策の正否を判断するにあたって重要な役割をはたしうることを認める。にもかかわらず、かれらの理論に決定的に欠けているものがある。それは、すでに予想されうるように、善（good, goodness）についての理論である。このことを鋭く指摘したのが、C・テイラーであり、とりわけその著『自我の源泉』（*Sources of the Self*, 1989）であったといえる。テイラーはこの点で、デカルト、ホッブズ、ロック、カント以来、今日にいたるまでの近代の主要な理論を批判の俎上に載せる。それは善の主観性、相対性を前提とすることを通じて、道徳理論を手続き的な義務論とするか、それとも自然的情念をそのまま肯定する自然主義にいたっている。しかし前者のばあい規範の体系は個人の内面を抑圧する――内なる衝動や情念と対立する――ものとなり、後者のばあいには逆に功利主義的な「日常生活の肯定」（the affirmation of ordinary life）に帰結する。いずれにしてもそこでは、善の問題が積極的に論じられることがない。しかしテイラーによれば、哲学的議論は別として、日常の経験的世界においては、人びとはつねに善悪を区別し、正邪を区別する。善を求め悪を避けようとする。あるいはより善きものとより悪しきものを区別し、それにもとづいて行為しようとする。少なくとも各人はそのような道徳的空間《モーラル・スペース》を享有しているのであり、かかる道徳的空間における価値選択を通じておのれのアイデンティティが保証されているのである。逆にそのような道徳的空間を喪失したときアイデンティティの危機に陥る（生の意味喪失の状態がこれである）。もちろんこのような道徳的空間は、たんに主観的なものではなく、他人とも共有されている。むしろ個人はそのような共通の道徳的空間のなかに生まれ育まれ、生を選択していくのである。自然状態から出発する社会契約論者やその現代版であるロールズやR・ノズィックのごとく、個人は「分離された自己」（the disengaged self）、「負荷なき主体」（the unencumbered subject）としてあるのではなく、つねに一定の関係の網の目のなかにいる。それゆえにこそ、すでにそこにおける善はたんに個人の善ではなく共通善（common good）という性格をもつ。このような事実から出発しながら、それを最終的に理論化したものがテイラーのいう道徳的存在論（moral ontology）である。もちろん、実際の経験的世界においては、そこにおける善の観念は時には対立し抗争する。それゆえにそのような対立や抗争をも議論に載せ、より普遍性をもった善悪の基準を示すものとして道徳理論があることになる。[29]

このような善の観念と結びつけられたとき、公共性はたんなる外的な手段としてあるのではなく内面化される。個人の生そのものがそれに向かって方向づけられているのである。このことは、自由についてのかつてのT・H・グリーンの議論を思い起こさせる。グリーンによれば、正しく理解された自由とは、たんに「制約や強制からの自由」も、「それが何であるかにかかわりなく、たんにわれわれが好きなようにする自由」も意味しない。それはまさに「為しまたは享受するに値するもの、しかもまた、われわれが他の人びとと共通に為しまたは享受するものを、為しまたは享受する積極的な力または能力」[30]を意味した。このような「為しまたは享受するに値するもの」の範囲が、今日もはや一国を超え地球大の拡がりをもたなければならないことはいうまでもない。それが自然にまで拡げられうるかどうかについては意見が分かれるかもしれない。もし拡げられうるとしたならば、道徳的存在論はもはや道徳的存在論たることを超えて、自然のすべての存在のあり方とその相互の関係を示す存在論一般に繋げられていかなければならないであろう。[31]このような立論にたいしてはかなり慎重な配慮が必要であろう。ただ自然を客体化し手段化しつづけてきた人間中心主義（anthropocentrism）を超え、人間を自然内存在としてとらえ返しつつ、人間と自然との調和的な共生のあり方を模索するとき、わたくしにはそれは不可避であるように思われる。

そのように経験的世界から出発し、あるいは存在のあり方から出発しながら、しかもそれが規範的な性格をもつかぎり、そのような理論はなおもそれ自身ひとつの強制や時には抑圧の体系となる危険性がないとはいえない。そのためにはすでに述べた解釈学的留保がつねに必要であるように思われる。いわばそれはつねに相互修正的な解釈の所産であり、それゆえに状況の変化や地平の融合を通じてつねに解釈し直されていかなければならないということである。そこではたしかにすでにそれによって命題の真偽が決定されうるようなアルキメデスの点を想定する必要はない。テイラーが「最善説明原理」(the best account principle, the RA principle)[32]ということをいうとき、かれは明らかにこのことを意識していた。テイラーにとって命題の当否はつねに他との比較における相対的なものであり、つねに誤謬を減じ修正しつつより真理に近づいていくようなものであった。そのためにハーバーマス的なコミュニケーションの必要なことはいうまでもないであろう。いな、さきのような善の理論に基礎づけられたときはじめて、人びとはコミュニケーションとそれによる了解形成への積極的志向をもつことになるであろう。そしてロールズとの関係でいうならば、そこではむしろ善が正に先行し、正義の方向とそれへの動機づけを与えることになるであろう。ハーバーマス的な世界像の脱中心化を前提とするならば、それはあまりにも楽観的でロマン主義的にみえるかもしれない。しかしそれを楽観的とかロマン主義的とかで片付けるには、あまりにも重大な岐路に人類は直面しているように思われるのである。

### 注

（1）H. Arendt, *The Human Condition* (Chicago : The University of Chicago Press), 1958, p. 38. 志水速雄訳『人間の条件』（中央公論社、一九七三年）、三九頁。

（2）Cf. Aristoteles, *Politica*, 1252af.

（3）Cf. K. Marx, "Zur Judenfrage," *Marx-Engels Werke*, 1（Berlin : Dietz Verlag, 1970）, S. 367-68. 城塚登訳『ユダヤ人問題によせて』（岩波文庫、一九七四年）、四八―四九頁。

（4）T. Hobbes, *De Cive*, The English Version, ed. by H. Warrender（Oxford : Oxford University Press, 1983）, I- i -2, pp. 43-44.

（5）Cf. M. Riedel, *Metaphysik und Metapolitik*（Frankfurt am Main : Suhrkamp Verlag, 1975）, S. 73f., 177f.

（6）Platon, *Politeia*, 508d.

（7）拙著『近代政治哲学の形成――ホッブズの政治哲学』（早稲田大学出版部、一九七四年）〔本著作集第一巻収録〕、六六―六八頁参照。

（8）拙著、前掲書、六九頁参照。

（9）J. Locke, *An Essay concerning Human Understanding*, ed. by P. H. Nidditch（Oxford : The Clarendon Press, 1975）, II-xxiii-29, p. 312. 大槻春彦訳『人間知性論』（二）（岩波文庫、一九七四年）、二七二頁。

（10）*Ibid*., III-iii-15, p. 417. 邦訳（三）（一九七六年）、一〇六頁。

（11）*Ibid*. 同右。

（12）*Ibid*., III-iii-20, p. 420. 邦訳（三）、一一一―一一二頁。

（13）G. W. F. Hegel, *Phänomenologie des Geistes*（Hamburg : Felix Meiner Verlag, 1952）, S. 256. 金子武蔵訳『精神の現象学』（上）（岩波書店、一九七一年）、三五三頁。

（14）K. Marx, *Kritik des Hegelschen Staatsrechts*, *Marx-Engels Werke*, 1, S. 213. 真下信一訳『ヘーゲル国法論の批判』（『マルクス＝エンゲルス全集1』、大月書店、一九五九年）、二四四頁。

（15）*Ibid*., S. 326-27. 邦訳、三六四頁。

（16）K. Marx, *Ökonomisch-philosophische Manuskripte*, *Werke*, Ergänzungsband I（Berlin : Dietz Verlag, 1968）, S. 536. 城塚・田中訳『経済学・哲学草稿』（岩波文庫、一九六四年）、一三〇―一三一頁。

(17) K. Marx, "Zur Judenfrage," *op.cit.*, S.370. 邦訳、五三頁。

(18) Cf. E. Barker, *Principles of Social and Political Theory* (Oxford : The Clarendon Press, 1951), Book II. 堀・小笠原・藤原訳『政治学原理』(勁草書房、一九六九年)、五一頁以下。

(19) G. W. F. Hegel, *Enzyklopädie* (Hamburg : Felix Meiner Verlag, 1969), §247, S. 200. 樫山・川原・塩屋訳『エンチュクロペディー』(河出書房新社、一九八七年)、二〇〇頁。

(20) J. Rawls, *A Theory of Justice* (Cambridge, Mass. : Harvard University Press, 1971), p. 3.

(21) *Ibid.*, p. 302.

(22) Cf. *ibid.*, p. 378.

(23) Cf. C. R. Beitz, *Political Theory and International Relations* (Princeton, New Jersey : Princeton University Press, 1979). 進藤栄一訳『国際秩序と正義』(岩波書店、一九八九年)。

(24) J. Habermas, *Legitimationsprobleme im Spätkapitalismus* (Frankfurt am Main : Suhrkamp Verlag, 1973), S. 125. 細谷貞雄訳『晩期資本主義における正統化の諸問題』(岩波書店、一九七八年)、一四二頁。

(25) M. Foucault, *Power / Knowledge*, ed. by C. Gordon (Brington : The Harvester Press, 1980), p. 126. 桑田・福井・山本編『ミシェル・フーコー1926-1984——権力・知・歴史』新評論、一九八四年)、八七頁。

(26) M. Foucault, *Language, Counter-memory, and Practice*, ed. by D. F. Bouchard (Ithaca, New York : Cornell University Press, 1977), p.208.

(27) ここで意味しているのは、客観的真理を対象の側に想定するのでも、主観の側に絶対的な真理基準を立てるのでもなく、真理は主観の側からの一定の視点による解釈の所産であり、それゆえつねに修正可能なものとしてあるということである。それはR・バーンスタインのいう絶対主義と相対主義、客観主義と主観主義を超えた立場に通ずる。

(28) ロールズ、ハーバーマス、フーコーの所説については拙著『二〇世紀の政治理論』(岩波書店、一九九一年)〔本著作集第五巻収録〕参照。

（29）Cf. C. Taylor, *Sources of the Self* (Cambridge, Mass. : Harvard University Press, 1989).

（30）T. H. Green, "Liberal Legislation and Freedom of Contract," *Works of T. H. Green*, Vol. III, ed. by R. L. Nettleship (London : Longmans, Green and Co., 1911), pp.370-71.

（31）もちろん、その存在論が普遍を外的なものとするノミナリズムの克服を意図したものでなければならないことは、すでに述べた通りである。

（32）Cf. C. Taylor, *op. cit.*, p. 58.

＊初出　山之内靖他編『二〇世紀社会科学のパラダイム』〈岩波講座　社会科学の方法〉第Ⅱ巻、岩波書店、一九九三年

# 所有権論考

## 一

東欧社会主義の崩壊は、さまざまの点で、近代社会と社会理論に反省を迫らざるをえないものを含んでいたといえるが、おそらくそのひとつは所有権、とりわけ私的所有＝私有財産（private property, Privateigentum）の問題であろう。すでに「ユダヤ人問題によせて」（Zur Judenfrage, 1843）のマルクスによれば、私有財産は、市民社会の本質をなし、その物質主義と利己主義の表現にしかすぎなかった。そして『経済学・哲学草稿』（*Ökonomisch-philosophische Manuskripte*, 1844）におけるマルクスによれば、私有財産は、労働生産物から労働者を疎外し、労働そのものを強制労働として苦痛に転じ、類から疎外し、かくして人間を相互に疎外し、敵対的にしていくものでしかなかった。それゆえにマルクスは、私有財産の否定のうちに成立する共産主義を「否定の否定として肯定であり、それゆえに人間的な解放と回復との、現実的な、つぎの歴史的発展にとって必然的な契機」(1)としていたのである。

しかし、ある種の弁証法的論理の展開から帰結されるそのような共産主義像が、必ずしも現実でないことは、その後の経験のなかで次第に自覚されつつあったといえる。たとえ生産手段の私的所有が廃棄され、それが公有（共同所有）化されていったとしても、実際の経済の運営が計画化という名目のもとに、党官僚主義で進められるかぎり、そこでは必ずしも労働者は、労働生産物からの疎外からも、労働過程の疎外からも、そして類の疎外からも解放されるものでないことが次第に明らかになっていったのである。もちろんそこでは、上下の賃金格差や計画経済ゆえの非能率もしばしば指摘されるところとなっていった。

しかし、東欧革命によって明らかにされていったのは、そのようなたんに共産主義の理論（理想）と現実の乖離のみではなかった。むしろ経済の集産主義的構造が政治の権威主義的構造をともなわざるをえない所以が明らかにされていったのである。市場経済の自生的秩序を廃棄し、生産と配分のシステム全体を人間の意識的コントロールのもとに置こうとしたとき、そのコントロールはたんに経済の分野にとどまらず人間生活のあらゆる分野にまで及ばざるをえなかったのである。人間の生と社会秩序の全体を意識的コントロールのもとに置こうとしたとき、それは否応なしに政治の権威主義的統制過程をともなわざるをえなかったのである。もちろん、下部構造の変革が、必然的に上部構造の変化をひき起こし、社会主義的な人間像をつくり出すという論理が幻想にすぎないことも、さらに文化革命の失敗は、意識変革そのものが容易ならぬことを露にしていった。

かつて、資本主義的な市場社会と近代自由主義＝自由民主主義との内的結合をいい、自由主義が市場社会のイデオロギーにほかならないことを指摘したのは、マルクスの影響をも受けたH・J・ラスキや、ラスキのもとで学んだC・B・マクファーソンであったが[2]、社会主義諸国におけるそのような経済の集産主義的構造と政治の権威主義的構造との共存は、逆に、市場社会と自由主義との内的結合を照らしだしていったとすらいえる。

たしかに東欧革命の過程にあらわれた経済の市場社会化と政治の自由主義化は、ほとんど同時進行的であったのであり、そこにあらわれたスローガンはしばしば近代市民革命のそれを思わせるものであった。そしてこのことは市場経済と自由主義が、決してたんに共産主義によって乗り超えられるべき、歴史的一段階のものではなく、より普遍的な――少なくとも近代的な産業組織とそのうえに成立する近代社会を前提とするかぎり――性格をもつことを明らかにしていったのである。以下、ここでは以上のことがらを、所有権の問題に焦点を合わせつつ少しく思想史的に考察してみたい。

## 二

さて、私的所有がよいか、共同所有がよいかという議論は、すでに古代ギリシアにみられる。周知のように、プラトンは、守護者階級が私利私欲を離れて、「われのものとか、われのでないものとか[3]」の区別のない、ひとつの意識に結ばれつつ、国事に専念しうるために共産主義をとなえた（その共産主義には、財産の共産制のみならず、家族の共産制も含まれていた）。しかしすでにアリストテレスは、これを批判してつぎのように述べていた。

「それは、一致をもたらさないだけでなく、別の難点をもっている。大多数の人びとに共有されているものは、最小の配慮しか得られないものであるからである。人びとは自分自身のものにたいしては最大の配慮を払うが、共同のものにたいしては僅かの配慮しか払わない。あるいは少なくとも、かれらはそれぞれが個別的にかかわっているかぎりにおいてのみ、それに配慮を払うのである。他の理由が存在しないばあいには、かれらは他の人びとが気にかけていると考えているばあいには、みずからの義務を怠りがちである[4]」。

このようにしてアリストテレスによれば、あるものがたとえば一〇〇〇人の人によって共同に所有されているばあいには、その所有感覚は一〇〇〇分の一に減じ、すべての子供がすべての父親によって所有されているばあいには、それぞれの子供が父親によって無視されることになるというのであった。

このようなアリストテレスの批判の背後には、すでにポリスは、ひとつの意識によって結ばれつつ一つであるのがよいか、それとも異なった部分が異なったサーヴィスを提供しつつ、全体としての自足が保たれていく複合体（σύνθετον, compound）であるのがよいかという選択があるのであるが、いずれにせよ、このようにしてアリストテレスにとっては私的所有こそ、人間の本性により適った制度であった。アリストテレスによれば、過度の自己愛はたしかに非難されるべきであるが、しかし自己愛そのものは非難さるべきものではなく、むしろ私的所有の制度こそ、節制と寛厚という二つの徳の実現を可能とするものであった[5]。

もっとも、われわれは、このような相違にもかかわらず、なおも根底において両者を貫く共通のものを指摘しておかなければならないであろう。そしてそれは、Ｅ・バーカーのいうように、プラトンの共産主義も、基本的には生産から区別された消費の共産主義であり、そのかぎりにおいてはアリストテレスにも共通するというにとどまらない[6]。むしろプラトンやアリストテレスにとって、財産（κτῆσις, property）は決してそれ自身が目的ではなく、有徳な生活、善き生のための手段にすぎなかったのである。それゆえ、財産の取得にたいしてはつねに倫理的歯止めがかけられていた。たとえばアリストテレスは、財産の取得に狩猟・牧畜・農耕等々自然的なものと、交換という人為的なものとを区別する。そして後者のために貨幣の必要を認めながら、しかも貨幣は交換、すなわち有無を通ずるという目的のための手段にすぎず、それゆえに貨幣の蓄積にはつねに限界が置かれなければならないという。貨幣の蓄積が精神の主要部分を占めるにいたったとき、「善く生きる」ことではなく、たんに「生きること」が生の目的となり、貨幣の蓄積が自己目的化していくというのである。かくしてアリストテレスは、とりわけ高利貸を非難してつぎのようにいう。「それが生みだす利得は、自然的になされたものではなく、他の人びとの犠牲においてなされたものである。高利貸の行為はもっとも憎悪すべきものであり、おおいなる理由をもっている。けだしそれは貨幣が機能すべく意図されている過程からではなく、貨幣そのものから利潤を得るからである」(7)。このようにして、富の蓄積にたいしては、つねに制限が置かれ、それはつねに倫理的規制のもとにあったのである。

そしてこの点に関するかぎり、中世の主要な政治・社会理論においても、それほど異なるところはなかった。アウグスティヌスにとっては、所有権は人間の罪の所産であり、同時にそれはこの世に一定の秩序と平和を保障するための必要悪にすぎなかった。そしてトマス・アクィナスはこの点においてもアリストテレスをほぼそのまま継承していた。すなわち、トマスもまた財貨の取得と分配に関しての私的所有を認める。そしてその理由として、アリストテレスとほぼ同じくつぎの三つのものをあげている。すなわち、(1) 各人は多くの人びとに共同的なことがらよりも、自分自身にのみかかわるものの獲得により多くの関心を示す、(2) 人間のことがらは、各人が配慮すべき自分自身の仕事をもったとき、より秩序だった仕方で処理される——各人があらゆることをなそうとしたときには完全な混乱に陥る、(3) 各人が自分自身のもので満足しているかぎり、この方が人びとをより平和な状態へと導く、(8)がそれである。しかしにもかかわらず、アクィナスは、アリストテレスと同じく、取得に自然的なものと交換によるものとを区別し、さらに後者に（1）自分自身の生活を満たすためのものと、（2）利潤獲得のためのものとを区別しつつ、後者をつぎのように非難するのである。「けだしそれは、それ自身獲得欲のみに奉仕するものであり、それはつねにそれ以上に拡大していく以外に限界を知らないからである。それゆえ交易は、それ自身として考えられたばあい、つねに一定の卑劣さを含み、それ自体としてはいかなる公正で必要な目的をも含まない」(9)。かくして利潤の獲得だけを目的とした交易、なかんずく利子の取得を道徳的根拠に基づいて激しく非難するのである。

もっともアクィナスは、この点において財産を共同善（bonum commune）に、そして緊急事態において人びとに助力を与えるために使用することをことさらに強調する。おそらくアリストテレスにおいては、徳はそのまま善と結びつき共同性を担うものであったのにたいして、アクィナスのばあいには、それだけ社会の分散的傾向が強まっているからであろう。

## 三

このようにみてくるならば、近代の特色は、まさにこのような富の無限の所有や蓄積への倫理的制約が解除されていくことにあったといえる。そこでは、むしろかつては人間の営為のうち低い位置しか与えられていなかった労働が、本質的な位置を与えられ、まさに人間の自己実現の場、人間の自己確証の場と考えられていった。われわれはここで、その職業（Beruf）観念を通じて、世俗労働を解放し、むしろそこに救いと自己確証の場をみていったという、そしてそれによって営利を倫理的規制から解放するのみならず、むしろ倫理的、宗教的に正当化していったというプロテスタンティズムをめぐる、例のウェーバー・テーゼを思い起こすことができるかもしれない。さしあたって、政治・社会理論のレヴェルでみるならば、そこではホッブズに典型的にあらわれているように、欲求を求め嫌悪を逃れながら自己保存をはかっていく、前倫理的・前政治的活動が人間の本質としてとらえられていったのである。そして倫理（道徳）や国家は、そのような個人の自己保存をよりよく実現するために、理性の推論を通じて発見され設立されていったのである。たしかにホッブズにおいては、各人の所有権は国家設立後の主権者の法を通じて設定される。しかしそれは実際には、すでに自然状態において各人が占有し、獲得しているものの確認でしかなかったのである。

もちろん、このような人間の営みが労働と所有という観点から、はっきりととらえられていったのはロックであった。すなわち、周知のように、『政府論』(*Two Treatises of Government*, 1690) の第二論文第五章において、ロックは、各人の身体とその諸能力を本来的に各人のものとしながら、それゆえに労働の所産が所有権（property）として各人に帰属する所以をつぎのように述べていた。

「大地とすべての下等動物とは、すべての共有物であるけれども、各人は自分自身の身体にたいする所有権をもっている。本人を除いては、なに人にもかかる権利は属さない。かれの身体の労働とかれの手の働きとは、まさにかれのものということができる。そこでどのようなものであれ、かれがそれを自然が準備し放置したままの状態からとり出せば、かれはそれに自分の労働を混ぜ合わせ、それに自分自身のものたる何ものかをつけ加えたことになり、このことによってそれをかれの所有物とするのである。それは自然が置いた共有の状態からかれによってとり出されたのであり、かかる労働によってそれに何ものかがつけ加えられ、それが他人の共有権 common right を排除していくのである。というのは、かかる労働は労働する者の疑いもなき所有物であるから……、かれ以外のなに人もひと度［労働が］加えられたものにたいしては権利をもつことはできないからである[10]」。

ロックによれば、所有権は政治社会が設立されたのちの市民法の所産ではない。いなそれは、万人の同意に基づくものですらない。それはすでに前政治的な自然状態において労働の結果として各人に帰属するものである。このようにして私的所有権は正当化された。各人は生まれながらにして、自分自身の身体とその諸能力にたいする所有権を有するがゆえに、労働の所産が各人に帰属するのは当然としたのである。

もっともわれわれはここで、ロックにおける所有権、私的所有権の正当化に関して、いまひとつのことをつけ加えなければならないであろう。すなわち、人間にとって有用なる事物の価値の九九パーセントは、その生産に費やされた労働に等しいとするある種の労働価値説がそれである。

「思うに、きわめて控え目に計算しても、人間の生活に有用な大地の生産物のうち一〇分の九までは労働の結果である。いな、諸物がわれわれの使用に供せられるさいにこれを正しく算定し、それにあてられたさまざまの経費のうち、純粋に自然に負うものはどれ、労働に負うものはどれ、と数えあげれば、われわれはそれらのほとんどすべての物において、その一〇〇分の九九までが完全に労働に帰せしめなければならないということを見出すであろう[11]」。

このようにして、各人は自分自身の身体とその諸能力の所有者であり、かつその生存のために必要な事物の価値の九九パーセントが労働の所産であるがゆえに、労働の所産は各人の所有権として各人に帰属するのが正当としたのである。

　このような私的所有権の正当化は、そのまま富の無限の蓄積を正当化したことにはならないであろう。むしろロックは、自然状態における所有権に、最初は自然法的制約というものをおいていた。すなわちそれは、おおきく、（1）占有しうる土地は、自分自身で労働を投下しうる限度であること、（2）他の人びとにたいしても十分なだけの余地を残しておくこと、（3）その産物を腐敗させることなく利用しうること、に集約しうるのであった。いわば、神が与えた大地を無駄にしないこととともに、他人の所有および所有権の行使を妨げないという制約が付されていたのである。しかし、すでにC・B・マクファーソンの指摘によっても有名なように[12]、貨幣（money）の導入を通じて、やがてこのような所有権にたいする自然法的制約は撤廃されていく。つまり朽ち果てることなき貨幣の導入は、貨幣という形での貯蔵を可能にするのみならず、貨幣は、賃労働を可能にすることを通じて、自分自身が直接耕作しうる限度を超えた土地の占有を可能にし、かつ賃労働という形で他人が働きうる余地を拡大し、さらにそのような賃労働を用いての荒蕪地《こうぶち》の耕作は、新たな生産を可能にし、社会全体の富（他人が消費しうるもの）をむしろ拡大していくものとされたのである。

　このようにしてロックは、たんに私的所有権のみならず、富の無限の蓄積をも正当化していったといえる。そのようにして得られる社会全体の富の増大が、その恩恵をすべての人に及ぼしうると考えたのであり、そのかぎりにおいてそれは自然法に反するものではないとしたのである。もっともロックは、このような無限の蓄積を可能にする貨幣の導入が、大地やその生産物の不均衡・不平等を生みださざるをえないことに言及してはいる[13]。しかしそのような不均衡・不平等の是正という視点はない[14]。むしろ、のちに述べるアダム・スミスと同じく、生産と交換のシステムにおいて、正しい所有と交換の正義が満たされるならば、結果的に配分の正義も実現していくものと考えていたのである。

このことは、同意によって設立される政治権力の目的を、「所有権の調整と保存」におき、その手段を死刑およびその他の刑罰を具備した法においていたことにもあらわれていたが、ロックは、すでに政府（国家）と区別された社会の領域において、そこにおける自生的秩序とある種の自然調和のメカニズムすらみていたのである。このことは、『政府論』の最終章における「政府の解体」（the Dissolution of Government）と「社会の解体」（the Dissolution of Society）の区別のうちにも端的に示されているといえる。いわば、政府が解体したとしても、なおも母胎としての社会が存続していくのであり（そのかぎりにおいてアナーキーへの転落を意味しない）、それを基盤として新しい政府を設立することができるとしたのである。その意味では、すでに政府そのものが、外的な機構としてつねに人民の同意によって設立され運営されていくべきものと考えられていたのである。

## 四

ロックの時代においても、現実の社会においてはさまざまの主従関係も存在し、不平等も存在したであろう。もちろんそこから理論を説きおこし、それを正当化する理論を展開することも可能であったであろう。しかしロックはあえてそれから切断した仮説的な――それがいかに歴史的事実に引照されようとも――自然状態から出発し、人間を相互に自由で平等としながら、そのような個人によって同意され、正当化されうる政治社会を導出していったのである。その意味ではたしかにロックの理論もまた、基本的にいって、伝統的社会を近代的な市民社会に組み換えるという意味をもっていたのであり、市民革命の思想構造と照応するものをもっていたともいえる（ロックの政治理論と名誉革命の思想像との異同はさしあたってここでは問題にならない）。

これにたいして一八世紀のイギリスの政治社会理論は、すでに自然権、自然法、社会契約という一七世紀的概念を歴史的に実在しないフィクションとして退けながら、歴史的所与の世界に眼を向けていったといえる。もっともこのばあい歴史的所与といっても、それ自身が流動的な社会であり、封建的秩序が次第に、商品経済を中心とする市民社会的秩序に移行しつつあったのであるが、そのどこにみずからを位置せしめるかによって政治社会理論は異なった位相をもつことになる。そしてヒュームと同じく、アダム・スミスは明らかに歴史的に進展しつつある市民社会の側にあり、新しい理論装置のもとにそこにおける生産と交換のメカニズムを正当化していったといえる。

スミスにおいても、労働の神聖さがいわれていないわけではない。むしろスミスはつぎのようにすらいう。「各人が自分自身の労働のうちにもつ所有権 property こそ、すべての他の所有権の根源的基礎であり、かくてそれはもっとも神聖なものである」(15)。またあらゆる財貨に含まれる価値は、それの獲得のために費やされた労働に等しいともいう。しかしすでにスミスは、このことによる所有権・私的所有権の正当化から論理を展開しようとはしない。むしろそのことは所与の前提としつつ、資本主義的な商品経済のシステムを正当化していくのである。つまり資本主義的な分業と交換のシステムが、富の生産と分配においていかに有効なシステムであるかを明らかにしていくのである。すなわち、スミスによるならば、分業（division of labour）こそ労働の生産力の改善の最大の要因であり、かかる分業は人びとの交換性向に基づくが、資本主義的な分業体系のもとにおいては、各人はみずからの特定の職業に専念し、もっぱら自己の利益のために行動しつつ、結果的に社会全体の富の増大に貢献していくものとされているのである。スミスは、人間はほとんどつねに他の人びとの助力を必要としながら、しかもそれをかれらの仁愛（benevolence）に期待しても無駄であるという（この意味で自己愛 self-love もしくは利己心 self-interest こそ人間の行動の根底にあるものとされている）。むしろ「私の欲しいものをください、そうすればあなたの欲しいものをあげましょう」[16]という形で、相互の利己心を刺激し、それに訴えていくことがはるかに有効であるというのである。つまりこのようにして資本主義的な分業と交換のシステムにおいては、このように利己心を行動の動機としつつ、このような専門化した分業を通じて、各人の能力や本能は、社会的な共同資材（common stock）のうちに組み込まれ、社会全体の富の増大に貢献していくものとされているのである。

しかし、スミスによれば資本主義的な分業と交換のシステムは、このようにして生産を拡大し社会の富の増大に貢献しうるだけではない。むしろそれは分配の公平さをも生みだすものとされている。すなわち、資本主義的な市場経済のもとにおいては、市場の自動調整機能を通じて、つねに市場にもたらされる商品の量は、自然的に有効需要に一致するようになる。その意味で、市場価格は、つねにあらゆる商品の価格が絶えずそれに引きつけられていく中心価格（central price）となり、それはまたその時々の自然価格（natural price）――土地の地代、労働の賃金、資本の利潤を過不足なく支払いうる価格――に近づくことになる。このようにしてまさに市場のメカニズムが、生産における各人の貢献を正しく評価しながら、同時にその時々の需要をもっともよく満たすという点において、各人の満足の極大化にも貢献しうるものとされているのである。このようにして市場価格（market price）は公正価格（just price）であるともいえる。

このことは、交換の正義が満たされるとするならば、結果的に配分の正義が自然的に満たされることを意味する。「正義の目的は侵害からの防止にある」というスミスにとって、正義が内容的に、（1）所有の安定、（2）同意による所有の移転、（3）契約の遵守、というヒュームの延長線上にあることは明らかであって、正義はアリストテレスのように積極的な価値の配分にかかわるよりも、むしろ資本主義的な所有と交換の規則に還元されているのである。この意味で配分的正義は、交換的正義の当然の結果とされているのである。

そしてもしそうであるとしたならば、ここでは経済的秩序と政治的秩序とは分離され、政府の機能が、各人の自由を尊重しつつ、まさにそのような資本主義的な市場経済の自動調整のメカニズムを破壊することなく、もっぱら外からそれが正しく機能するための条件を保障するものとされるのも当然であるともいえる。「各人は、正義の法を侵害しないかぎり、完全に意のままに自分自身の利益を追求し、みずからの勤労と資本とを他のいかなる人またはいかなる階級の人びとのそれらと競争せしめようと、完全な自由に任されるのである。主権者は、それを遂行しようとすればつねに数多くの欺瞞に陥り、またそれを正しく遂行するためにはいかなる人間の知恵や知識も十分ではありえない義務、すなわち私人の勤労を監督したり、またそれを社会の利益にもっとも適合的な仕事へと方向づける義務から完全に免除されることになる」(17)。つまりここでは、政府は分業と勤労のシステムに直接介入することも、まして社会的価値の配分に介入することも禁じられているのである。スミスがかかる「自然的自由の体系」（the system of natural liberty）のもとにおける政府の機能を国防、司法活動、ある種の公共事業に限定しながら、しかも司法や公共事業をも、可能なかぎり当事者の負担に委ねようとしたのも当然であるといえる。

スミスにおける道徳的秩序がそのような経済的秩序と密接な関連をもっていることはいうまでもないであろう。たしかにスミスは『道徳感情論』（*The Theory of Moral Sentiments*, 1759, 6th ed., 1790）において、徳の項目として慎慮（prudence）、正義（justice）、仁恵（beneficience）、自己規制（self-command）をあげるとき、それは伝統的な徳目から、異ならないようにみえるかもしれない。しかしそれはその基礎づけにおいても、その内容においても、伝統的なそれとはまったく異なったものとなっているのである。すなわち、それらの徳は、自然法のごとき客観的秩序を前提とし存在論的にそこから導出されるものではなく、いわゆる同感（sympathy）、つまり相互の立場の交換による情念や行動の適正さ不適正さにたいする是認と否認のプロセスのなかで形成され変化し発展してきたものなのである（その点、それは分業と交換を介した市場社会の成立と発展の論理に共通する）。そしてそれぞれの内容からみるならば、まず慎慮（prudence）はもはやアリストテレス的にそれ自体としての善を識別し選択していく能力ではなく、もっぱら利己心に発し、おのれの利益と幸福に配慮する能力となっている。正義（justice）は、すでに触れたように、他人の幸福に積極的にかかわるよりも、他者の幸福や財産を侵害しないという消極的な規定にとどまっている。たしかに仁恵（beneficience）は、他者の幸福への配慮を意味したが、それは実際の市民社会においては、他者にたいする積極的な助力を意味するよりも、市場社会のメカニズムを通じて、結果的に達成されていくものと考えられているのである。そして自己規制（self-command）は、それ自体が価値をもつよりも、おのれの情念をおさえ他の諸徳の実現を可能ならしめるものであった。(18)

このようにみてくるならば、スミスの道徳論の市民社会的性格は明らかであろう。かつての高島善哉氏の表現を用いるならば、たしかに論理的には、道徳的世界が経済的世界に先立ち、前者が後者を包摂するものであったとしても、実際の市民社会のもとにおいては、逆に経済的世界が道徳的世界を包摂していくような位置にあったといえる。(19)

このようにスミスは、私的所有を基礎においた資本主義的経済秩序の自動調整のメカニズムと歴史の進歩を信じていた。これとは対照的に、所有権の成立に、人間の不平等と隷属の起源をみたのがルソーであった。ルソーによるならば自己愛（amour de soi）と憐憫（pitié）がみごとな調和を保っていた平和な自然状態を破壊せしめるのは、冶金と農業による生産力の高まりであり、所有権の成立であった。それは持てる者と持たざる者との分化を生ぜしめる一方、生産力の増大によってもたらされる余暇の増大が、他人にたいする優越においてのみ満たされる虚栄心（amour propre）を刺激し、それがさらに不平等を拡大し、支配と隷属の関係を助長していくものでしかなかったのである。この意味においてスミスとルソーとは、その歴史理解において反対の方向を向いていたといえる。それゆえに、ルソーはみずからの理想社会を、現実の歴史過程の外に描き出さざるをえなかったのである。

マルクスが、このルソーの歴史理解を継承していることは明らかであろう。すでに「ユダヤ人問題によせて」におけるマルクスによれば、近代市民革命によってもたらされた政治的解放の意味するものは、政治的国家からの市民社会的諸要素（私有財産、家族、労働）の解放であり、市民社会の原理をなす物質主義と利己主義の完成にほかならなかった。そしてすでに少しく触れた『経済学・哲学草稿』においては、国民経済（資本主義経済）のもとにおける資本の少数者の手中への集中、それと対極をなす労働者の窮乏を描き出し、さらに私有財産のもとにおける疎外の構造を明らかにしていったのである。

# 五

政治的国家と市民社会（経済的秩序）の分離において、マルクスはスミスに共通するといいうるかもしれない。スミスにおいて政府の機能が、経済秩序の自動調整を外的に保障するものとしてあったとするならば、マルクスにおいても政治的国家は、経済的秩序に従属し、それを維持せしめるものとしてあったといえる。しかしその根底にある経済秩序の理解においては、両者はまったく異なっていた。すなわち、スミスが資本主義的な経済秩序のうちに、各人が利己心に勤《いそ》しみつつ、全体の利益をもたらしていくある種の自然調和のメカニズムをみていたとするならば、マルクスはそこに支配と隷属、不平等の拡大をみていたのである。それゆえにマルクスもまた資本主義の胎内から生まれながら、やがてその矛盾の深化のうちに、それにとって代わる新しい社会に問題の解決をみたのである。それは私的所有を廃棄し、生産手段の公有化と経済の計画的運営を通じて、生産力の総体を人間の意識的コントロールのもとに置こうとするものであった。しかしそのような試みが必ずしも思惑どおりでなかったことは、すでに述べたところである。それは、不平等や疎外を解消しないのみか、政治的、精神的諸領域をも一義的に統制し、意識的にコントロールするような権威主義的な構造を生みださざるをえなかったのである。もちろん、東欧社会主義の帰結を理論としてのマルクス主義から一義的に説明するのは正しくないかもしれない。しかしその矛盾がマルクス主義の理論そのものにも内在していたことを無視してはならないであろう。

所有権と自由の問題をめぐって一九世紀のイギリス政治社会思想が改めて関心を寄せられうるのは、このようなコンテキストにおいてである。そこには私的所有を前提としながら、内在的にその欠陥を克服し、私的利益を公的利益に繋げていくような試みがみられるからである。それは、たとえば、さまざまの点でJ・S・ミルにみることもできようが、ここではとくに功利主義と自由放任主義（laissez-faire）を批判し、政治哲学を新しい理想主義のうえに基礎づけていったT・H・グリーンにおけるそれをみておきたい。

グリーンによるならば、いかなる相互の承認にも基づかない、自然状態におけるいわゆる自然権は、権利という名に値しないたんなる事実ないし事実としての力にすぎない。むしろ「権利のごときものが存在しうるのは、社会内におけるもの、社会の構成員の間の関係……におけるもの」[20]としてであり、それはすでに人びとの共通の意志を前提とし、その行為が相互の利益＝善に貢献するという承認を通してのみである。所有権についてもまったく同様であり、ロックが所有権の起源を前政治的な自然状態の労働に求めたとき、それはなんら所有権の根拠を示すものではない。他の権利一般と同じく、所有権の成立はすでに社会の存在を前提としており、それがたんに個人の利己的な利益を超えて、共通の善（common good）の実現に貢献しうるということへの相互の承認が必要であるというのである。このことは所有権の行使がすでに、共通の善の実現に向かって規制され方向づけられていかなければならないことを意味する。契約の自由への制限をうたった一八八一年における講演「自由立法と契約の自由」（Liberal Legislation and Freedom of Contract）において、自由を定義しなおし、それはたんなる外的な制約や強制からの自由でも、他人における自由の喪失という犠牲において享受せられる自由でもなく、それは「為しまたは享受するに値するもの、しかもまた、われわれが他の人びとと共通に為しまたは享受するものを、為しまたは享受する積極的な力または能力である」[21]というとき、それは所有権にもそのまま妥当するものであったのである。つまりそこでは所有権は最初から一定の社会関係のなかに置かれ、共通の善に向かって規制され方向づけられるべきものとしてあったのである。マルクス的な表現を用いるならば、「各人の自由な発展」と「万人の自由な発展」との調和は、社会システムの共産主義的組み換えによってではなく、私的所有権を前提としながら、その行使への意識的介入を通じて達成されうるし、また達成されるべきものと考えられていたのである。

グリーンもまた、当時のイギリスの状態については、ある意味でマルクスを思わせる口吻をもって、「その全般的な政治発展の一部としてのヨーロッパにおける所有権の発展の現実の結果は、これまでのところ、そこにおいてはたしかにすべての人びとが所有に与りうるような事態であったが、しかし実際には大多数の人びとは、それが真に価値ある意味において、すなわち生活設計を完遂し、善なるものについての理念を表現し、慈恵的な願望を実現せしめる恒久的な手段としてそれに与ることができないでいる」(22)といい、かれらは法的、形式的には占有の権利をもっているが、実際には自己の労働力以外に何ものも所有せず、まったく所有権を否定されているのも同然であるという。しかしグリーンによれば、このような状態は、私的所有制度の必然的帰結ではない、特殊な歴史的事情の所産であり、所有権への道徳的規制を通じて十分改善しうるものと考えられていたのである。ここにはすでに私的所有権を認めつつ、その共通善の実現に向かっての内在的規制の方向が示されているといえる。

## 六

東欧社会主義の崩壊をまえにして、今日すでになんらかの意味での私的所有や市場経済の復活は避けられえないようにもみえる。しかしそれが一定の目的に向かって方向づけられ、規制されていかなければならないことも明らかであろう。しかもその方向づけや規範は、もはや人間と人間との関係においてより正義にかなっているというだけでは済まされない事態にいたっているのである。近代文化と産業によってもたらされた自然破壊、環境汚染が、人類の生存そのものをも脅かすものとなっているからである。その意味では所有権と市場機構への規制は、もはや人間相互の関係のみならず、人間と自然との関係にまで及ばざるをえないといえる。そうであるとしたならば、もはや社会科学といえども、自然を所与とし、人間と人間の関係にのみ焦点をあてることなく、まさに自然の全体的構造とそこにおける人間の位置を明らかにして、人間の経済的営為をも可能なかぎり自然と調和しうるような社会システムのあり方を模索するものとならざるをえないであろう。ここでは社会主義から資本主義への回帰ではなく、その両者をも超えた新しい社会科学のパラダイムが求められているのである。

**注**

（1）K. Mark, *Ökonomisch-philosophische Manuskripte*, *Werke*, Ergänzungsband I（Berlin : Dietz Verlag, 1968）, S. 546. 城塚・田中訳『経済学・哲学草稿』（岩波書店、一九六四年）、一四八頁。
（2）Cf. H. J. Laski, *The Rise of European Liberalism : An Essay in Interpretation*（London : George Allen & Unwin Ltd., 1936）; C. B. Macpherson, *The Political Theory of Possessive Individualism : Hobbes to Locke*（Oxford : The Clarendon Press, 1962）.
（3）Cf. Platon, *Politeia*, 462c.
（4）Aristoteles, *Politica*, 1261b.
（5）Cf. *ibid.*, 1263b.
（6）Cf. *The Politics of Aristotle*, trans. with an Introduction, Notes and Appendixes by Ernest Barker（Oxford : Oxford University Press, 1946）, pp. 55-56, Note J.
（7）*Politica*, 1258a-b.

（8）Cf. Thomas Aquinas, *Summa Theologiae*, 2a 2ae, q. 66, a. 2.
（9）*Ibid.*, 2a 2ae, q. 78, a. 1.
（10）J. Locke, *Two Treatises of Government*, ed. by P. Laslett (Cambridge : Cambridge University Press, 1960), II-V-27, pp. 305-06.
（11）*Ibid.*, II-V-40, p. 314.
（12）Cf. C. B. Macpherson, *op. cit.*, p. 194f.
（13）Cf. Locke, *op. cit.*, II-V-50, p. 320.
（14）もっともこのロックの理論に社会主義に通ずるものをみる立場がないわけではない。たとえば、Cf. James O. Grunebaum, *Private Ownership* (London : Routledge & Kegan Paul, 1987), p. 69.
（15）A. Smith, *An Inquiry into the Nature and Causes of the Wealth of Nations*, Vol.I (Indianapolis : Liberty Classics, 1981), p. 138. 大内・松川訳『諸国民の富』（一）（岩波書店、一九五九年）、三三七頁。
（16）*Ibid.*, p. 26. 邦訳（一）、一一八頁。
（17）*Ibid.*, Vol.II, p. 687. 邦訳（三）、五〇二―〇三頁。
（18）これらの点をめぐるスミスの道徳理論については別の論文を準備しつつある。〔本著作集第九巻収録、「自由主義と道徳的秩序――アダム・スミスの場合」を参照〕
（19）高島善哉『アダム・スミスの市民社会体系』（岩波書店、一九七四年）参照。
（20）T. H. Green, *The Principles of Political Obligation* (London : Longmans, Green and Co., 1941), §216, p. 216.
（21）T. H. Green, "Liberal Legislation and Freedom of Contract," *Works of T. H. Green*, Vol.III, ed. by R. L. Nettleship (London : Longmans, Green and Co., 1911), pp. 370-71.
（22）T. H. Green, *The Principles of Political Obligation*, §220, p. 219.

〔付記〕本稿は日本イギリス哲学会第一五回研究大会におけるシンポジウム「私的所有と自由」の報告（総括質問）に加筆したものである。

†初出　『早稲田政治経済学雑誌』三〇六号、早稲田政治経済学会、一九九一年。なお、本論文はのちに『自由主義の政治理論』（早稲田大学出版部、一九九七年）に収録された。この著作は本著作集第九巻に収録されるが、本論文のみはテーマに基づく再編の結果、第一〇巻に収めた。

# 政治理論史における「公」と「私」

## 一

滅私奉公にかわる滅公奉私という言葉が使われてすでに久しい。意識と行動における「私人化」（privatization）はますます進展しつつあるようにもみえる。しかし滅公奉私という観念においては、なおも「私」に対抗し、「私」に奉仕すべきものとしての「公」が意識されていた。それに較べるならば、現代の「私人化」はむしろ「脱政治化」（depoliticization）というにふさわしく、文字通り公共性の喪失、公的空間の没落を意味するといわなければならない。それは、他者や社会をみずからのために利用していく利己主義であるよりも、他人や社会とのかかわり合いを欠いた「個人主義」（トクヴィル）であるともいえる。[1]

ところでかつてマルクスは草稿『ヘーゲル国法論批判』（*Kritik des Hegelschen Staatsrechts*, 1843）において、市民社会（私的領域）と政治的国家（公的領域）の分裂について述べながら、かかる分裂は普通選挙制の実現を通して克服されうるものとした。つまり普通、平等の選挙権（被選挙権）を基礎とする国民議会の創設を通じて、市民社会（私的領域）がそのまま直接的に政治的国家に媒介され、市民社会と政治的国家の分裂が止揚されるとしたのである。国家の彼岸性（疎外）が解消されるとしたのである。

「選挙は現実的な市民社会の、立法権の市民社会にたいする、代表的要素にたいする、現実的な関係である。すなわち、選挙は市民社会の政治的国家にたいする、無媒介的な、直接的な関係、たんに表象的ではなくてそのものずばりの関係である。それゆえに、選挙が現実的市民社会の主要な政治的関心事であることはおのずから明らかである。無制限な選挙および被選挙において市民社会ははじめて現実的に自分自身の捨象へ、つまりその真の普遍的本質的な定在としての政治的定在へと高まっているのである。しかしかかる捨象の完了は同時に捨象の止揚である。市民社会はその政治的定在を現実的にその真の定在にしたことによって、同時に市民的定在を、その政治的定在との区別において、非本質的なものとしたのであり、分離された一方のものとともに、その他方のもの、その相手側も共倒れになるのである。それゆえ選挙制度の改革は、抽象的な政治的国家の内部にあっては、かかる国家の解体の要求であるが、しかし同様に市民社会の解体の要求でもある(2)」。

もちろん、やがてマルクスは政治的国家の彼岸性――国家が個人から疎外されつつ、個人が国家から疎外されていく――がたんなる政治制度の問題ではなく、むしろ社会の経済構造そのものに起因していることを明らかにしながら、私有財産を基本とする資本主義にかわる社会主義において、政治的国家の彼岸性が解消されうるものとした。

ここでマルクスの最終的解決がその後の歴史に照して正しかったか否かは問わないことにしよう。ただひと言だけつけ加えておくならば、生産手段の公有化は必ずしも、政治的国家の消滅やその彼岸性の解消に帰するものでないことは明らかであろう。ともあれ、疎外からの解放は、疎外が疎外として意識されていたときはじめて可能になるともいえる。その意味では、疎外されつつも疎外が疎外として意識されない――疎外の意識そのものが疎外されている――状況は、およそ制度の根本的な変革への契機を欠くという困難をかかえ込まざるをえない。制度の悪が悪として自覚されないまま崩壊への道を突き進むかもしれない。

本稿の課題は、このような問題意識を前提としつつ、西洋の政治理論史における「公」と「私」の関係を少しく整理することにある。それゆえそれは「私人化」に歯止めをかけ、公的空間をとりもどすための処方を具体的に示そうとするものではない。むしろそのような政治思想史的展望を通して、今日における「公」と「私」の基本的なあり方にたいしてなんらかの光を当てようとするものである。

## 二

さてごく一般的にいって、古代ギリシアの政治理論においては、「公」から区別されたものとしての「私」は認められることはなかった。あるいは「私」は「公」のなかに埋没していたともいえる。このことは、裁判の不正や脱獄の可能性をも知りつつ、あえて国法のために死を選んだソクラテスの生涯のうちにも示されているともいえるが、プラトンの『国家』は、まさに「君のものと我のもの」(3)の区別もなき同一の意識によって結ばれた、その意味ではまさに一なる国家を理想とするものであった。プラトンによれば正しい人間が、魂の三つの部分がそれぞれ知恵、勇気、節制という徳をまもりつつ完全な調和を保つ人間であるように、正しい国家とは、統治者、補助者（戦士）、生産者の階級がそれぞれに徳をまもりつつ完全な調和を保ち一致のうちにある国家であった。そしてプラトンはそのような国家の成否をまさに哲学と政治の合体した哲人王の理想のうちにみたのである。それゆえ教育の理想も社会制度の要件も、ひたすらこの「善のイデア」をわが物とし、それによって導かれる哲人王の問題に向けられていたのである。すでにE・バーカーが述べていたように、プラトンの共産主義は、個人の平等という理念のために財貨の平等と公平な分配を要求する経済的共産主義（economic communism）ではなく、あくまでもポリスの統一という目的に促された政治的共産主義（political communism）であった。[4]つまりプラトンが、家族と私有財産を否定したのは、まさに各人が「私」的欲求と関心を超越し、哲学者として「善のイデア」の探求に専心し国の政治に携わりうるためであった。

ところで、アリストテレスは、このようなプラトンを批判し、「ポリスがひとつになることが進めば進むほど、またそのようになればなるほど、結局はおよそポリスではなくなってしまうということは明らかである。ポリスはその本質からしてある種の集合体である」[5]といっていた。アリストテレスによるならば、ポリスは異なった多元的要素の複合体であり、それぞれが異なったサーヴィスを提供しながらそれによって相補い「自足」（autarkeia）を達成するところに成立するものであった。それゆえにアリストテレスは家族と財産における共産主義を否定し、家族制度と私有財産をよしとしたのである。アリストテレスが、ある事物をたとえば一〇〇〇人の人が所有するとき、その所有感覚は一〇〇〇分の一に希薄化されるといい、各人はむしろ自分自身のものを大事にしそれに配意するというとき、そこではすでに共通の意識による統一は不可能であるのみならず、むしろ望ましくないものと考えられていたのである。

だがこのことはもちろん、アリストテレスにおいて「公」と区別された「私」の自立性が認められ、「公」

が手段化されたことを意味しない。むしろアリストテレスにおいては、人間の肉体的欲求に深く関係し自然の必然性によって支配される労働と生産の活動は、ポリス（polis）から区別された家《オイコス》（oikos）の領域において営まれるべきものとされていたのである。そしてそれゆえに政治術（politikē）と家政術（oikonomikē）は根本的に区別さるべきものとされていた。すなわち、政治術が自由で平等な市民の間で言葉＝理性《ロゴス》によって媒介された活動であるのにたいして、家政術は、主人と奴隷、夫と婦女子という本来的に不平等で異なったものの間の活動であり、支配と服従を内含するものであった。[6] それゆえにアリストテレスはオイコスの論理がポリスの論理を侵食し、それを支配していくことにたいしてもつねにおおいなる警戒を示したのである。もちろん、ポリスが存立するためには労働と生産の場としてのオイコスは不可欠である。その意味ではポリスの存立はオイコスに負っているともいえる。しかしにもかかわらず、オイコスはポリスから区別されつつもむしろそれに包摂され、逆にそれに支配されるべきものと考えられていたのである。

　このことの意味は、アリストテレスにおけるいわゆるゾーン・ポリティコン（zōon politikon）の概念を検討することによってより明らかになるであろう。アリストテレスが人間はポリス的（政治的）動物であるというのは、ひとりポリスにおいてのみ、人間が人間として生きることができる、人間のもっている自然的な資質・能力が十分に発揮できると考えたからにほかならない。このことをアリストテレスはつぎのように説明している。

　「このようにして、ポリスは自然によってphysei（by nature）存在し、ポリスは個人に先立つことになる。すべての個人は、孤立している時には自足を欠いており、かれらはすべて、それのみが自足をもたらしうる、全体に等しく依存する多くの部分なのである。孤立した人間——すなわち、政治的共同体の利益に与りえないものや、すでに自足的であるが故に与る必要のないもの——は、ポリスの部分ではなく、野獣であるか、神であるかのいずれかである。それゆえ、すべての人間には、この種の共同体 koinonia に向かう内在的衝動が存在する。……人間は完成された時には、動物のうちで最善のものであるが、法や正義から孤立させられた時には、すべてのもののうちでも最悪である。というのも、人間は不正な武器を持てばもっとも危険なものであり、生まれながらにして、道徳的思慮や徳のために意図されたものではあるが、それとは反対の目的のためにも用いられうる武器を備えているからである。これこそ、人間は、徳を欠いているばあいには、すべての存在のうちでもっとも不虔で野蛮であり、欲望や貪欲さにふけることにかけて最悪のものたる所以である。正義はポリスに属する。けだし、正義こそ何が正しいかを決定するものであり、政治的共同体を秩序づけるものであるからである」[7]。

アリストテレスによれば、人間が人間たる所以は、栄養摂取や欲望、感覚能力、場所的移動、生殖能力を超えて、理性的能力を有することにある。魂のこの理性的能力こそまさに人間を人間たらしめるものである。そしてその能力はひとりポリスにおいてポリスの市民として活動することを通じて可能となる。けだしポリスにおける言葉《ロゴス》=理性を通しての他者との交流を通じて、何が善であり何が悪であるか、何が正であり何が不正であるかを知りうるのである（その意味では、たしかにゾーン・ポリティコン zōon politikon の概念は人間は言葉=理性をもつ動物である zōon logon ekhon という概念と密接不可分な関係をもつ）。いなたんに知りうるのみならずそれをエートス化し、みずからそれに従って生きるようになりうるからである。たしかに魂の諸能力のうちで右にあげたような他の生物と共有する諸能力は、他の共同体、すなわち家や村落という共同体によっても満たされうるかもしれない。しかし魂の理性的能力——倫理的、知的な——はひとりポリスにおいてのみ満たされるのである。この意味において、アリストテレスにとってポリス（公的領域）は決して手段でもないし、外的でもない。むしろそれ自身が目的なのであり、それゆえにそれは自然的なのである。（それゆえにこそ、H・アレントのいうように、人間の実践的生のうち、たんなる労働 labor や仕事 work を超えて、政治的生としての活動 action のうちに最高の価値を置いていたとみるのも、アリストテレス的な価値のヒエラルヒーをよく表わすものであった。）[8] いなむしろさきの引用にも明らかなように、そのようなポリスにおける生を通じて育まれる道徳的思慮や徳なしには、むしろ人間はその武器を不正に用いることも可能となり、動物のうちでもっとも危険なものとなりうる存在であったのである。アリストテレスがポリスの市民にあらざるものは神か野獣のいずれかであるというとき、それには以上のことがらが含意されていたのである。それゆえにたしかにアリストテレスにとって、たんなる私的 private な状態は、欠如した privative 状態であり、公的なものが剝奪された deprived 状態であった。[9] 人間が人間として自足的（self-sufficient）に生きるためにはポリスは不可欠な存在であったのである。いな、すでにヘーゲルが指摘していたようにポリスにおける生は、そこでの活動が語り継がれることを通じて、魂の不死性（immortality）が保障されるものですらあった。

## 三

ところで、ポリスの崩壊ののちにおけるヘレニズムの思想は、政治的共同体からの個人の解放、「私」の自立化への契機をもたらしていったといえるかもしれない。しかしのちの政治思想史的展開との関係でいうならば、やはりこの点で重要なのはキリスト教の思想であった。そこにおいて、ユダヤ教がユダヤ民族から解放されて世界宗教としての位置を獲得するとともに、人間の完全な共同体を彼岸に想定することを通じて、政治的なるものの相対化をもたらしていったからである。このことはアウグスティヌスの「神の国」(civitas Dei)と「地の国」(civitas terrena)の区別においてすでに明らかであり、これらとは区別された地上の国家は、圧倒的多数がなおも肉のもとにある——その意味では「地の国」のもとにある——地上の世界に、平和と秩序をもたらすための物理的強制力を本質とする必要悪であった。かくて「政治的なるもの」から区別された「社会的なるもの」が考えられていたのである。このことは、ふたたびゾーン・ポリティコン的な観念を回復しながらも、「人間は自然的に政治的、社会的動物である」[10](homo naturaliter est animal politicum et sociale)といったトマス・アクィナスにおいても明らかであるといえる。

ゾーン・ポリティコンの観念を解体し、「私」的なるものを完全に「公」的なるものから切り離していったのは、いなむしろ「私」を自立化し、「公」を手段化していったのはまさに近代政治理論においてであり、それこそ近代政治理論を近代政治理論として特徴づけるものであった。ホッブズがその最初の著作である『市民論』(*De Cive*, 1642)において、アリストテレス的なゾーン・ポリティコンの観念を否定し、「かかる公理は、大多数の人びとによって受けいれられているけれども、まったく誤りであり、人間性をあまりにも皮相にしか考察しないことから生ずる誤謬である」といいながら、「人間が社会を求めるのは自然によって by nature それ自身目的としてではなく、そこからなんらかの名誉や利益を得るためである」[11]といったのは、それを象徴的に表わすものであった。そしてこの点において重要なのは、周知の「自然状態」(status naturalis)の観念であった。ここに初めて、「自然状態」は「国家状態」(status civilis)から区別され、むしろ人間の「自然」の状態は、前政治的ないし没政治的なものとしてとらえられていったのである。いわばそれは、完全に前政治的な状態であり、その意味で完全に「私」的な状態であった。このことは、たとえばホッブズにおいてもロックにおいてもルソーにおいても、その自然状態の指摘がいかに内容的に異なっていようとも変わらない（もっとものちに述べるように「自然状態」の論理的機能は、ルソーにおいてはいささか異なるとしても）。そしてむしろ「国家」は、前政治的であることを自然とする「私」的な個人が、よりよく生きることを保障するために人工的（artificial）につくりだされたものとされていったのである。いわば国家＝政治的共同体はアリストテレスと異なって、人間にとって決して「自然」的なものでなく、「人為」の所産とされていったのである。

このことは、近代政治理論の中核をなす「自然権」（jus naturale, the right of nature）の概念を分析することによってより明らかになるといえる。すなわち、これもホッブズに典型的に表われているように、「自然権」とは、欲求を求め嫌悪を逃れつつ生命活動（vital motion）を営んでいく個人の自己保存（self-preservation）の権利にほかならなかった。そしてそれはいかなる道徳的承認をも必要とすることなく、まさに「石の落下」の物理学的法則にも等しき自然的事実として認めざるをえないものであった。ホッブズはこのことをつぎのように述べている。

「人びとの自然の強欲さが日々お互いを脅かしつつある多くの危険のなかにあっては、自分自身に配意することは、それほど軽蔑さるべきことではない、けだしそれ以外に振舞う力も意志もなに人にも与えられていないからである。というのも各人は、自分にとって善であるものを求め、悪、なかんずく自然的な悪のうちでも最大の死を避けるのであり、そのようになすのは、石の落下にも等しき一定の自然の衝動によってであるからである。それゆえに死と不幸から身体と四肢を保存し防衛するために、みずからのすべての努力を傾けることは、人間にとって不合理なことでも、非難さるべきことでも、正しき理性の命令に反することでもない。そして正しき理性に反しないことがらをすべての人は正しく権利をもってなしたことになるのである。権利という言葉によって意味されているのは、各人が正しき理性にしたがってみずからの自然的能力を用いるために有する自由にほかならない。それゆえ自然権の第一の基礎は、各人は自分自身に可能なかぎり、みずから、生命と四肢を保護するために努力するということである」[12]。

もちろん、目的への権利はそのための手段への権利を保障されることなしには意味をなさない。それゆえに、自然状態においては、個人はすべてのものにたいして——他人の生命や身体にたいしてすら——権利をもつのであり、自分自身の保全のためにいかなることをなそうともそれは不当ではないことになる。その意味で人間の本性＝自然の状態は、いかなる道徳的、法的規範にも服さない完全に自己中心的《エゴセントリック》な状態なのである（いなホッブズは、すでに「人間論」の部分において欲求を善、嫌悪を悪としつつ、この意味での価値の完全な主観化と相対化を説く[13]）。しかしそれゆえに人間の自然の状態は、各人の自然権が衝突する「戦争状態」、しかも「万人に対する万人の戦争」（bellum omnium contra omnes）にほかならない。そこで人びとは自己保存のよりよき実現のために、理性の計算に導かれて唯一の道徳法としての自然法を発見し、契約による国家の設立にいたるものとしたのである。

この意味において、ホッブズにあっては「私」的な領域が「公」的領域に先行し、「公」的領域はあくまでも、「私」的領域のよりよき実現のためにあったといえる。人間は決して自然においては「政治的動物《ゾーン・ポリティコン》」ではなかった。ところで、かかるホッブズの理論に注目し、ホッブズを競争的市場社会の論理にもとづく所有的個人主義の政治理論としてとらえたのは、C・B・マクファーソンであった。これにたいしてはすでにさまざまの批判がみられたが、J・G・A・ポコックはむしろ市場社会とそれに対応する政治理論の成立を一八世紀にみながら、ホッブズはなおも政治的思考の枠のなかにあるものとした。(14) しかしホッブズにおけるアリストテレス的価値のヒエラルヒーの転倒は明らかであり、むしろ人間の欲求充足のための労働と生産の活動こそ人間に本性的＝自然的なものとされながら、道徳や政治は、かかる人間の労働と生産の活動をより安定的に営ましめるための条件、平和と秩序を保障する手段的なものと考えられていったのである。このことはホッブズが政府が保障すべきものとしてあげている人民の福祉(salus populi)の概念においても明らかであり、それには、(一) 外敵にたいする防衛、(二) 国内における平和の保持、(三) 戦勝によってよりもむしろ労働と倹約によって達成され、とくに数学と機械工学の育成によってもたらされる個人の適正な豊かさ、(四) 無害なる自由の享受、等が主要なものとして含まれていたのである。(15) それゆえにホッブズのうちに政治人 (homo politicus) から経済人 (homo economicus) への転換をみるのも間違いではない。

このことは一見、より伝統的な政治理論と繋がっているようにみえるロックにおいても明らかであるといえる。すなわち、ロックの自然状態においては、すでに自然法が存在するとはいえ、そこでは自然法と自然権は明確に区別されていたのであり、自然法は人間がその実現に向かって努力すべき倫理的卓越性――最高善――を示すものであるよりも、生命・自由・財産を内容とする自然権をよりよく実現するためにまもらなければならない理性の戒律であったのである。のみならず、ロックにおいては、すでに自然状態において労働による取得としての所有権が想定され、しかも貨幣の導入を通じて占有への自然法的制約すら撤廃され、富の無限の所有と蓄積が正当化せられるところとなったのである。そして自然状態から、人びとの同意を通じて設立される政治権力の目的は、死刑その他の刑罰を通しての所有権（それは広義には生命と自由と財産を含むとはいえ）の保存と調整にあったのである。しかも比較的に二重契約的色彩の濃いロックにおいては、自然状態からの社会（society）の設立と、その社会を母胎とする政府（government）の設立とが区別され、それゆえにまた「政府の解体」と「社会の解体」とが区別されたのである。(16) すでにこの点ではホッブズとも異なって政府の解体は必ずしも自然状態への回帰を意味するものではなく、むしろ社会を母胎として人民の意志により新たな政府が設立されうるとされたのである。この点においてもロックにおける私的、社会的領域と公的、政治的領域との区別、そして公的、政治的領域の手段化をみるのは間違いではないであろう。

## 四

　このようにしてわれわれは、ホッブズやロックに古典的政治理論にあった「公」と「私」の関係の転倒をみることができる。もちろんそれは、私有財産を基礎とし労働生産物の市場を通じての交換によって他者と関連していく、市民社会の成立と無縁ではなかった。それゆえにそれはその後の西洋政治理論において次第に支配的になり、人びとの思考の中心をなしていったとすらいえる。

　もちろんそれにたいする反発や反動、外的、手段的なものへと放擲された「公」をいま一度とり戻し、私的な活動を公的な活動として発揮しうるような場を求める運動もあった。そしてそのひとりが、L・シュトラウスが近代政治思想の第二の波の創始者とよぶ(17)ルソーであった。ルソーは、『社会契約論』（一七六二年）において、ホッブズ的な国家においては、全人民がごく少数の主権者に隷従することになるといい、ロック的な代議制国家においても、ひとたび選挙が終わるや代議士は人民の意志から離れ――その意味では頭が胴体から切り離され――一人歩きしていく危険性を指摘していった。そしてそれゆえ、全体の意志でありながら個人の意志であり、決して誤りなくつねに公共の利益をめざす「一般意志」（volonté générale）によって運営される、人民主権が実質化した完全な共和制国家を構成していったのである。

「では、主権の行為とは本来何であろうか。それは上位者と下位者との約束ではなくして、政治体とその構成員各々との約束である。その約束は、社会契約を基礎としているがゆえに正当であり、すべての人に共通であるがゆえに公平であり、一般の幸福のみを目的とするがゆえに有用であり、公共の力と至高の権力を保障とするがゆえに堅固である。臣民がこのような約束にのみ従うかぎり、かれらはなに人にも服従せず、自分自身の意志にのみ服従することになる(18)」。

だが、ルソーの意図したのは、決して形式的な意味における人民の意志と為政者の意志との一体性――その意味では、マルクス的表現を用いるならば、彼岸性の解体――ではなかった。むしろルソーが、そこにおいては個人は、自然的自由を失うけれども市民的自由（liberté civile）を獲得し、自然的欲望や衝動への隷属からも解放されて道徳的自由（liberté morale）をも獲得するというとき(19)、個人の内面のあり方における変化をも期待していたのである。そこにおける個人は、自己の利益のためにのみ「公」的領域にかかわるブルジョアではなく、公的目的をみずからの目的とし、「義務の声を肉体の衝動」に転化しうる言葉の真の意味での「市民《シトワイアン》」（citoyen）であった。そしてかかる市民の育成こそ、いっけん自然人の育成に始まる『エミール』（一七六二年）

の課題でもあった。完成されたエミールにあっては、まさに「公共の善」がかれの現実の動機となり、「かれは自分と戦い、自分にうち勝ち、自分の利益を公共の利益のために犠牲にすることを学ぶ」[20]とすらいうのである。

この意味において、ルソーのうちに、古代のポリス・モデルをみるのも、古典的な「公」と「私」の関係の復活――再興の試み――をみるのも間違いではない。しかしそれはすでにたんなる古典的モデルの復活ではなかった。むしろそれは近代において解放された個人の自由と自立性を介した古典的共同体の回復であったといえる。そしてこの問題を継承し、より積極的な展開を示したのが、ヘーゲルであった。われわれはたしかに、のちにH・ノールによって編纂され『ヘーゲル初期神学論集』（*Hegels theologische Jugendschriften*, 1907）として出版された若きヘーゲルの論稿のなかに、つぎのような古代ギリシアやローマの共和制の讃美を見出す。

「自由なる人間として、かれらは自分たち自身が定めた法律に従い、自分たちがその指導者として立てた人びとに服従し、自分たち自身が決めた戦争を行い、自分自身のものたる事柄のためにおのれの財産、おのれの情熱を傾け、幾多の生命を捧げた――かれらは教えも学びもしなかったが、完全に自分自身のものとよびうるような道徳原理を、行為を通じて実践していたのである。公的な生活においてであれ、私的な家庭生活においてであれ、だれもが自由であり、だれもが自己の法則によって生活していた。自分の祖国、自分の国家という理念が、かれがそのために働き、かれを動かす眼にみえざる崇高なものであり、これこそかれにとっての世界の最終目的、いなかれの世界の最終目的であった――かれはかれの最終目的が現実のうちに現われるのをみ、あるいはみずからそれを表わし、保持することに協力していた。かかる理念の前では、その個体性は姿を消し、かれはかかる最終目的を保持し、それを存在せしめることのみを切望したのであり、それをみずから実現することができたのである」[21]。

そしてキリスト教が滲透して以来の世界を、「全体への配慮」はごく一部の人のものとなり、大多数の人びとが、「個人的なことがら」にのみかかわり、市民の権利も「財産の安全の権利」だけとなった時代として描き出すのである。そしてヘーゲルによるならば、フランス革命はある意味ではその古代的な自由と共同性を回復するための運動であった。しかしフランス革命が、その理念の抽象性、現実との乖離ゆえに恐怖政治へと転ぜざるをえなくなったとき、ヘーゲルはルソーを継承しつつも、その思考においてルソーから離れる。むしろ現実の市民社会の外に理想を立てるのではなく、現実の市民社会の連関より、具体的にいうならば近代市民社会の生成とともに解放された個人の欲望を前提としつつ、それを満たすための労働、その結果にたいする所有、そしてその契約による交換の連関を通じての人倫的共同体（die sittliche Gemeinschaft）の再興を企てるのである。イエナ期の講義や草稿は明らかにそれを模索するものであったが、意識の自己克服のうちに絶対知の成立を跡づけた『精神現象学』（一八〇七年）ですら、他から切り離され、おのれ自身の欲望を善とした特殊的、個別的意識が、それを実現しようとして他者と衝突し、衝突しつつ自己否定＝自己反省とそれによる自己克服を繰り返しながら、やがて社会の相互依存の連関をわが物としていく過程、ヘーゲルのいう「われわれなるわれ、われなるわれわれ」（*Ich*, das *Wir*, und *Wir*, das *Ich* ist）という意識へと自己形成していく過程を示すものでもあった。そこでは「われ」は「われ」としての自立性を保持しながら、「われわれ」として存在するのであり、まさに各人が自由でありながら、他者と共同的な関係のうちにある意識の成立が辿られているのであった。

もちろん、それを可能にする制度的条件は『法の哲学』（一八二一年）において示された。そこにおいて「人倫」（Sittlichkeit）は「抽象法」の外面性と「道徳性」の内面性の統一のうちにあるものであったが、このばあいヘーゲルは「道徳性」の立場を個人の主観性＝主体性（Subjektivität）の発見として高く評価する。「おのれの満足をおぼえようとする主体の特殊性の権利が、あるいは同じことであるが、主体（主観）的自由の権利が古代と近代の区別における転回点・中心点をなす」[22]。しかしかかる主体＝主観のたてる善、万人の福祉はたんに抽象的普遍態にすぎない。それゆえその具体化を求める意識は人倫の立場に移行せざるをえない。むしろ社会の諸制度の具体的な連関のうちに身を置き、そこにおける善をみずからの善として、その実現を企てるのである。いうまでもなく、この「人倫」は、「家族」、「市民社会」、「国家」という展開のうちに示されている。そしてこのばあいにおいても、「市民社会」は、「家族」にあった直接的一体性が崩れ、個人の特殊性（特殊的欲求）が自立化した状態、それゆえに普遍性が外的普遍へと放擲された状態である。いわばそれは文字通り「欲求の体系」（das System der Bedürfnisse）であり、司法活動と福祉行政《ポリツァイ》による外的秩序の保障と救済にもかかわらず、「かかるもろもろの対立とその縺れ合いにおいて、放埒、貧困、およびその両者に共通する肉体的および人倫的頽廃の光景を呈」[23]せざるをえない状態である。そしてかかる市民社会の分裂を止揚し、家族にあった一体性を回復するものとして人倫的国家が要請されるのである。愛国心という政治的心術《ポリティッシェ・ゲズイヌング》と国家体制（立法権、統治権、君主権）を通じて、市民社会における特殊的なるものが普遍へと媒介され、人倫的一体性が回復される。

しかしわれわれはここでもヘーゲルが、市民社会の必然性とそこにおける個人の主体性と特殊的欲望の解放を評価していることを看過してはならないであろう。あくまでもそれらを評価し媒介しながらの人倫的一体性の回復なのである。このことは『法の哲学』第二六〇節のつぎの言葉によっても明らかであるといえる。

「国家は具体的自由の現実性である。だが具体的自由の本質は、人格的個別性とその特殊的利益とが余すところなく発展し、それらの権利がそれ自身として（家族および市民社会の体系において）承認されるとともに、またそれらが一面ではおのれ自身を通じて普遍的なるものの利益へと移行し、一面では知と意志とをともなってこの普遍的なるものをしかもおのれ自身の実体的精神として承認し、そしておのれの究極目的としてその普遍的なるもののためにはたらくということにある。その結果、普遍的なるものは個人の特殊的利益、知および意志のはたらきなしには効力をもちえないし、成就されえないのである。また個人もたんに特殊的利益のために私的個人として生きるのではなく、同時に普遍的なるものにおいてまた、そのために意志し、かかる目的を意識した活動を行なうのである。近代国家が途方もない強さと深さをもつのは、それが主体性の原理をして人格的特殊性という自立的な極点にまで完成せしめ、同時にそれを実体的統一へと連れもどし、かくして主体性の原理そのもののうちにかかる統一を保持せしめるからである」(24)。

このようにして「公」と「私」の関係においていうならば、ヘーゲルの意図したのは、あくまでも近代において解放され自立化した「私」を介した「公」の回復である。それはまさに特殊性と普遍性、「私」と「公」の相互滲透のうちに成立する、あるいは自由と共同性の両立のうちにある一体性であるといえる。

ここでひと言つけ加えておくならば、ヘーゲルは実際には市民社会に特殊性のみをみたのではない。むしろすでに個人は市民社会において、家族、身分、職業団体等さまざまの中間団体に属することを通じて、一定の教養形成（Bildung）をおこない、「私」的なるものと「公」的なるもの、特殊的利益と普遍的利益の繋がりを自覚化していくのであり、ヘーゲルの国家はまさにそのような市民社会に媒介されているのである。

## 五

マルクスが『共産党宣言』（一八四八年）において、「各人の自由な発展が、万人の自由な発展にとっての条件である」[25]ひとつの共同体（eine Assoziation）ということをいうとき、マルクスがその社会結合においてヘーゲルの理想を継承していることはたしかであろう。しかしそれを可能にする具体的条件についての考察はまったく異なる。すなわち、マルクスはすでにその初期の頃より、ヘーゲルの国家においては、人倫的国家を通じて市民社会の矛盾が解消されるどころか、逆に国家は市民社会によって支配され、それに奉仕していかざるをえないことを見抜いていた。あるいは、すでに少し述べたように、せいぜいヘーゲル的国家においては、政治的国家は市民社会から疎外された外的強制力として現われざるをえないことを見抜いていたのである。それゆえにマルクスにとっての課題は、市民社会そのものにあり、市民社会の内在的組み換えにあった。すなわち、近代市民革命の本質を、政治的領域からの市民社会的諸領域の解放とみ――そのかぎりにおいてホッブズやロックの政治思想もそれを表現しているといえる――、市民社会の原理をなす物質主義と利己主義の完成とみながら、この物質主義と利己主義の廃棄のうちに人間の類的存在性（Gattungswesen）の回復、ブルジョアから区別されたシトワイアンの回復をみたのである。

「現実の個別的人間が、抽象的な公民を自分自身のうちにとりもどし、個別的人間として、その経験的生活において、その個人的労働において、その個人的な関係において、類的存在となったときはじめて、つまり人間がその『固有の力』を社会的な力として認識し組織し、したがって社会的な力をもはや政治的な力という形において自分自身から切り離さないときはじめて、その時はじめて人間的解放は完成されたことになるのである(26)」。

もちろん、やがてマルクスは、かかる物質主義と利己主義、さらには疎外や搾取の根源を、私有財産と商品生産を基本とする資本主義的な経済制度そのもののうちにみていく。そしてそこでは社会の支配階級と被支配階級への分裂は不可避であり、国家はいっけん階級関係を超越するようにみえながら、その実現存の階級関係を温存し、支配階級のために奉仕していかざるをえないものとしたのである。マルクスにとっては、資本主義社会における国家権力は、「全ブルジョア階級の共通の事務をつかさどる委員会(27)」であり、直接普通選挙による共和制すらブルジョア共和制にほかならなかった。「国民議会によって宣言された唯一の正統的な共和制、それはブルジョア秩序に対抗する革命的武器ではなく、むしろブルジョア秩序の政治的再建であり、ブルジョア社会の政治的確立であるところの共和制、ひと言でいえばブルジョア共和制 *die bürgerliche Republik* である(28)」。それゆえに、資本主義的経済組織の社会主義的組み換えにおいて、革命とプロレタリアートによる独裁は不可避であるとしたのである。

このプロレタリアートの独裁とその後の政治権力の具体的なあり方については（『フランスにおける内乱』その他における部分的叙述にもかかわらず）不明確な部分を残すとしても、生産手段が公有化した社会主義のもとにおいては、「人びとが、……かれらの多くの個別的労働力を、意識してひとつの社会的労働力として支出する、自由な人間のひとつの結合体 ein Verein」[29]が成立すると考えていたことはたしかである。本稿の主題との関連でいうならば、そこにおいては「公」と「私」の分裂も止揚され、かかる経済制度が人民によって選出され人民にたいして直接的に責任を負うコミューン型の組織によって運営されるかぎり、政治権力の権力的色彩も解消し——まさに政治的国家の彼岸性も解消される——と考えられていたのである。

ここでこのようなマルクスの理論を、その後成立した社会主義の現実に照して云々することはひとまず措くとしよう。ただわれわれが前節でみたヘーゲルとの関連でいうならば、ヘーゲルが近代市民社会の成立とともに解放された個人の主体性（主観性）と特殊性を介した人倫的一体性、いわば解放され自立化した「私」を介した「公」の回復を企図したのにたいして、そしてそれゆえに市民社会における中間団体の教養的機能にも十分に注目したのにたいして、マルクスにはこの視点が希薄であるようにも思われる。そしてそれは、現代の巨大な産業社会において、生産組織を人間の計画的管理と意識的コントロールのもとにおきながら、しかも社会の多元的構成を認め個人の主体性を認めるというディレンマにかかわっているようにも思われる。（この点、たしかにポーランドにおける連帯の運動や社会主義諸国における最近の解放政策は、社会主義社会の市民社会化——遅れた市民革命——としてとらえられうる要素を含んでいるともいえるが、それが本来の社会主義の要求とどのように一致していくかは将来の問題といわなければならないであろう。[30]）

ところで、マルクスが社会主義のうちに問題の解決をみたとするならば、資本主義であるか社会主義であるかを問わず、合理化の進展が必然的に社会の組織化、官僚制化をもたらし、「公」と「私」の分離、さらにいうならば政治的なるものの権力化をもたらさざるをえないと考えたのがウェーバーであるように思われる。ウェーバーが、国家をば物理的強制力の独占によって特徴づけ、政治を権力をめぐる争いによって特徴づけるとき、ウェーバーがいかにそれを歴史汎通的なものとして示そうとも、それが、その構成が分散化し価値が多様化した社会、それゆえに社会の統合が外からの組織を不可欠としている社会を背景としていることは否めないであろう。そしてそれは、『世界宗教の経済倫理』の「中間考察」の説明を用いるならば、世界の合理化ないし主知化は、必然的にそれを生みだした宗教と衝突し同胞倫理（Brüderlichkeitsethik）を破壊する一方、文化諸領域の自立化、すなわち、経済的、政治的、審美的、性愛的、知的な諸領域が分化し、それぞれの法則によって動くことを通じて、相互の間に軋轢と緊張をひきおこしながら、個人が手にし関係しうる領域をますます局限化していくものであった。

「それゆえ文化財や自己完成の目標が分化し、多様化していけばいくほど、個々人が、受動的には受容者として、能動的には共同の創造者として、有限な人生のうちに自己の手中にかかえ込みうる部分は、ますます僅かなものとなってくる。したがって、この外面的ならびに内面的な文化の秩序界に組み込まれていくとしても、個人が文化全体を、あるいはなんらかの意味で文化における『本質的』なものを――といっても、そこには決定的な尺度など存在しない――受容しうるということは、それゆえに『文化』や文化の追求がその個人にとってなんらかの現世内的な意味を持ちうるということは、ますます確率の小さいものとなってしまう。……

このようにみてくるならば、およそ『文化』なるものはすべて、自然的生活の有機的循環から人間が抜け出していくことであって、まさにそうであるがゆえに、一歩一歩ますます破滅的な意味喪失へと、しかも文化財への奉仕が聖なる使命とされ、天職とされればされるほど、それは無価値でそのうえいたるところに矛盾をはらみ、相互に敵対しあう目標のために、ますます無意味な働きをあくせく続けることになるという、呪われた運命に陥らざるをえないのである」[31]。

このような現象をウェーバーは、現世の価値剝奪（Entwertung）とよび生の意味喪失（Sinnlosigkeit）とよんだ。それはすでに特定の社会・経済組織に起因するものであるよりも、自然から分離し、人間がつくり出した文化そのものに内在するものであり、なかんずく世界像の脱中心化と分散化を限りなくおし進める近代文化に内在するものであった。このようなウェーバーの視点からするならば、ふたたび個の全体への繫がりを回復し、「私」を介した「公」の回復を企図しようとするルソーやヘーゲル、そしてマルクスの試みは、時代の趨勢をみないロマン主義的な反動としてしか映らないであろう。個人は、「公」の「私」からの分離、外なる世界の圧力に耐えて、専門家としてザッヘに専心する以外にないように思われる。だがこのばあいには、かかる生のあり方そのものが、世界の脱中心化をますますおし進め、現世の価値剝奪、生の意味喪失に拍車をかけるという永遠に解決しえないディレンマをかかえることになるであろう。

## 六

世界像の脱中心化というウェーバーの問題を共有しながら、ウェーバーとは別の解決策を見出していったのが、J・ハーバーマスであった。ハーバーマスは、客観的世界（objektive Welt）、社会的世界（soziale Welt）、主観的世界（subjektive Welt）への世界分化を、神話的世界像も神学的・形而上学的世界像も解体した近代社会の不可避的傾向とみ、むしろ歴史的進歩とすらみる。しかしウェーバーと異なって、そこにおける合理性の基準を、世界の客観化的態度における認知的・道具的合理性においてのみみることをしない。むしろ、分化した三世界に応じて、認知的・道具的合理性に加え、実践的・規範的合理性、審美的合理性が成立することを認め、それぞれの基準＝妥当請求（Geltungsanspruch）を真理性（Wahrheit）、正当性（Richtigkeit）、誠実性（Wahrhaftigkeit）としてとらえる。そしてこれらの妥当請求がいずれも満たされる開かれたコミュニケーションによる相互了解とそれによる行為調整に期待するのである。[32]

　ハーバーマスの基準によるならば、マルクスもウェーバーも、理性を認知的・道具的理性に矮小化する危険性をもつ。すなわち、マルクスのばあいには、いわゆる労働と相互行為（Interaktion）のうち、対自然の行為としての労働が主座を占め、人間の意志疎通的行為としての相互行為が等閑に付されている。ハーバーマスによれば、労働による生産力の高まりによってもたらされる飢餓や貧困からの解放は、必ずしも抑圧や隷従からの解放を意味するものではない。人と人との関係における権力的関係が存続しうるからである。一方、ウェーバーのばあいには、現代世界における価値観の多様化――神々の闘争――を前提として、真理性だけを唯一妥当な認識の根拠とするものであるが、これは社会の目的合理化――形式合理性の進展――をおし進めるものでしかない。むしろそれは、貨幣と権力をメディアとする社会のシステム合理化に符合し、それをおし進める傾向をすらもつ。そこでハーバーマスは、世界像の脱中心化とともに分化し、むしろ抑圧されつつも抗事実的に存在する正当性、誠実性をも妥当請求の俎上に載せ、完全に開かれた自己欺瞞も相互欺瞞もないコミュニケーションのうちに「公」的なるものの回復を求めるのである。

　ハーバーマスもウェーバーと同じく価値観の多様化を認める。それゆえ価値のレヴェルにおいて他者との共通性を求め、それをそのまま「公」的なるものへと高めることはしない。むしろ、今日もはや善や正義の内容に関しては、各人の主観的選択に委ねざるをえないほど価値観は多様化しており、それゆえに実質倫理は問いえないという。むしろ究極的価値の選択を各人に委ねることが個人の自由と自律性、尊厳をまもるために不可欠の条件であり、それはむしろ近代の成果であるとすらする。かくして、今日可能で必要な唯一の倫理はコミュニケーション倫理（kommunikative Ethik）であるという。開かれたコミュニケーションによる了解の結果のみが唯一その推論の合理性を保障するものであり、このようなコミュニケーションの過程そのものが、対話《ディアローグ》の過程として、公共性の再興に寄与することにもなる。

　だが、世界像の脱中心化、分散化を前提としながら、あるいはウェーバー的にいうならば神々の闘争を前提としながら、なおもコミュニケーションによる統一は可能であろうか。すでに少しくみたように、アリストテレスにおいて政治への参加とコミュニケーションが、一定の公共性の実現を可能ならしめたのは、すでにそれに先立って一定の公的空間が存在していたからでもあるが、同時にそこに参加する個人が、善とは何であり正義とは何であるかを問い、それにしたがって生きるべく志向を持っていたからであった。いわば実質倫理に裏打ちされてはじめてコミュニケーション倫理が了解と公共性の形成の倫理として機能しうるように思われるのである。

　ここで最後にひと言つけ加えておくならば、「私」から区別された「公」というとき、それには領域と様態とが区別されうるであろう。[33] 領域の区別としてみたばあいには、われわれは今日もはや「公」的なものを、国家との関連においてのみみる必要性はないであろう。国家（あるいは狭義の政治的なるもの）から区別された社会的なるものが存在するのであり、すでにヘーゲルにおいてみたように、その社会的諸集団が一定の「公」的なるものを体現し、個人の教養形成を司ることになるであろう（この点ではむしろ国家から区別された社会的なるものの自立性とその自覚がきわめて重要であるように思われる)。しかもさらに今日において、「公」的なるものが、国家を超えて国際的な拡がりのなかで考えられなければならないこともたしかである。人類の地球共同体とそこにおける世界市民的立場が、「公」的なるもののひとつの単位として成立しているし、また成立しなければならないことはたしかであろう。いな地球共同体は、もはや人類の枠を超えて、地球上の生命あるすべての存在にまで拡げられていかなければならないかもしれない(このばあいには、その構成に関し理性能力とは別の基礎づけが必要であろう)。

もちろん、これらの諸領域の間には衝突や葛藤もありうるし、むしろそれこそ恒常的であるかもしれない。最小の単位としての個人を唯一の目的としつつ、他を手段化していくことも可能であろうし、逆に国家なり他の単位を目的としつつ、他の領域はそれに包摂しあるいは排除してそれを手段化していくことも、可能であろう。この点、「公」的なるものを様態として考えるならば、いずれをも手段化することなく、相互に目的と手段の関係のうえに成立していることが必要なのであり、そのためには個人がたんに「私」人として存在するのではなく、「公」的なるものを意識において先取りし、それに向かっておのれの行動を方向づけていく——あるいは少なくともそれと矛盾しない形で選んでいく——ことが必要であるように思われる。そしてそのためには、個人、社会、国家、地球共同体と連なる相互依存の連関を構造的に把握し、それを意識化していくことが必要であるように思われる。もちろん、現実の構造においては、それぞれの単位の構成員においおいなる不平等や非対称性が存在する。一国のうちにおいても富める個人と貧しき個人、富める集団と貧しき集団が存在するし、国際的な単位においてはこの非対称の構造はさらに大きい(いな自然にたいして破壊的な生活を営んでいる単位もあるし、逆により調和的なそれを営んでいる単位もある)。それゆえにこそ、そのような構造的な歪みを正し、相互依存を支配や従属ではない真の相互依存につくり変えていくような視点が必要であるように思われる。そのような視点と志向と理論とが、コミュニケーションに参加したときはじめて、そこにおける了解が、たんなるそれぞれの単位の特殊性を超えて普遍的な妥当性を持ちうるし、真の公共性を保障しうるようにも思われるのである。そしてその時には、すでにたんなるコミュニケーション倫理を超えて実質倫理に一歩足を踏み入れていることになるであろうし、「公」はコミュニケーションの結果として得られるものではなく、むしろそれに実質的に内在し、コミュニケーションを導くものとなっているであろう。

**注**

（1）佐々木毅『いま政治になにが可能か——政治的意味空間の再生のために』（中央公論社、一九八七年）、一一一―一二頁参照。

（2）Karl Marx, *Kritik des Hegelschen Staatsrechts*, *Marx-Engels Werke*, 1 (Berlin : Dietz Verlag, 1970), S. 323-24. 真下信一訳『マルクス＝エンゲルス全集1』（大月書店、一九五九年）、三六四頁。

（3）Cf. Platon, *Politeia*, 462b-d.

（4）Cf. Ernest Barker, *Greek Political Theory : Plato and His Predecessors* (London : Methuen, 1960), p. 247.

（5）Aristoteles, *Politica*, 1261a.

（6）Cf. *ibid.*, 1253bf.

（7）*Ibid.*, 1253a.

（8）Cf. Hannah Arendt, *The Human Condition* (Chicago : The University of Chicago Press, 1958), pp. 7f. 志水速雄訳『人間の条件』（中央公論社、一九七三年）、九頁以下。

（9）Cf. *ibid.*, p. 38. 邦訳、三九頁。

（10）Thomas Aquinas, *De Regimine Principum*, 1-ⅰ, *Aquinas : Selected Political Writings*, ed. by A. P. D'Entrèves (Oxford : Basil Blackwell, 1965), pp. 2-3.

（11）Thomas Hobbes, *De Cive*, I-ii, The English Version, ed. by H. Warrender (Oxford : The Clarendon Press, 1983), p. 42.

（12）*Ibid.*, I-vii, p. 47.

（13）拙著『近代政治哲学の形成――ホッブズの政治哲学』（早稲田大学出版部、一九七四年）、一三〇頁以下参照。

（14）Cf. J. G. A. Pocock, *Virtue, Commerce, and History* (Cambridge : Cambridge University Press, 1985), pp. 59f.

（15）Thomas Hobbes, *op. cit.*, XIII-vi, xiv, pp. 158, 164-65. Cf. Leo Strauss, *Hobbes' politische Wissenschaft* (Neuwied am Rhein und Berlin : Hermann Luchterhand Verlag, 1965), S. 168.

（16）Cf. John Locke, *Two Treatises of Government*, Book II, chap. xix.

（17）Cf. Leo Strauss, *Natural Right and History* (Chicago : The University of Chicago Press, 1953), pp. 252-53 ; *What is Political Philosophy? and Other Studies* (New York : The Free Press, 1959), p. 50.

（18）J.-J. Rousseau, *Du contrat social, The Political Writings of Jean-Jacques Rousseau*, ed. by C. E. Vaughan, Vol.II (Oxford : Basil Blackwell, 1962), II-iv, p. 45. 桑原・前川訳『社会契約論』（岩波書店、一九五四年）、五二頁。

（19）Cf. *ibid.*, I-viii, pp. 36-37. 邦訳、三六―三七頁。

（20）J.-J. Rousseau, *Emile, Œuvres complètes*, tome IV (Paris : Bibliothèque de la Pléiade, 1969), V, p. 858. 今野一雄訳『エミール』（岩波書店、一九六二～六四年）、五五五頁。

（21）G. W. F. Hegel, *Hegels theologische Jugendschriften* (Frankfurt am Main : Minerva GmbH, 1966), S. 221-22. 久野・

中埜訳『ヘーゲル初期神学論集』（二）（以文社、一九七三年）、二四一－四二頁。

（22）G. W. F. Hegel, *Grundlinien der Philosophie des Rechts*, *Werke*, 7 (Frankfurt am Main : Suhrkamp Verlag, 1970), § 124, S. 233. 藤野・赤澤訳『法の哲学』（中央公論社、一九六七年）、三二六－二七頁。

（23）*Ibid.*, § 185, S. 341. 邦訳、四一六頁。

（24）*Ibid.*, § 260, S. 406-07. 邦訳、四八八頁。

（25）Karl Marx, *Manifest der Kommunistischen Partei*, *Werke*, 4, S. 482. 大内・向坂訳『共産党宣言』（岩波書店、一九五一年）、六九頁。

（26）Karl Marx, "Zur Judenfrage," *Werke*, 1, S. 370. 花田圭介訳『マルクス＝エンゲルス全集1』、四〇七頁。

（27）Karl Marx, *Manifest der Kommunistischen Partei*, S. 464. 邦訳、四二頁。

（28）Karl Marx, *Die Klassenkämpfe in Frankreich 1848 bis 1850*, *Werke*, 7, S. 29. 中原稔生訳『マルクス＝エンゲルス全集7』、二七頁。

（29）Karl Marx, *Das Kapital*, I, *Werke*, 23, S. 92. 向坂逸郎訳『資本論』（一）（岩波書店、一九六七年）、一〇三頁。

（30）これは、Z. A. Pelczynski〔一九八五年来日〕とV. Pavlovic〔一九八八年来日〕両氏が早稲田大学を訪れたときの講演と話題のひとつであった。

（31）Max Weber, *Gesammelte Aufsätze zur Religionssoziologie*, I (Tübingen : J. C. B. Mohr, 1972), S. 570. 大塚・生松訳『宗教社会学論選』（みすず書房、一九七二年）、一五七－五九頁。

（32）拙稿「規範理論と価値の多元性――ロールズとハーバーマス」、三島・木前・藤原編『ハーバーマスと現代』（新評論、一九八七年）、二八二頁以下〔本書二四一頁以下〕参照。

（33）ここで様態ということによって意味しているのは、行動のあり方および方向である。

†初出 『早稲田政治経済学雑誌』二九七・二九八合併号、早稲田政治経済学会、一九八九年

# 第Ⅱ部　近代市民社会の論理

# ロックの契約論と革命権――『政府論』第一九章との関連において

## 一　序

ロックは、『政府論』第二論文の第八章「政治社会の起源について」(Of the Beginning of Political Societies)の冒頭において、みずからの主張を要約するごとく、つぎのように述べている。

「人びとは、生まれながらにしてすべてが自由で、平等で、かつ独立であるので、なに人も、自分自身の同意なしには、このような状態を追われて、他人の政治権力に服すということはありえない。いかなる人も、みずからの自然的自由を失い、政治社会の絆を身に負うにいたる唯一の方法は、他人と合意をかわしてひとつの共同体に加入し結合することであり、その目的は、かれらの所有権の安全なる享受と、その社会以外の者にたいするより大なる保全とを通じて、お互いの間で豊かで、安全で、平和な生活を営んでいくことである(1)」。

たしかにロックが『政府論』において繰り返し主張している基本的なことがらは、政府の唯一の基礎は生まれながらにして自由にして平等なる個人の与えた同意 consent, agreement であり、その唯一の目的はかれらの所有権 property＝生命・自由・財産の保全とそのよりよき享受にあるということであった。かかる主張が、そのコロラリーとして抵抗権ないし革命権の擁護を含んでいることはいうまでもないであろう。ロックはすでにその第一三章において、至高の立法権力に関連して、それは「一定の目的のために行動する信託権力にすぎないから、立法府がそれに寄せられた信託に反する行動をしたことが人民に見出されるばあいには、やはり立法府を解任し、または更迭せしめる至高の権力が人民の側に残っている」(2)といっていた。また第一四章においては大権 prerogative に関連して、人民は地上に訴えるところがないばあいには、天に訴える to appeal to Heaven 権利をみずからの手に留保していると述べ(3)、第一八章においては専制 tyranny にたいする抵抗の問題を論じている。しかし『政府論』のうち、この革命権の問題が直接具体的に取り上げられているのは、いうまでもなく、その第一九章である。それは、「政府の解体」Of the Dissolution of Government という表題がロック固有の多少の esotericism を表わし(4)、また個別的なことがらにおいても多少の妥協や曖昧さを残すとしても、まさに『政府論』の最後を飾るに相応しい一章ということができよう。そこで小稿の課題はこの第一九章を中心にし、それ以前の部分とも関連させながら、またしばしばホッブズとも対比しながら、ロックの革命権の理論に多少の整理を試み、その意義を考察しようというところにある。

## 二　政府の解体と社会の解体

ところで、ここでロックはまず周知のように、政府 government の解体と社会 society の解体とを意図的に区別する。ロックによれば社会が解体する唯一のばあいは、外国によって征服され、コモンウェルスのひとつの団体としての融合関係そのものが消滅したばあいであり、それ以外はすべて社会の解体にまではいたらない政府の解体である。(5) かかる政府の解体と社会の解体の意識的な区別が、政府の解体が必ずしも無秩序の混乱状態を招来するものではなく、そこに残存せる社会を基盤としての新たなる政府の設立が可能であるというロックの政治的意図を表わすものであることはいうまでもないであろう。

もともとロックの自然状態は、ホッブズと異なって、自然法の支配する一応は平和な状態であり、そのかぎりにおいてそれは専制政府の状態より better な状態として、むしろそれへのひとつの批判の基準をなしていた。しかもそれにもかかわらず、自然法を解釈し、執行し、それを侵した人びとを処罰する共通の公権力が存在しないということの不都合を回避するために、同意によって政治社会を設立するわけであるが、そのばあいにロックは最初に社会を作る同意と、それを基盤として多数者の意志にしたがって政府を作る信託とを区別したのである。したがってそのかぎりにおいて政府と社会の二重構造は存続するのであり、たとえ政府が解体されたとしても——それが内からの解体であるかぎり——、政治的空白に陥ることなく、社会を母胎とした政府の樹立が継続的に可能なのである。(6)

この点、社会の自律性を認めることなく、政府（主権）の解体がそのまま社会の解体をともない、戦争の自然状態への転落を意味し、そのために主権を絶対化していったホッブズとは対照的であるといえよう。のちにも触れるように、一方で革命権を擁護しながら、他方で無秩序の混乱を回避しようというのがロックの一貫した意図であった。したがってそれは無秩序の招来を理由に、革命権に反対し、主権を絶対化していこうとする人びと、およびそれに同調しようとする人びとにたいするたんなる説得の論理たるにとどまらず、ロック政治理論の全体の構成とその内容をおおきく規定していることに注意しなければならないであろう。

## 三　立法府の至高性侵害

ところで、以上のような前提のうえに、ロックは内からの政府の解体を、さらに二つに区別する。ひとつは立法府の至高性が侵害され、法の支配が崩れたばあいであり、いまひとつはもっと一般的に立法府および執行府の行動が直接その信託の目的に違反したばあいである。いわば前者が「同意」という手続き原則の侵害であるとしたならば、後者は「所有権」の侵害というその目的違反であるともいえる。そしてロックはまず前者について、立法府が一人の世襲者（君主――かれは執行権の至高の担い手でもある）、世襲貴族、および人民代表という三つのものより構成されている、明らかにイギリス的な議会を想定しながら、そこにおいて君主の恣意によって立法府に変更が加えられ、法の支配が侵されるばあいとしてつぎの五つのものをあげるのである。

（1）君主が、立法府によって宣言された社会の意志である法に代わって、自分自身の恣意的な意志をうち立てたとき。

（2）君主が、立法府がその適正な時期に集会を行なったり、その設立目的を追求するために自由に行動したりすることを妨げたとき。

（3）君主の恣意的な権力によって、選挙人や選挙の方法が、人民の同意なしに、また人民の共通の利益にも反して、変更されたとき。
（4）君主かあるいは立法府によって、人民が外国権力の隷属下に引き渡されたとき。
（5）最高の執行権力を握っている者が、その負託を無視し、それによってすでに作られた法が執行されなくなるとき。(7)

そして、「これらおよびこれに類似したばあいに、政府が解体されたとき、人民は、自由なる立場に立ち、かれらの安全と利益のために最善と思うところにしたがって、人物か形態、もしくはその双方を変え、以前とは異なる新しい立法府をうち立て、それによって自分自身のためを計ることができる」(8)というのである。のみならず、もはやなんの救済策も見出されないような悲惨な状態を回避するために、「専制を逃れる権利ばかりでなく、それを予防する権利」も存在するということをつけ加え、たんなる極限的な状況における抵抗権のみならず、予防的抵抗権をも正当化していくのである。(9)

周知のように、ロックは共同社会を基盤としそこに設立される政府の権力に三つのものを区別した。立法権、執行権、連合権（federative power＝外交権）がそれである。もちろん、このばあいいわゆる司法権は執行権のなかに包摂され、連合権も実際には執行府の掌握するところとなっているから、実質的には二権分立にとどまる。しかしいずれにしても権力の専横化と濫用を阻止するために、ロックは法の制定と執行を区別し、それらを別々の機関に委ねることを――さきの立法府の多元的構成とともに――主張したのである。

しかしそれにもかかわらず、ロックはさらにこれらの政治権力のうち、立法権力を至高 supreme のものとした。(10)けだし立法府のみが人民によって直接選出され、したがって人民の同意の直接的表現であるからであり、かつまた立法府こそコモンウェルスに「形と、生命と、統一とを与える魂」であるからである。それゆえロックはすべての政治を、かかる立法府によって制定された法に依拠せしめ、それによって「法の支配」を貫いていこうとしたのである。(もちろんこのばあい、多数者によって運営される立法府が権力を濫用するということもありうる。そのために、ロックは立法府そのものをあらかじめみずからが制定した周知の法に基づいて行動しなければならず[11]、さらに政治社会への結合ののちも自然法がまさに永遠の法として作用しているのであり、立法府はむしろその実現のためにそれに基づいて行動しなければならない[12]ということを主張している。この意味において、真理ではなく権威 autoritas, non veritas が法を作るとし、法を主権者＝君主の命令としたホッブズに代わって[13]、ロックはどこまでも「法の支配」を貫徹していこうとしたのである。)

いずれにしても、このようにして、確固たる至高の立法府の存在と、それによって制定された公正なる法による政治とが、「同意による政治」を貫くための不可欠の要件であり、むしろその制度的な表現である。それゆえロックは、君主の恣意的な権力によってかかる立法府に変更が加えられ、あるいは「法による政治」が侵害されたとき、人民は立法府を更迭し、新たなる立法府を設立することができるものとしたのである。もちろん、このばあいかかる権力を濫用した君主も糾弾を免れるわけではない。そしてそれはつぎに述べる信託の目的違反という問題に関連する。

## 四　信託の目的違反

第二の立法府もしくは執行府が直接的に信託に違反し、その目的たる人民の所有権＝生命、自由、財産を侵害したばあいについては、人民はいかなる服従の義務からも解放されるとして、ロックはそれをつぎのように述べている。

「人びとが社会にはいる理由は、かれらの所有権の保存である。……だから立法者が人民の所有権を奪取し破壊しようとしたり、あるいはかれらを恣意的な権力下の奴隷状態に陥れようとしたばあいには、つねにいかなる時にも、かれらは人民との戦争の状態に身を投ずることになり、人民はそれによってもはやいかなる服従からも解放され、神が力と暴力とにそなえて万人のために用意した共通の避難所に逃れることができる。それゆえ立法府が、社会のなかの根本的な掟を侵害し、人民の生命、自由、および財産にたいする絶対的な権力を、野心、恐怖、愚昧、もしくは堕落によって、自分自身の手に握り、あるいは誰か他の人の手中に置かんとしたばあいには、つねにいかなる時にも、立法府は、かかる信託違反によって、人民がまったく反対の目的のためにかれらの手中に置いたその権力を失うのであり、それは人民の手に帰するのである。けだし人民はかれらの根源的な自由を取り戻し、（自分たちが適当と考えたところの）新しい立法府を設立することによって、かれらが社会に身を置く目的たるそれ自身の安全と保全とにそなえる権利を有するのである。わたくしがここで立法府一般についていったことは、至高の執行者にもあてはまる。……」(14)

さきにあげた立法府の優位が侵され、法の支配が侵害されたばあいの措置が、どちらかというと平和的な更迭の意味がつよいのにたいして、ここでは明らかに力による革命の権利が擁護されているといえよう。政府（立法府および執行府）が、信託の目的に違反し、人民の生命や自由や財産を侵害したばあいには、人民は力に訴えてそれらを取り戻し、かつ新たな政府を設立する権利を有する。ロックは、政治社会への移行に際して、人びとは自然状態において各人が所有した処罰の権力を政府に引き渡すとしている。(15) したがってそのかぎりにおいて政治社会においては、各人は個別的な所有権の侵害をみずからの力によって処罰する権利を有してはいない。それはひとりかれらを代表し、かれらに代わって統治する政府によって掌握されている。

しかし自然法に違反し、所有権=自然権を侵害した政府と人民との関係は、もはや社会状態でも、平和の自然状態ですらもなく、むしろ逸脱せる一種の戦争状態である。したがってそこでは各人は処罰の自然権を回復し、それにしたがってそのような政府に抵抗しながら、新たな政府の設立に努力しうるというのである。もちろんロックは、このような革命権の擁護が、人民の勝手気ままな反逆に口実を与え、それを助長するものであるという伝統的な王党派の主張を十分承知していた。そしてそれにたいしてロックは、人民一般は保守的であり、既存の体制に服する傾向がつよく、むしろしばしば反逆にかり立てられるのは、権力欲の旺盛な権力所有者かその一部であるといいながら、逆にかかる革命権の措定こそ反逆防止の有効なる最上の手段であるというのである。(16)

もともと、主権者（政府）の権力を人民からの授権 authorization に依拠せしめ、それによって人民の側からの契約を楯にした抵抗権を封じていったホッブズとは異なって、ロックはむしろ政府と人民との関係を双務的な契約関係をこえて、むしろ信託 trust の関係とみ、それによって手続き的にも、政府の手段性をつよめていった。いまここで、E・バーカーにならって、信託の当事者に信託者 trustor と受託者 trustee と受益者 beneficiary とを区別するならば、(17) ロックのばあい明らかに受託者が政府であり、これにたいして人民は信託者にしてかつ信託の受益者である。したがって信託的権力 fiduciary power としての政府の権力の目的は人民の所有権のよりよき保全にあり、その受益はもっぱら人民に帰属する。したがってまたこの点からも政府がその信託の目的に違反したばあいには、いつでもそれを撤回できるものとして、人民の意志による政府の更迭の可能性が開かれていたのである。もちろんこのばあいにおける信託の撤回は、すでに述べたように、そのまま孤立的な自然状態への転落を意味しない（たとえすでに述べたようにそのような政府と人民との関係は一種の戦争状態であるとしても）。むしろ母胎としての社会は存続するのであり、人民はその社会を基盤として新たな政府を設立しうるのである。

もっともこのばあい、ロックは必ずしも信託違反の判断の主体をひとりひとりの人民に委ねはしない。この点についてはかなり曖昧さが残るとしても、ロックはむしろ「人民が裁判官であるであろう」[18]（The People shall be Judge）といい、具体的には人民の多数者の意志が判断すべきである[19]というのである。そしてこのことは、社会への結合ののちの共同体の意志決定の方法を多数決とした[20]ロックの理論からの当然の帰結といえよう。そしてこの意味では政府の最終的な決定権は、あくまでもこのような全体としての社会にあるのであり、すでに述べたように、各人がまったくの個別的な判断によって行動する自然状態に回帰することなしに、社会を母胎としての新たなる政府の設立を継続的に可能なものとしているのである。

かつてロックは『統治者論』（一六六〇～六三年）において、専制 tyranny と無政府 anarchy にともに反対し、全般的自由 general freedom が全般的隷属 general bondage に転ずる危険性を指摘した[21]。もっとも王制復古を歓迎し、自然法によって君主への服従を義務づけていった『統治者論』や『自然法論』（一六六四年）と、神授権説を排撃し、君主の専制にたいする人民の革命権を擁護していった『政府論』とでは、ロックの政治的意図は根本的に異なるといわなければならないであろう。しかし革命権を擁護しながら、しかもその判断を全体としての人民に委ねたロックの立場が、専制と無秩序の混乱を回避しようという初期のロックの立場に繋がり、ロックの政治的思考の基本的な性格を表わしているとみることもできよう。これに至高の立法府そのものをも自然法および人定法に服せしめようとした「法の支配」を結びつけるならば、バーカーが、ロックを、アリストテレス、アクィナス、フッカーと繋がるホイッギズム Whiggism のなかに位置づけようとするのも故なしとしない。

## 五　意義と帰結

もっともこのことは、ロックの政治理論が名誉革命のイデオロギー構造と一致していることを意味しない。むしろ名誉革命が君主によって侵害された「古来の権利と自由」ancient rights and liberties の回復を企図し、それに訴えたとするならば[22]、ロックは自然状態における個人の抽象的な自然権より説きおこしながら、それを基礎として革命権を正当化していったのである。（しかしこの点に関するかぎり、すでにP・ラスレットによって、『政府論』が名誉革命の一〇年近くも前に書かれたことを知っているわれわれにとっては異とするには足らない。）この点においてロックの理論はまた社会秩序を不問のままむしろ支配・服従の関係のみを契約関係としてとらえたいわゆる統治契約論者や[23]、トマス・アクィナスの抵抗権の理論とも異なるといわなければならない。

たしかにアクィナスは、政府の権威の形態 modus と執行 exercitium の決定を人民に委ねることによって、その権威が不当に獲得されたり不当に行使されたりしたばあいには、抵抗が正当化されるとしながら、同時にそのばあいの判断を個人にではなく共同社会そのものに委ねた[24]（そしてそのかぎりにおいていっけんロックに類似しているようにみえるかもしれない）。しかしアクィナスは、「すべての権威は神によって立てられる[25]」という聖句にしたがって、すべての権威の究極的な源 principium を神に由来せしめ、しかも政治的権威を自然の階層的秩序のなかに組みこみ、それを神の意志の表現であり義務の法としての自然法に服せしめていったのである。

この点においても、ホッブズにおいてと同じくロックにおいても、その政治理論の論理構成において自然状態のもつ意味は決定的に重要である。そしてまさにホッブズにおいてその自然状態がその第一哲学における annihilation という操作[26]に対応していたように、ロックにおいてはそれは認識論における tabula rasa に対応し——もちろんホッブズほどの徹底性はないとしても——、ちょうど人間のすべての認識が感覚と内省に由来した単純観念の結合の結果であったように、すべての法や制度は自然状態にまで解体された個人の自然権を基盤としながら、それをよりよく実現するためにそれからひき出されていくのである。そしてその間に、ちょうどその認識論において「刻記」（inscriptio）や「伝承」（traditio）が科学的知識の根拠から排除されていったように、その政治理論においては、伝統的な法や慣習はそれ自体としては規範の根拠から排除されていくのである（もちろん、シュトラウスの指摘したように、しばしば esoteric な啓示の法への訴えかけがあったとしても[27]）。

この意味においてロックの理論は、歴史意識に媒介されたのちの社会主義革命の理論と異なって、ひとつの空間的な論理のなかで——いかに歴史的事実への引照があろうとも——展開されたのであり[28]、そのかぎりにおいて市民革命の性格をそのまま表わしているということもできよう。そしてたしかに、われわれがここで市民革命の本質を政治的解放としてとらえるならば、自由で平等な個人の自然状態は、封建的共同体の桎梏からの個人の解放を意味した。したがってそこでの自然権はそのまま個人の「自己保存」の欲望に基礎づけられ[29]、生命、自由、財産を内容としながらそれらが property として表象されていったのである。そして国家はそのような意味での所有権の「調整と保存」のために人工的に作られたものとされ、いわば市民社会的諸領域におけるそれらの自由なる活動を保障するための外的な機構としての性格をつよく持つところとなったのである。[30]

　そしてロックが労働を媒介として成立する狭義の所有権にたいする自然法的制約を、貨幣の導入によって撤廃し、富の無限の占有と蓄積を正当化していったとき、[31]そしてほぼ同じ論理を対外関係にまで拡大していったとき、[32]それは資本主義的な経済合理性が道徳的合理性を破壊せずむしろそれを助長するというロックの意図に反して、国内的な階級分化と国際的な植民地化を正当化するものとして結果せざるをえなかったのである。その意味においてロックの政治理論に市民革命以上のものを求めることはできないであろう。しかしこのことは、われわれが歴史の進展状況に応じて自然権の概念をより普遍化し、それにしたがって政治社会を継続的に組みかえていくという発想と作業を排除するものではないであろう。

## 注

（1）John Locke, *Two Treatises of Government*, ed. by Peter Laslett (Cambridge : Cambridge University Press, 1962), II, viii, §95, pp. 348-49. 鈴木秀勇訳『統治論』（河出書房、一九五五年）、一一〇頁（ただし訳文は必ずしも同じではない）。

（2）*Ibid.*, II, xiii, §149, pp. 384-85. 邦訳、一四五－四六頁。

（3）Cf. *ibid.*, II, xiv, §168, p. 397. 邦訳、一五七頁。

（4）Cf. Leo Strauss, *Natural Right and History* (Chicago : The University of Chicago Press, 1953), pp. 202f. ; M. Seliger, *The Liberal Politics of John Locke* (London : George Allen & Unwin Ltd., 1968), pp. 33-36.

（5）ロックはホッブズと異なって、征服による支配権の確立も同意の一形態であることをはっきりと否定する。「征服はいかなる政府をも決してうち立てはしない」(*Two Treatises of Government*, II, xvi, §175, p. 403. 邦訳、一六一頁)。しかしのちにも触れるように、ロックは純経済的な理由から植民地化には反対しない。

(6) むしろロックは、一旦明文の宣言によってコモンウェルスの一員になることに同意した人は、永久にそこから離脱することができないという意味のことすらいっている。Cf. *ibid.*, II, viii, §121, p. 367. 邦訳、一二四頁。

(7) Cf. *ibid.*, II, xix, §214-19, pp.426-29. 邦訳、一八三―八五頁。厳密にいうならば、これらはいずれもロックが第一三章および第一四章で規定している「大権」の問題に抵触するようにみえるかもしれない。たしかにそこでロックは、予め指定なきばあいの立法府の召集や解散、選挙区の改正、さらに一般的に法が沈黙を守っているばあい、また時には法の文面に反してすら、自分自身の分別にしたがって行動する執行府(君主)の「大権」を認めている。そしてこれらの「大権」と第一九章二一四～二一九節の規定との関係についてはロックは明言していない。しかしわれわれはこの点において、ロックにおける原則と例外ないし補足条項とを混同してはならないであろう。ロックが明言しているように、大権といえども執行府を決して立法府に優位せしめるものではないし(cf. II, xiii, §156)、その行使もまた法の精神に則り、公共の利益のために行使されねばならないのである(cf. II, xiv, §160-64)。したがって大権の濫用による立法府の解体が、抵抗の原因となるのは当然といえよう。この点、M・セリジャーはロックにおける立法府の権威と執行府の大権とを並列しすぎているように思われる(cf. M. Seliger, *op. cit.*, chap. x-xii.)。

(8) *Two Treatises of Government*, II, xix, §220, p.429. 邦訳、一八五頁。

(9) のちにロックは反抵抗権論者のW・バークレ(William Barclay)においてすら君主にたいする抵抗が認められていたことをひき合いに出すときにも、この「予防的抵抗権」の問題に言及している(cf. II, xix, §239)。なおロックにおけるこの「予防的抵抗権」の問題を詳論したものとして、山崎時彦「ジョン・ロックの抵抗権思想」(『法学雑誌』第八巻一号、一九六一年)がある。

(10) Cf. *ibid.*, II, xiii, §149, pp. 384-85. 邦訳、一四五頁。

(11) Cf. *ibid.*, II, xi, §136, pp. 376-77. 邦訳、一三七頁。

(12) Cf. *ibid*., II, xi, §135, pp. 375-76. 邦訳、一三八頁。
(13) 拙著『近代政治哲学の形成——ホッブズの政治哲学』（早稲田大学出版部、一九七四年）、一三八頁参照。
(14) *Two Treatises of Government*, II, xix, §222, p.430. 邦訳、一八六頁。
(15) Cf. *ibid*., II, ix, §130, p. 371. 邦訳、一三一—一三二頁。
(16) Cf. *ibid*., II, xix, §223-26, pp. 432-33. 邦訳、一八七—八九頁。
(17) Cf. Ernest Barker, *Essays on Government*, 2nd Edition (Oxford : The Clarendon Press, 1951), pp.100-02.
(18) *Two Treatises of Government*, II, xix, §240, p. 445. 邦訳、一九九頁。
(19) Cf. *ibid*., II, xix, §242, p. 445. 邦訳、一九九頁。
(20) Cf. *ibid*., II, viii, §95-98, pp.348-51. 邦訳、一一〇—一一一頁。
(21) Cf. John Locke, *Two Tracts on Government*, ed. by Phillip Abrams (Cambridge : Cambridge University Press, 1967), pp. 119-20. 友岡敏明訳『世俗権力二論』（未來社、一九七六年）、一四—一五頁。
(22) 松下圭一「名誉革命のイデオロギー構造とロック」（『一橋論叢』第三二巻五号、一九五四年）、二七頁以下参照。
(23) いわゆる *Vindiciae contra Tyrannos* とロックの契約論との関係については、Ernest Barker, "A Huguenot Theory of Politics," *Church, State and Study* (London : Methuen & Co. Ltd., 1930), esp. pp. 106f. 参照。
(24) 拙著『西欧政治理論史（上）——その構造と展開』（御茶の水書房、一九七六年）、一五八頁以下参照。
(25)「ローマ人への手紙」、第一三章一—二節。
(26) 拙著『近代政治哲学の形成』、六六頁参照。もちろんこれはホッブズのいう "analytical-synthetical method" の具体的適用でもある。同書、四五頁以下参照。
(27) Cf. Leo Strauss, *op. cit.*, esp. pp.203-24.
(28) もちろん、"historical, plain method" (cf. *An Essay concerning Human Understanding*, I, i, §2) ということをいうロックが、『政府論』においても、たとえばその自然状態や同意による政府の説明において歴史的事実が引照されていることはたしかである。しかしそれらが概ね、みずからの理論の積極的な論証としてよりも、予想される批判にたいする反証として用いられていることに注意しなければならないであろう。したがってまたそれらが歴史的展開のなかにつねに位置づけられているわけでもない。

（29）Cf. *Two Treatises of Government*, I, ix, §85, pp. 222-23.

（30）いわゆる『寛容に関する書簡』においてはロックは国家を定義して、「国家とは、市民の利益を保持し増進するために作られた人間の結社である」といい、このばあいにおける市民の利益（bona civilia）には、生命、自由、身体の健康、苦痛からの解放、および土地、貨幣、家具等々のような外的事物の所有を含ませている。Cf. John Locke, *Epistola de Toleration : A Letter on Toleration*, ed. by Raymond Klibansky（Oxford : The Clarendon Press, 1968）, pp. 64-67. 平野耿訳『寛容についての書簡』（朝日出版社、一九七一年）、八－九頁。この意味においても、かかる国家は卓越性や救いという伝統的な道徳的価値から切り離され、解放された市民社会的領域の自由な活動を保障するための外的国家としてとらえることができよう。

（31）Cf. *Two Treatises of Government*, II, v, §48-51, pp. 319-20. 邦訳、七八－八〇頁。

（32）Cf. M. Seliger, *op. cit.*, pp. 114f. 中村義知『近代政治理論の原像――ジョン・ロック政治哲学の内在的分析』（法律文化社、一九七四年）、二五二－五五頁参照。

† 初出　飯坂良明他編『社会契約説』新評論、一九七七年

# 科学・哲学革命と社会契約説――ホッブズを中心として

## はじめに

社会契約説の時代は、同時に科学・哲学革命の時代であった。それゆえ、そこにはその基本的な思考様式において、なんらかの共通性があったに相違ない。そして今日エコロジカルな危機を背景として、科学・哲学革命を通じて成立した近代的知のあり方が根本的に問われているとしたならば、同様にまた近代社会契約説を支えた基本的思考のあり方が問われているといわなければならない（そして問題は、近代の主観性＝主体性の形而上学そのものにあるといえる）。そこでホッブズを中心としてこの問題を検討してみたい。(1)

## 一

さて、ホッブズは『物体論』（*De Corpore*, 1655）において、哲学を定義して、「哲学とは正しい推論によって得られる因果関係についての知識」であり、その目的は力（power）の獲得にあるという意味のことをいう。(2)ここに哲学（philosophy）が科学（science）と同一視されたことはいうまでもない。アリストテレス的な理論

(theōria)、実践 (praxis)、制作 (poiēsis) という人間の三つの知的活動に対応した理論学、実践学、制作学の区別は廃棄され、すべては因果関係についての知識を本質とする理論学に包摂され、その目的は力による対象の技術的操作に還元されていったのである（ここにデカルトと同じく、真理と蓋然性とが明確に区別され、実践を支えた賢慮 phronēsis, prudentia は非科学的として排除されていった）。

ところで、このばあいホッブズによるならば、幾何学、力学、物理学、心理学、政治哲学と続く哲学の全体系――すなわち、自然の全体系――は、分析的方法 (analytical method) によって得られる第一原因からの演繹体系として構成されうるものであったが、その出発点に、とくに自然哲学に関連して、“annihilation” または “privation” という手続きを用いる。すなわち、この世からすべてのものが取り除かれたと仮定したばあい、それによって物体の場所が決定される空間と、それによって物体の運動が測定される時間とが想定されざるをえないというのである。いわばこのようにして、空間と時間は、質料を捨象され、もっぱら認識主体の側における “coordinate system” として存在することになり、これこそデカルトのコギトと同じく、主観と客観の分離と対象世界の幾何学化の前提条件にほかならなかった（いわばフッサールのいう自然の幾何学化は、これを通じて推進されていったのである）。

さて、ホッブズはつぎに、このように幾何学化された量的空間における唯一の存在を物体 (body) としてとらえ、これを「われわれの思考に依存せず、空間のある一部と一致し、あるいは同延であるところのもの」[3]と定義する。いわばこのようにして、自然は量化された幾何学的空間における物体の機械論的結合よりなることになる。そして自然のすべての変化をかかる物体の運動によって説明するわけであるが、運動は「ひとつの場所の連続的放棄と、別の場所の連続的取得」として定義される。かくて運動とはあくまでも近代物理学と同じく、"local motion" ということになり、運動の原因は、隣接した他の物体の運動にのみ求められることになる。ここに運動の原因が物体自身に内在していることは完全に否定される。しかもホッブズは、「運動せるいかなるものも、もしもそれがなんらかの他の隣接し運動せる物体によって妨げられないならば、つねに同一の方向に、同一の速度をもって運動をつづけていくであろう[4]」として、いわゆる慣性の原理に相当するものをとらえていたのであるから、運動こそ物体の自然の姿ということになる。

ここで運動の伝達のされ方についてもう少し詳しく述べるならば、ホッブズは、このばあい、物体における運動の伝達において、運動を伝える側を起動者（agent）、運動を伝えられる側を受動者（patient）とよび、さらに起動者における運動の原因たる偶有性を起動因（efficient cause）、受動者における運動の原因たる偶有性を質料因（material cause）とよぶ。そして起動者の側における起動因と受動者の側における質料因とが揃ったばあいには、直ちにその瞬間に必然的に運動は伝達されざるをえないというのである。いわばこのようにして、自然のすべての変化は完全に因果の連鎖のうちに必然的に起ることになり、アリストテレス的な目的因（final cause）や形相因（formal cause）は完全に否定される。

もちろん、このばあい、人間がひと度このような自然の因果の法則を理解するや、人間は今度はこれを人間自身のために積極的に利用しうることになり、ホッブズは原因と結果の関係を将来にひき延ばしたものを力（power）と作用（act）とよぶ。このようにして哲学とは「因果関係についての知識」であり、その目的は「力の獲得」であるという、あるいは「知は力なり」というベーコン的命題が、そのまま確証されたことになる。

のみならずホッブズは、示されえないほどの小さな運動を示すために conatus と impetus という概念を用いる。conatus とはかかる極小の運動を意味し、impetus とはかかる運動の単位を意味する。このような概念を想定することを通じて、すべての質的変化の量化が可能となったのであり、人間の心理学的運動をも機械論的に説明することが可能になったのである。

ホッブズは必ずしもみずからの理論（仮説）の実験による検証ということをいわない。むしろあくまでも自然は、分析的方法によって得られた第一原因＝第一原理からの演繹体系として構成されうると考えているのであり、それゆえにまた自然の幾何学化・機械論化は完全に推し進められていったのである。ホッブズにおいてアリストテレス＝トマス的な目的論的自然観は完全に機械論的自然観に組み換えられていった。

## 二

『物体論』第三部以下に展開される幾何学や物理学の部分は、以上のような基本的な視点に立ち第二部で展開された基本原理によるそれぞれの対象の科学的な説明である。そしてホッブズにとって人間もまた、そのような自然の運動過程に組み込まれた存在であり、それゆえホッブズは人間を自然的能力（natural faculties）の総体としてとらえる。[5] それはおおきく肉体的能力と精神的能力に分けられる。このうち肉体的能力は、血行、脈搏、吸収、消化、栄養、排泄、等々よりなり生命活動（vital motion）ともよばれる。（『物体論』第四部の一部分および『人間論』（*De Homine*, 1657）の一部を除き、この部分については具体的には展開されていない。おそらく、この部分については友人でもあったW・ハーヴェイによって十分に科学的説明がなされていると考えたからであろう。）

一方、精神的能力に関しては、ホッブズはこれを認識能力と動的能力（意志による運動つまり情念 passions）とに分ける。このうち認識能力についていうならば、ホッブズもいわゆる生得観念を否定し、すべての人間の観念の源を感覚に求める。すなわち、まず外なる物体の運動が感覚器官によって受けとめられ、神経組織を通じて頭脳にまで伝達されたとき、そこにおけるリアクションからさまざまの感覚が生じる。この感覚から、残存せる感覚としての心像が、心像の系列からさまざまの観念の系列が形成され、記憶となるというのである。そしてさらにかかる記憶、つまり経験における観念の系列が、定義、命題、三段論法へと進む、確実な言葉の結合に組み換えられたときここに学問（science）が成立する。したがって、かかる言葉の獲得を通じて、人間の推理＝予測能力は正確になり、飛躍的に増大する（ここに科学的因果性と論理的必然性が等置されていることに注意すべきであろう。すべての規範もまたこのような論理の延長線上にひき出される）。

さらに、いまひとつの精神的能力、つまり意志による運動＝情念についていうならば、感覚器官によって受けとめられた外なる物体の運動は、さらに心臓にまで伝えられ、そこにおいて生命活動を助長するか阻止するかによって欲求されたり嫌悪されたりする。そしてホッブズにとって、善悪は欲求（appetite）と嫌悪（aversion）、もしくは、それのもたらす快楽（pleasure）と苦痛（pain）に還元される。善悪が欲求と嫌悪、もしくは快楽と苦痛と等置されたことの意味は、それによって善悪（つまり究極的な価値）が完全に主観化され相対化されたことを意味する。[6] 何が欲求もしくは欲求の対象であり、何が嫌悪もしくは嫌悪の対象であるかは、人によって異なり、同一の人物においてすら時と所によって異なる。したがって人がその実現に向かって努力すべき究極目的としての最高善（summum bonum）や、他者との共同性のうちにおいてのみ実現される共通善（common good）は完全に否定される。いわば人間は欲求を求め嫌悪を逃れながら、それによって生命活動を維持させ自己保存をはかっていく、いなそのための手段としての力の獲得にあくことなき徹底的にエゴセントリックな存在である。いなかかる人間の相互関係においては、力の行使は相対的であり、他者のより多くの力の獲得は必然的に自分自身の力の減少をもたらさざるをえないからここに文字通り「死ぬまで止まない力につぐ力への欲求」が人間の本性をなすことになる。

## 三

ホッブズにとって固有の意味での政治哲学は、いわゆる自然状態より始まる。そしてそれは自然哲学が、“annihilation” もしくは “privation” という手続きから始まったように、政治社会を一旦ばらばらの個人の状態にまで解体したものであり、公的なものが完全に無に帰した状態であった。（それはまさに、ad nihil＝無に帰し、privative＝欠如した状態であった[7]。それゆえまた “the natural condition of mankind” は “the private condition of mankind” でもあった。）それが「万人に対する万人の戦争」の状態であることは前節でみた人間論からの当然の帰結であるといえる。

ところで、ホッブズは、かかる自然状態において人びとは自由で平等であるという。自由ということに関していうならば、個人は自分自身の能力の範囲内にあるかぎりいかなることをもすることができる（法的、道徳的には何ごとも禁じられていない）。そして平等ということに関していうならば、「もっとも弱い人間ももっとも強い人間を殺しうるだけ」の力の平等をそなえており、精神的能力についてはその平等はさらに大きい。ここに想定されているのは、自然哲学における機械論に相当する原子論的な個の状態であるが、ここにおいて各人は自然権（jus naturale, the right of nature）をもつという。すなわち、法的、道徳的に何ごとも禁じられていないのであるから、自分自身の力の許すかぎり、自己保存のためにいかなることをもなしうる権利をもつという（他人の生命にたいする権利ももつ）。いわばここでは、事実としての自己保存の自由がそのまま権利 jus

とされているのである。しかしそれゆえにまた自然状態は、各人の自然権が相互に侵害しあう矛盾した状態でしかない。周知のように、そこには「絶えざる恐怖と暴力による死の危険が存在し、人生は孤独で、貧しく、険悪で、野蛮で、そして短かい」[8]。

そこで、一方において死の恐怖に促され、他方において理性の計算を通じて、かかる自然状態を逃れるための平和の戒律としての自然法（lex naturalis, the laws of nature）が発見される。第一の自然法は、平和への努力を命じ、第二の自然法は、かかる平和という目的のために自然権の相互放棄を命ずる（ホッブズはかかる権利の相互的な譲渡を契約 contract とよび、お互いを信頼してその履行が将来に委ねられるばあいをとくに信約 covenant とよぶ）。そして第三の自然法は、かかる信約の遵守を命ずる。ホッブズによれば、かかる信約の遵守こそ正義（justice）にほかならない。ホッブズにおける価値の主観化と相対化はすでに述べたところであるが、ここにいわば善（good）と正（just）とは区別され、正義はもはやアリストテレスにおけるごとく卓越性（ἀρετή, excellence）としての徳から分離され、もっぱら権利の相互譲渡における信約の遵守に限定される。しかもそれゆえにまたホッブズは、事物の分配の規則としての配分的正義や交換的（整正的）正義も拒否するのである[9]。

以上の三つがホッブズにおける基本的な自然法であり、他はこれらに由来し、それを敷衍したものである。いずれにせよ、このようにしてホッブズにおいて、法と権利、自然法と自然権は明瞭に区別される。そしてまさに原子論的な個の自然権が、自然法に先行し、前者が後者の存在根拠をなしているのである。いわば自然法は、平和の戒律として、自己保存の自然権をよりよくより合理的に実現するために理性の計算を通じて導出され、発見されたものにほかならない[10]。ホッブズはかかる自然法が唯一の道徳的規則であるという。ここにすでに明らかなように道徳はその実現に向かって努力すべき——そしてそこにおいてのみ人間の人間的なものが確証される——最高の目的ではなくなり、各人の自己保存のよりよき実現のためのたんなる平和の規則となるのである。それゆえにまたホッブズは、聖書の黄金律を否定的に読みかえ、「汝が、自分自身にたいしてしてほしくないと思うようなことを、他人にたいしてなすことなかれ」(do not to another, which thou wouldest not have done to yourself) という命題に自然法を集約しもするのである。いわば自然法はここに他人にたいして積極的な善をなすことを命ずるよりも、悪をなすことを禁ずる消極的な禁止命令であるといえる（その意味においてもたしかに、ホッブズの道徳は最高善 summum bonum の実現を命ずるものであるよりも、死という最高悪 summum malum の回避を命ずるものであるといえる)。

しかしそれゆえにまたかかる自然法だけでは平和の条件として十分ではない。自然法といえども力の追求にあくことなきエゴセントリックな人間の本性を変えるものではないからである。そこでホッブズは、自然法は、「内なる法廷において」(in foro interno) はつねにどこにおいてもその遵守を命ずるが、「外なる法廷において」(in foro externo)、つまり外的な行動においては、自然法を守る人が守らない人の餌食にならないだけの十分な安全が存在するばあいにおいてのみ、その遵守を命ずるというのである。かくて、自然法を侵すことによって得られる利益よりもより大なる刑罰を科すことができ、すべての人に自然法を遵守せしめるための権力が平和の維持のためにどうしても必要となる。これこそ国家《コモンウェルス》にほかならない。

## 四

かかる国家は、周知のように、自然状態からの各人の各人との信約を通じて設立される。一挙の結合契約が、同時に授権（authorization）による主権者の設立をも含んでおり、国家の人格はかかる主権者によって担われる。ここで国家権力をあくまでもばらばらの個人の自然状態より各人の同意の結果としてひき出しながら、しかもいわゆる統治契約論者と異なって、人民と主権者との間は双務的な契約関係にないことに注意しなければならない。いわば、人民は最初の信約によって主権者に服従すべく義務づけられるが、授権によって権力を獲得した主権者は必ずしも契約上の義務を人民にたいして負うものではない。

もちろん、かかる操作は社会契約論者に共通のものではない。ロックは契約概念の信託（trust）的組み換えによって、人民の側により多くの権利を政府の側により多くの義務を課するようにしていったし[11]、ルソーにいたっては、その直接民主制的な発想を通じて契約を——たんに国家設立の時点にとどまらず——永続化していった。しかしことホッブズに関するかぎり、双務的な契約が、契約を楯にした人民の抵抗権の根拠となることを恐れたのである。しかもホッブズは、周知のように、かく成立した主権者の権利を絶対、不可分、不可譲なものとし、主権者は人民によって問責されず処罰されないものとした。この意味においてホッブズ国家論の絶対主義的性格は何人も否定しえないであろう。

しかしすでにC・シュミットが鋭く指摘したように、ホッブズの国家論は絶対主義的であっても決して全体主義的ではない[12]。それはすでに述べたように、機械論的に結合した原子論的個人の自己保存をより合理的に実現するための平和と秩序維持のための機構（der Mechanismus）にすぎない。逆説的にいうならば、それは個人の内面から切り離され、たんなる外的な平和と秩序維持のための装置にすぎなかったが故に絶対的であらざるをえなかったといえる（アナーキーとティラニー〔専制〕が同一物の両側面にすぎないことは、プラトン以来しばしば指摘されてきたところですらある）。そしてそれゆえにホッブズは、アリストテレス以来の国制の六区分をやめ、あくまで主権に参加する人びとの数を基準とした（つまり質による区別を捨象した）、君主政、貴族政、民主政のみを国制区分の基準としたのである。

もしわれわれがふたたびシュミットにならって、近代国家の本質を中性国家としてとらえるならば、つまり国家の近代化の過程をそれが究極的な倫理的価値から切り離され、技術的な中立性を獲得していく過程としてとらえるならば、たしかにホッブズの国家はかかる国家の性質をよく体現しているといえる。それゆえにまた、そこでは、本質的には、個人の自由は国家権力に対置せしめられ、「外的強制の欠如」として自由は法の沈黙しているところにおいて存在するものとされた。この意味において法の本質は何よりも刑罰にあった。しかしまたかかる権力の恣意性を排除し中立性を確保するために、ホッブズは同一の犯罪にたいしては同一の刑罰が適用されることを主張し、[13]「犯罪後に作られたいかなる法律も、それを犯罪とはなしえない」[14]として「法律なしには刑罰なし」（nulla poena sine lege）の原則をどこまでもうたっていったのである。この意味においてもホッブズ国家論の近代性は否定しえない。

## 五

拙著『近代政治哲学の形成――ホッブズの政治哲学』（一九七四年）におけるわたくしの意図は、ホッブズの政治哲学をその自然哲学から切り離し、その道義論的側面のみを強調する――それはまた中世との連続性を強調することにもなる――、A・E・テイラー、H・ウォレンダーのホッブズ解釈に反対し、むしろホッブズ政治哲学の基礎に近代自然科学を置きながら、自然哲学、人間哲学、政治哲学へと説き進んでいくものであった。そのようにして基本的思惟と価値観の全体における近代的転換を明らかにしようとしたのである。

ホッブズの政治哲学がその自然哲学の決定的規定を受けているということ、そしてその基礎に近代自然科学の原理と方法があったことはすでに述べたところからも明らかであろう。ホッブズが政治哲学の発展におけるみずからの位置を、天文学におけるコペルニクス、自然哲学におけるガリレイ、医学におけるハーヴェイの位置になぞらえながら、真の政治哲学はみずからの『市民論』（*De Cive*, 1642）に始まると誇ったのも故なしとしない。(15) しかしそれゆえにまたホッブズの政治哲学は一七世紀科学・哲学革命によって成立した近代的知の刻印を決定的に受けているのであり、それゆえにまたその社会契約説もこのコンテキストにおいて検討しなおされなければならないものを含んでいるといえる。ここではむしろその基本的な問題点を指摘するにとどめたい。

ところで、ホッブズは、デカルトと同じく、真理と蓋然性とを区別しながら、「完全に知られ疑うことのできないもの」のみを唯一の学問的知とし、蓋然的なあらゆる知をそこから排除した。しかしこのばあいホッブズの採った方法は、正しい推論によって得られる「因果関係」についての知識のみを唯一の哲学的知としながら、全体を“annihilation”または“privation”という手続きを通じて、最小の物体の世界にまで解体し、運動の法則によって因果的に全体を再構成していくものであった。しかしこのばあい、すでに完全に幾何学化された量的空間が、ひとつの“coordinate system”として前提されていたのであるから、かかる物体の運動による全体の再構成は、あくまでもかかる幾何学的空間におけるそれであった。もちろん、それは経験的直観につきまとう曖昧とした蓋然性の領域を完全に排除したのであるから、ここにはじめて客観的な真理の世界が姿を現わしたようにみえるかもしれない。しかしすでに現象学によって十分に明らかにされているように、かかる客観的な真理の世界は、決して客観的な自然そのものではなかった。むしろそれはあらかじめ想定された幾何学的空間によって切り取られ再構成された自然であったといわなければならない。ここではすでにこのような知とそれ（近代科学）による自然への働きかけが進めば進むほど、自然の有機的連関が破壊され、人間の自然からの乖離が生ずるのも当然といえる。そこではいっけん人間の自然征服による豊かな世界が現出するようにみえながら、しかも他方自然からの価値剝奪と人間の意味喪失というパラドックスが働いていたのである（精神的危機を含めて、今日のエコロジカルな危機は、このような知のあり方の当然の帰結であったともいえる）。

同様にまた、その政治哲学においても、政治社会は、その分析的方法によって得られるばらばらの個人の自然状態に解体され、そこから自己保存（self-preservation）を唯一の原理として論理的、人工的に再構成されるものであった。もちろん、それによって曖昧模糊とした不純物はすべて排除され、政治社会は完全に合理的基礎のうえに組み立てられていった（ホッブズが政治哲学の創始者と自負したのもそれ故である）。それが封建的共同体やそこにおける階層的、身分的秩序のもつ残滓を完全に払拭し、自由で平等な個人の析出をもたらしていったことはたしかであろう。しかしここでもまた、かかる個人は、主観化され、相対化された価値観のもと欲求を求め苦痛を逃れながら、そのための力の追求にあくことなき徹底的にエゴセントリックなものとしてとらえられていたのであるから、ここではかく規定された個人の自己保存が唯一の究極の価値基準とされ、全体はひとつのカオスのうちに放置されるのみか、あらゆる連関は——自然も人間も含めて——たんなる手段の地位に堕さしめられていったのである（いな内面のアナーキーは、自我のあらゆる行為をつねに充足することなき手段的なものへと堕さしめずにはおかない）。この意味において、たしかにヘーゲルのいうように、有用性（Nützlichkeit）こそ啓蒙の倫理であった。そしてそこではまたすべての他者関係が管理の対象として現われるのも当然であった（これはまた「力」の獲得という近代科学の論理とも符合する）。

## 六

この意味において、社会契約説は、私的所有とその自由な交換——したがって分業の自然発生性——のうえに基礎をおく、近代市民社会のイデオロギーであり、その創出（少なくともその論理的正当化）の理論であったといえる。いな階層的、目的論的なコスモスを解体し、宇宙（自然）を、無際限な幾何学的空間のもと、同一の成分によって構成される原子論的個体の機械的結合よりとらえる近代自然科学の世界像そのものが、市民社会の無政府性に照応しているともいえる。

ひとは、社会契約説をこのように一括したとき、自然状態にすでに憐憫を通じて他者との宥和をみたルソーや、あるいは人間の道徳的自律とそれによる結合のうちにその尊敬をみたカントの社会契約説に、ホッブズ的なそれとは異なった論理と可能性をみるかもしれない（そして一面において、わたくし自身その可能性をまったく否定するものではない）。しかし自然や社会の有機的連関に定礎されることなく、むしろそれから切り離された無制約的・超越的主体（主観）による社会構成は、それ自身のうちにいかに普遍性を標榜しようとも、その主体は個別的主体であり、その普遍は抽象的普遍たることを免れないであろう[16]。

もちろん、このようにいうことは、いたずらに所与の有機的自然や階層的秩序への回帰を主張することとは根本的に異なる。むしろ人間の社会秩序が作為の所産であり、それゆえ一定の基準にしたがって作りかえられていかなければならないという、そしてそのためには同意がその手続き上の基礎でなければならないという社会契約説の遺産は正しく継承されていかなければならない。しかし今日の人類史的危機を背景として、一七世紀科学・哲学革命によって生みだされた近代的知とその自然観、それを支えた無制約的主観の形而上学が改めて問いなおされなければならないとき、社会契約説の前提とした原子論的主体とそれによる人工的社会構成の論理も改めて問いなおされなければならない問題を含んでいることはたしかであるといえよう。(17)

### 注

（1）本稿におけるホッブズ解釈の基本は拙著『近代政治哲学の形成――ホッブズの政治哲学』（早稲田大学出版部、一九七四年）による。詳しくは同書を参照されたい。

（2）Cf. Thomas Hobbes, *De Corpore*, written in Latin and translated into English, *English Works*, ed. by Sir William Molesworth, Vol. I, I-i-2, I-vi-1, IV-xxv-i, pp. 33, 65-66, 387-88.

（3）*Ibid.*, II-viii-1, p. 102.

（4）*Ibid.*, II-ix-7, p. 125.

（5）Cf. Thomas Hobbes, *The Elements of Law, Natural and Politic*, ed. by F. Tönnies (Cambridge : Cambridge University Press, 1928), I-i-4, p. 1.

（6）前掲拙著、一三一－一三三頁参照。

（7）これとの関連における "private" ということの意味については、cf. Hannah Arendt, *The Human Condition* (Chicago : The University of Chicago Press, 1958), pp. 58f. 志水速雄訳『人間の条件』（中央公論社、一九七三年）、五九頁以下。

（8）Thomas Hobbes, *Leviathan*, ed. by Michael Oakeshott (Oxford : Basil Blackwell, 1951), I-xiii, p. 82. 水田・田中訳『リヴァイアサン』（河出書房、一九六六年）、八五頁。

（9）前掲拙著、一八八－九〇頁参照。

（10）たしかにホッブズは自然法を神が造りたもうた法とし、自然法のひとつひとつを聖書の言葉にあたっていく。その意味では自然法はたしかに客観的性格をもっている。しかしそれも自然を造りそれに法則を与えた神が、同じく人間の世界を支配する自然の法を与えたということ、そしてそれゆえに啓示による神の法と自然による神の法とは矛盾しないことを示すものではあっても、それ以上に自然法の究極的な拘束の根拠を神の権威に求めようとするものではない。

(11) Cf. Ernest Barker, "The Theory of the Social Contract," *Essays on Government* (Oxford : The Clarendon Press, 1951), pp. 100-01.

(12) Cf. Carl Schmitt, *Der Leviathan in der Staatslehre des Thomas Hobbes* (Hamburg : Hanseatische Verlagsanstalt, 1938). 長尾龍一訳『リヴァイアサン——近代国家の生成と挫折』(福村出版、一九七二年)。

(13) Cf. *Leviathan*, II-xxvii, pp. 183-94. 邦訳、一九五―九七頁。

(14) *Ibid*., II-xxvii, p. 192. 邦訳、一九四頁。

(15) Cf. *De Corpore*, Ep. ded., pp. viii-x.

(16) 社会契約論的な思考を再興しようとする、J・ロールズ (John Rawls) らの試みにたいする、このような視点からの批判として、Michael J. Sandel, *Liberalism and the Limits of Justice* (Cambridge : Cambridge University Press, 1982) ; Christian Bay, *Strategies of Political Emancipation* (Notre Dame : University of Notre Dame Press, 1981), pp. 19-24, などがある。

(17) 政治理論の領域からのそのような試みとして、たとえば、Fred R. Dallmayer, *Twilight of Subjectivity : Contributions to a Post-Individualist Theory of Politics* (Amherst : The University of Massachusetts Press, 1981) ; *Beyond Dogma and Despair : Toward a Critical Phenomenology of Politics* (Notre Dame : University of Notre Dame Press, 1981) などは興味ある視点を含んでいるといえる。

†初出　日本法哲学会編『社会契約論』法哲学年報一九八三、有斐閣、一九八四年

# 大陸自然法とその展開

## 一　自然法の世俗化

### 市民革命の先駆オランダ

市民革命は、封建国家から近代国家への移行における革命である。あるいはもう少し具体的にいうならば、それは特殊な封建国家としての絶対主義国家から市民国家への転換における革命である。そしてそれは一六四九年のイギリスのピューリタン革命、一七七六年のアメリカの独立革命、一七八九年のフランスの大革命に代表される革命であった。それゆえそこには、T・ホッブズ、J・ロック、T・ペイン、C・L・S・モンテスキュー、J・J・ルソーというまさに政治思想史を代表する偉大な思想家たちが輩出していったのである。かれらはたとえば、自然状態、自然権、自然法、社会契約というような概念を用いながら、伝統や神の権威に代わって、政治権力を人々の同意に基礎づけ、近代的な自由と人権への道を切り開いていったのである。

だがわれわれは、ここで直接これらの思想家の検討にはいるまえに、オランダを中心とする大陸自然法の思想に触れておかなければならない。たしかにオランダは、一五八一年のスペインにたいする独立宣言を端初として、いちはやく事実上の市民革命をなしとげ、北欧において最初に共和制を施いたのであった。それゆえ少なくとも一七世紀に関するかぎり、その驚異の経済的繁栄を背景として、オランダはヨーロッパの政治的・文化的な中心であった。かつてイギリスの歴史家J・N・フィッギスはつぎのように述べている。「オランダは一七世紀にたいして、名誉革命のイギリスが一八世紀および一九世紀初頭にたいして占めていた位置にあった、つまり自由なる諸制度の実際上のモデルであり、ヨーロッパの他の国々にとっての光の中心であった」。それゆえまた、一七世紀の偉大な哲学者たちの多くが自由を求めてこの国に関係した。R・デカルトは一六二九年以来二〇年間ここに安住の地を見出し、その『方法序説』（一六三七年）はこの地で書かれ、この地で出版された。一六四〇年以来のホッブズの亡命もこの地と無縁ではなく、その最初の著作『市民論』（一六四二年）の本格的な出版がなされたのもオランダからであった。ロックが一六八三年以降オランダに亡命し、その主要著作がこの地で完成されていったことは有名である。そしてオランダ自身も、何人かの特徴あるすぐれた思想家を生みだしていった。

### アルトゥジウスの契約思想

J・アルトゥジウス（一五五七～一六三八年）は、生粋のオランダ人ではない。かれはヴェストファーレンのナッサゥに生まれ、バーゼル大学およびジュネーブ大学に学んだ。そこで反王党的なカルヴィニストとしての立場を築き上げていったのである。やがて一五八四年よりオランダのヘルボーン大学に法学教授として招かれ、学長を歴任するかたわら、主著『政治学』（一六〇三年）を出版していった。この著は明らかにオランダの独立とその連邦制に触発され、それを背景にするものであった。

ところで、アルトゥジウスによるならば、政治学とは「共同生活にかかわることがらについての学問」であり、コモンウェルスの建設とそこにおける主権の基礎を明らかにすることを目的とする。そしてアルトゥジウスによれば、この場合における共同生活の単位は大きく五つに区分される。すなわち、家族、任意的な市民団体、都市、州、国家がそれである。これらの団体の構成の基本にあり、そのすべてを貫くものは明示的・黙示的な契約という観念であり、この点においてアルトゥジウスの政治理論はきわだった特色を示している。すなわち、これらの団体のそれぞれが、まずそれに結合する最初の契約とそこにおける支配者を選ぶ一種の統治契約によって成立する。しかしその場合の契約の当事者は、各個人ではなく、むしろそれぞれの下位団体である。かくして市民団体は家族の契約によって、都市は市民団体の契約によって成立することになる。しかし、それぞれの新しい上位団体の機能はまさにその目的のために必要なことがらの規制に限定されているのであり、この点において全体は、それぞれの団体の自治を基本とする多元的な連邦主義のうえに成立していることになる。

**人民主権と抵抗権**

国家は、まさにこのような連続的な契約の頂点に位置するものであり、それは都市および州の結合より生ずる。そしてその特徴をなすものは、その構成員をそれに結びつけ、その紐帯《ちゅうたい》として機能するための主権である。しかしアルトゥジウスは、J・ボダン（一五三〇～九六年）のごとくかかる主権を、「絶対、最高、永遠の権利」とはしない。むしろそれを「最高でもなく、永遠でもなく、法を超えるものでもない」として、神法、自然法、および市民法に拘束されるものとしたのである。しかもアルトゥジウスはかかる主権を特定の支配者にではなく、全体としての人民そのものに帰属させるのである。そしてこの主権を行使するための支配者の選出を、法に基づく人民とかかる支配者との間の契約におくのである。したがってそのような最高権力の保持者が、法を侵し、契約の目的に違反した場合には、その権力は没収され全体としての人民に返ることになる。ここに明らかにモナルコマキとよばれる暴君放伐論者の一人として、アルトゥジウスは抵抗権を擁護したことになる。しかしアルトゥジウスはこのばあいにおける抵抗権行使の判断を必ずしも人民それ自体に委ねてはいない。むしろ都市および州から選出され、議会の構成員でもある監督官《エフォール》とよばれる特殊な人びとに委ねたのである。この点、アルトゥジウスの人民主権論を、後のルソーはもちろんロックのそれとすら――いかにかれらがアルトゥジウスの影響を受けていようとも――同一視することはできないであろう。

かつてドイツの法学者O・ギールケ（一八四一〜一九二一年）は、アルトゥジウスをボダンとホッブズの間におけるもっとも深遠な思想家とよんだ。かかるギールケの評価には多少の誇張があるにしても、アルトゥジウスが一貫して契約を社会結合の根底におき、抵抗権をも基礎づけていったことは、契約論の系譜において極めて重要な位置を占めるものといわなければならない。もっともアルトゥジウスにおける過渡的、中世的要素も無視してはならないだろう。アルトゥジウスが最高支配者の横暴を抑え、かつ衆知を集めるためのものとして大いなる期待を寄せていた議会が、その構成において多分に中世的色彩を残していたということはさておいても、市民革命を支えた政治思想の二本柱、すなわち社会契約・抵抗権と世俗化された自然法のうち、後者に関してはほとんど特殊な関心を寄せることがなかった。むしろ他のカルヴィニストと同じく、自然法を旧約聖書におけるモーゼの十戒と同一視しながら、この自然法とさきにあげた主権とをもって国家の結合の絆としていたのである。

アルトゥジウスがその世俗的な契約論によって暴君放伐を基礎づけていったとするならば、まさにこの自然法を聖書の法や神の権威から切り離し、それを普遍的な人間理性に基礎づけていったのが、グロティウスであった。

**近代自然法の父グロティウス**

H・グロティウス（一五八三～一六四五年）は、オランダのデルフトに生まれた。一五歳でライデン大学を卒業し、弁護士となり、さらに大使としてイギリスに派遣されたが、やがてアルミニウス派の指導者として政争にまきこまれ、終身刑に処せられた。しかし妻の助力によって脱出に成功し、フランスに逃れ、後にはフランス駐在大使としてスウェーデン宮廷に仕えた。このようにしてグロティウスは、理論家であるよりも実際人であり、かつ国際人であった。主著『戦争と平和の法』（一六二五年）は、宗教戦争後の戦乱のヨーロッパに新しい平和と正義の原理を示そうとするものであり、これこそ自然法にほかならなかった。

グロティウスは、この著を自然法の存在を否定するギリシアの懐疑主義者カルネアデス（前二一四～一二九年）の批判より始める。カルネアデスによれば、すべての法は人間が自らの利益を実現するために作りだしたものであり、そのかぎりにおいて法は国が異なり時代が異なるにしたがって異なる。これに対してグロティウスは、人間が他の動物と同じく自己の利益を追求する存在であることを認めながら、同時に言葉を有する合理的な存在であるとし、それゆえにまた社会への欲求を本性的にもった存在であるとするのである。そしてこの「社会的欲求」こそ、普遍的な自然法の基礎にほかならない。かくしてグロティウスは自然法を定義してつぎのようにいう。「自然法は正しき理性の命令であり、ある行為が、それが理性的かつ社会的な人間の本性に一致するか否かによって、道徳的低劣さをもつか、あるいは道徳的必然性をもつか、したがってかかる行為が、自然の創造主たる神によって禁じられるか命ぜられるかを示すところのものである」。ここでグロティウスは、もちろん自然の創造主としての神の存在を認めている。いなグロティウス自身敬虔なキリスト教徒であり、自然法の正しさを示すために聖書の法をも援用していく。しかし同時にグロティウスは、かかる人間の社会的本性に基礎をおく自然法は、「われわれが神が存在しないとか、あるいは人間のことがらに神が関係しないとかということを仮に認めたとしても」、なお、大いに力をもつものであり、二の二倍が四になるという数学の命題と同じように、神といえども変えることのできない不変のものであるというのである。

**社会的本性と自己保存**

さらにわれわれはここで、グロティウスが社会的本性ということによって意味するものが、いわゆる社会的動物（ゾーン・ポリティコン）という言葉によって表わされているアリストテレス（前三八四〜三二二年）のそれとも異なることに注意しなければならない。すなわち、アリストテレスにとっては人間の理性は、まさにそれが有する倫理的・知的な卓越性を最高に発揮することにあり、そしてそれを可能ならしめる唯一の場がポリスであった。それゆえに人間は本性的に社会的動物とされていたのである。これにたいしてグロティウスにとっては、人間はむしろ自分自身の利益を追求し自己保存をはかる利己的な存在であり、このような自己保存をよりよく実現するためにのみ、理性によって合理的に判断し、社会を求め、自然法にしたがうものであった。それゆえグロティウスにとっては、生命、自由、身体の安全、生存に必要なものの獲得と保持が、自然法上の基本権をなすものであり、他人のそのような基本権の尊重を中心とし、契約の遵守、加えた損害にたいする賠償、不法行為にたいして刑罰を受けること、などが自然法上の基本的な義務をなすものであった。もっともグロティウスの場合には、後のホッブズのごとく自然権と自然法が完全に分離され、自然法がもっぱら自己保存の自然権からひき出されているわけではない。しかしグロティウスにおける自然法の基礎の世俗化が、その内容の世俗化をともなっていたことに注意しなければならないであろう。

**自然状態と所有権**

グロティウスは、法を大きく自然法と意志法とに区別する。自然法とはそれ自身義務的であったり、不法であったりする行為を命じたり禁じたりするものであるが、これにたいして意志法とは、命令されたり禁じられたりすることによってはじめて、ある行為が義務的となったり禁じられたりするものである。そしてグロティウスはこの意志法に、神意法と人意法という二つのものを区別する。神意法とはいうまでもなく神の啓示の法であり、神が欲したがゆえに法となったものである（すでに述べたように普遍的な理法としての自然法は、創造主としてのかかる神の法と矛盾するものではもちろんない）。これにたいして人意法は、文字どおり人間の定めた法であり、自然法を人間の本性からひき出していったグロティウスは、かかる人意法を自然法、とりわけ契約遵守の自然法よりひき出していくのである。言葉をかえていうならば、人意法は人びとの相互の合意の所産であり、その目的はさきにあげた自然法を具体化し、実現させていくものにほかならない。したがってまた後にもみるように、国家も契約の所産であり、その基礎を契約遵守の自然法においている。

ところでこのばあい、グロティウスによればすでに国家の設立以前に、所有権が存在している。すなわちグロティウスによれば、神による世界の創造および洪水の後人々が簡素な生活に甘んじ、かつ相互的な慈愛に満ちていた状態においては、すべての自然物は共有であり、各人はそこから必要なものを自由に取得し、消費することができた。しかしやがて精神の発達と技術の進歩、とりわけ農業と牧畜の発達によって、そのような素朴で無垢な状態は破壊され、欲望の拡大と所有が生みだされていったというのである。この意味で所有権もまた、それが分割によるように明示的であれ、あるいは占有によるように黙示的であれ、人々のある種の契約の所産であり、すでに述べた他の自然法上の諸権利とともに、何よりもかかる所有権をよりよく保全するために、国家が契約によって設立されたとするのである。

**国家とその主権**

グロティウスはかかる国家を定義して、「国家とは、権利の享受と、共通の利益のために結合した自由人の完全な結合体である」という。そして道徳的人格が人間の属性であるように、政治権力こそ国家の属性であるといいながら、その最高権力としての主権を定義してつぎのようにいう。「その行為が他者の支配に服することなく、したがってなんらかの他の人的意志の行為によって無効とせられないとき、かかる権力は主権とよばれる」。そしてこの場合における主権の主体を二つに区別する。すなわち、ひとつは共同的主体であり、これは国家に帰属する。いまひとつは特殊的主体であり、これは一人またはそれ以上の多数者によって構成される政府に帰属する。かかる主権の二つの主体に対応して、最高権力のかかわることがらもまた二つに区別される。ひとつは法律の制定・改廃という立法にかかわる一般的なことがらであり、これは主権の共同的主体としての国家に帰属する。いまひとつは特殊的なことがらであり、これには和平・戦争・同盟条約の締結・租税などの公的事項と、個人間の紛争解決などの公的事項とが含まれる。これが特殊的主体としての政府に属することはいうまでもないが、ここにすでに萌芽的にみられる、立法・執行・司法という三つの権力の関係についてはグロティウスは何も述べていない。共同的主権と特殊的主権の関係を、身体における視力と眼の関係になぞらえるにとどまっている。

ところで、すでに述べたように、アルトゥジウスは、国家を、集団を単位とする下からの契約に基礎づけながら、かかる国家の最高権力すなわち主権を人民におき、それによって契約の目的に違反した場合の人民の抵抗権を正当化していった。しかしグロティウスはこのような人民主権もしたがってまた抵抗権も認めない。「われわれはここで主権はどこにおいても人民に属し、したがって人民は王を支配し、もし王がその権力を濫用した場合には、王を処罰する力を有するという人びとの意見をまず拒否しなければならない。この意見がいかに多くの害悪をもたらしているか、またもたらしうるかは、賢明な人ならば理解しうるところである」。グロティウスによれば、政治的なことがらにおいては善悪の判断はいろいろの疑問に付されうるものであり、したがってその判断を人民と王の両者に認めることは、極端な混乱と無秩序の原因をつくる以外のものではない。このようにしてグロティウスは、国家を人民による契約の所産としながらも、同時に契約において人民は自らを支配する権利を国家に移譲したものとして抵抗権を否定し、むしろ主権の絶対性を主張するのである。主権は自然法、神法およびつぎに述べる万民法を除き、自らがつくったいかなる人定法にもそして約束にも拘束されない。かかる絶対主権の主張が、ボダンやホッブズほどではないにしても、なおかれらに通ずるものをもっていたことは否定しえないであろう。しかしかかる主権をボダンのように、伝統や家父長権に基礎づけることなく、自然状態（必ずしも明示的であるとはいえないが）からの人びとの契約に基礎づけていったところに、その理論の枠組におけるグロティウスの近代性があるといえよう。そしてこの点では、なおも集団を契約の単位としていたアルトゥジウスを超えて、ホッブズへの道を準備しているともいえる。契約論者を、所与の社会を前提として支配・服従の関係のみを契約と考えるいわゆる統治契約論者と、社会そのものをも自然状態からの契約の所産と考える社会契約論者とに単純に二分化することには危険が含まれているとしても、グロティウスが契約論を社会契約論の方向へ一歩踏み出していることは明らかである。しかもかかる契約の拘束力の根拠を、すでに述べた世俗化された自然法に求めていったのである。

### 戦争と平和の問題

すでに述べたように、グロティウスは法をまず自然法と意志法とに分け、後者を神意法と人意法とに分けたが、この後者をさらに市民法と万民法とに区別する。市民法とはすでに明らかなように主権より発し一国を支配する法であるが、万民法とは「すべての民族もしくは多くの民族の意志から義務的な力を獲得した法」である。そしてもともと『戦争と平和の法』は、自然法の原理に則って、かかる万民法の基準を示し、それによって平和のための条件を示すことを目的とするものであった。このばあいグロティウスは、まず戦争をその原因によって正当なもの（正戦）と不当なものとに区別するのであるが、それは基本的には自然法に関してすでに述べたところの延長である。すなわち、自然法が生命、自由、財産というその基本権から出発し、その相互の尊重を命じ、侵害を禁じたように、万民法もまた、自己とその権利の侵害にたいしての防衛の戦争、権利の侵害にたいする処罰のための戦争、もっと具体的にいうならば、生命、身体、貞操、財産等の侵害にたいしての自衛のための戦争を正しい戦争とし、逆に不確実な恐怖に基づく戦争、結婚の拒絶を口実とする戦争、土地を獲得するための戦争、他人をその意志に反して支配しようという戦争、世界国家を口実とする戦争、等々を不当な戦争とするのである。

このようにグロティウスは、すべての戦争を否定するわけでないし、また世界国家を平和のための要件として求めるわけでもない。むしろ独立の主権国家の存在を認めながら、その国際関係における正しい戦争と不当な戦争を区別し、そこに成立する万民法のなかに国際正義と平和の条件を探し求めていったのである。そしてこの万民法を人間の社会的本性よりひき出した普遍的な自然法に基礎づけていったのである。この意味で、近代的自然法の父であるグロティウスは、また国際法の祖父であるともいわれる。

宗教改革後一六世紀後半から一七世紀中葉にかけてのヨーロッパは、文字通り血腥い戦争と内乱の連続であった。そしてそれが新教と旧教の間の争いであり、国際的な覇権をめぐる民族国家間の争いであるかぎり、それは何よりも中世的な普遍共同体の解体を意味していた。いわばキリスト教はヨーロッパを結ぶ精神的紐帯としての地位を喪失していたのである。かくして新しい正義と平和の原理は、宗教を超え、民族を超えた普遍的基礎のうえに求められなければならなかった。これこそ人間の本性であり、かかる人間の本性に基礎をおく世俗化された自然法によって、国内的な主権国家を定礎し、かつかかる主権国家の競争的共存のなかに、新しい国際秩序を求めていったのがグロティウスであった。

## 二　自然権の体系化

### スピノザの科学的方法

グロティウスも、近代自然科学の影響を受けていなかったわけではない。むしろその数学的真理へのアナロジーからも明らかなように、自明の原理から演繹的に法をひき出していく方法は、すでに数学的思考と無縁ではなかったといえよう。しかしやがて一七世紀の思想にとって自然科学と数学（特に幾何学）の影響は決定的であった。自らが自然科学者でもあったR・デカルト（一五九六～一六五〇年）やT・ホッブズ（一五八八～一六七九年）は、自らの哲学にそれらの方法を意識的に採用し、分析的方法によってすべてを単純で自明な根本原理に解体しながら、そこから確実な推理を通じて全体を組み上げていくという方法を用いたのである。そしてオランダの生んだ偉大な哲学者B・スピノザ（一六三二～七七年）もまた、デカルトやホッブズの影響を受けながら、明らかにそのことを試みていった。いなその主著『エティカ』（一六七七年）は、むしろその種のもののひとつの典型であり、そこでは全体は幾何学的な手法を使いながら、まず自明の命題についての定義にはじまり、公理、定理、および系論という形を繰り返しつつ組み立てられているのである。

もちろん、このことはその人間や政治についての観方にも新しい刻印を示さずにおかなかった。その政治思想をもっともよく表わしている『政治論』（一六七七年）の冒頭において、スピノザはあのN・マキアヴェリ（一四六九～一五二七年）を思わせる口吻をもって、プラトン以来の政治学の理想主義的伝統を批判してつぎのように述べている。「哲学者たちは、われわれを悩ます諸情念をわれわれ自身の罪のゆえに陥る悪であるとみなしている。……このようにして彼らは、どこにも見出されえないような人間性をいろいろと称揚し、現実に存在する人間性をののしるとき、何か崇高なおこないをし、知の極致に到達したかのように考えている。彼らは要するに、現にあるがままの人間ではなく、そうあって欲しいと思うような人間を思い描いていたのである。その結果、彼らは一般に倫理学のかわりに諷刺を書き、実際に適用されうるような政治制度を思念することは決してなかったのである」と。このようにしてスピノザは、実際に適用可能な政治学を考えるために、現実の人間の諸情念、たとえば愛、憎、怒り、嫉妬、名誉心、同情心、等々を、まさに人間の本性をなすものとして、笑わず、嘆かず、呪詛せず、ただひたすらに理解することを心掛け、「数学を取り扱うと同じようなとらわれざる精神をもって」探究しようとしていったのである。この意味においてスピノザもまた、ホッブズと同じく、マキアヴェリ的な現実主義的政治学を科学的基礎のうえに組み立てようとしていったといえよう。

**自然即神の形而上学**

このことはまた、スピノザの哲学そのものが固有の形而上学を基礎としていることを意味する。そしてこの形而上学こそ自然即神の汎神論にほかならない。すなわち、ポルトガル系ユダヤ人の子として生まれながら、その思想の新しさのゆえにユダヤ教会からも破門されざるをえなかったスピノザにとっては、完全なるものを求めて人間が到達するデカルト的な人格神も、自然の因果の連鎖をたどりながら到達するホッブズ的な第一起動者としての神も満足させるものではなかった。むしろスピノザは、創造主としての神が被造物の外にあることをよしとせず、神はそれが造りたもうすべてのもののうちに内在するものとしたのである。いわばその意味で、すべての存在の根底には「実体」としての神が存在するものとし、有限なるすべてのものは、無限にして全能なる神の表現でありその様態であるとしていったのである。それゆえすべては、「永遠の相のもとにおける」神の現われであり、必然的な法則のもとに存在し、運動するものとされたのである。

したがってまた人間のすべての行動もこのような法則のもとにあることになり、それゆえにこそ人間は理性よりも情念の支配下にあるものとしてとらえられることになる。「人間が必然的に情念に服しているということ、彼らは生来不幸なものを憐み、幸福なものを妬むようにできており、同情よりも復讐に傾くようになっているということはまったく確かである。また各人は他の者に彼が望むように生活し、彼が是認するものを是認し、彼が排斥するものを排斥させようとする。その結果、すべてのものは等しく優位に立とうとするがゆえに、彼らは争いにまきこまれ、できるかぎり仲間を隷属させようとし、勝利をおさめたものは自分自身を益したことよりも他人を害したことを誇るのである」（『政治論』）。もっともスピノザのばあい、人間の理性的側面もまた「永遠の相のもとにおける」神の現われであり、そのかぎりにおいて人間は自らの行動を合理的に方向づける可能性をもっている。そしてそれゆえにまた、より理性的な人間はよりよき生活を営みうる可能性をもつ。だがスピノザが人間を生来、理性よりも情念や衝動の支配下にあるものとみなしていたことは疑いえない。

**自然権即力の論理**

さて、スピノザにとって人間が本性的にこのようなものであるとしたならば、いわゆる自然状態が分裂し相争う、恐るべき戦争の状態として現われることは当然のことといえよう。ホッブズが自然状態を「万人に対する万人の戦争」として描き出したように、スピノザはそれを「人間が本性的に敵」の状態として表わしている。それゆえそこでは、各人は自らの自己保存のために、自らの力の範囲においていかなることをもなしうる権利をもつことになる。そこでは自然権と自然力と自然法は完全に同一視される。「自然権および自然法によってわたしの意味するのは、各個物の自然の法則、つまりそれによって各個が一定の方法において存在し行動すべく自然的に決定されているとわれわれの考える諸規則にすぎない」（『神学・政治論』）。この点においてスピノザの自然法は、神の意志に発し本来的に義務の規則となる中世的な自然法とはもちろん、自然状態における自然権の相互破壊のうちに人間の理性が発見する平和の戒律としてのホッブズの自然法とも異なる。したがってホッブズが政治社会を、自然法に導かれての自然権の相互的放棄の契約からひき出していくのにたいして、スピノザのばあいには自然権と自然力と自然法の同一視はどこまでも貫かれていく。人びとが結合するのは、それがより大なる力をもたらし、より大なる権利の享受を可能にするからにほかならない。

**国家とその目的**

かくして国家もまた、不安定な自然状態からより大なる力を求めての人びとの結合より生みだされる。もっとも生前に出版された唯一の著作である『神学・政治論』（一六七〇年）においては、スピノザはよりホッブズに近く、国家の設立を、真の自己の利益を示す理性に導かれての契約による自然権の相互的な移譲においているようにもみえる。しかし『政治論』においては、より自然主義的な色彩を強め、国家をより大なる力と権利を求める人びとの力の結合におくのである。したがってそのかぎりにおいて自然権と自然力の同一視は、国家状態においても継続されていく。すなわち、自然権の相互的譲渡と授権によって、自然権が原則的には国法上の権利に組み換えられていったホッブズと異なって、スピノザの場合には、国家状態においても、なお各人の権利は各人の有する力と同等であり、したがってまた国家の権利はもっぱらそれが有する優越的な力に求められていく。「国家もしくは主権者の権利は自然権そのものにほかならず、力によって決定されている。……したがって国家が力において市民または臣民を凌駕すればするほど市民はより僅かな力をもつことになる」（『政治論』）。このかぎりにおいて、国家のより大なる力のもとにある市民は、国家への全面的服従を要求される。

しかしこのことは、スピノザの国家が、もっぱら主権者の自由と利益のみを目的とし、臣民の完全な隷属によって特徴づけられていることを意味しない。むしろ主権者の力が臣民の力の結合よりなり、それにたいして相対的であるかぎり、自らの力を強めようとする主権者は、理性的に振る舞い、善政を行わざるをえないとするのである。「自然状態において理性によって導かれる人間がもっとも力ありもっとも自分自身の権利のもとにあったように、理性に基づき理性によって指導される国家はもっとも力ありもっとも自分自身の権利のもとにあるからである。というのは国家の権利はあたかもひとつの精神によって導かれるごとき人民の力によって決定されるのであるが、精神のかかる一致たるや、国家が健全なる理性がすべての人間の善であることを示す諸条件を達成すべくその最善をつくさないかぎり、まったく考えられえないものであるからである」(『政治論』)。スピノザの理想国家はまさにこのような論理の延長線上にひき出されるのであって、それは自由を認め、善政を行い、人びとの恐怖によってではなく希望によって支えられ導かれる国家である。このようにして極めて現実主義的な前提から出発したスピノザの国家論は、その論理の必然性を失うことなしに、極めて理想主義的なものへと高められていくのである。

**孤高の哲人スピノザ**

スピノザはこのようにして成立し、このような性質をもつ国家の形態に、三つのものを区別する。一人が支配する君主政、少数者が支配する貴族政、多数者が支配する民主政がそれである。これらのうち、『神学・政治論』におけるほどではないにしても、未完に終わった『政治論』においても、スピノザが多くの人民の参加する民主政をもっとも望ましい国家の形態と考えていたことは疑いえない。しかしまたすでにホッブズにおいてそうであったように、伝統的な質的区別を捨象し、もっぱら主権に与る人々の数を基準としたこのような量的な区別が、何よりも平和と秩序の維持を目的とする近代国家の性格を表わしているとみることもできよう。いいかえれば、そこには明らかに近代的な法と道徳の分離が姿を現わしている。スピノザは信教の自由と寛容の問題に関しても先駆者のひとりであって、礼拝の形式等、外的な秩序にかかわることがらに関しては主権者への服従を命じながら、「神の真の認識と愛とは何人の支配にも服さない」ものとしていったのである。

なおつけ加えておくならば、スピノザは、主権国家間の国際関係については、すでに述べたグロティウスやホッブズと同じく、自然状態における個人相互間の関係と同じところにあるものとしてみていた。

いずれにしてもこのようにして、『エティカ』において情念に服する現実主義的な人間像から出発しながら、なお情念より脱し理性の支配にしたがう自由なる人間を理想として描き出していったスピノザは、『政治論』においても情念の衝突する戦争の自然状態より出発しながら、理性の支配する自由な国家を理想として描き出していったのである。そしてこのような理性にしたがう自由な生活こそ、スピノザ自身の理想でもあった。ときには無神論のかどで迫害され、ときにはハイデルベルク大学教授への誘いをも断りながら、レンズを磨くことによって生計をたて、孤高な生涯を貫いていったのである。B・ラッセルは、このスピノザを評してつぎのようにいっている。「スピノザは偉大な哲学者たちのうちでもっとも人格高邁でもっとも愛すべき人である。知的には彼を凌駕した人々もいるが、倫理的に至高の位置を占めるのは彼である」（『西洋哲学史』一九四六年）。

### 自然法の大成者プーフェンドルフ

グロティウスが実際的な法律家であり、スピノザが孤高の哲学者であったのにたいして、S・プーフェンドルフ（一六三二～九四年）は、大学において自然法および国際法を講ずる講壇の人であった。それゆえ彼は大陸自然法の大成者であり、それはC・トマジウス（一六五五～一七二四年）やC・ヴォルフ（一六七九～一七五四年）らによって継承され、いわゆるドイツ自然法学の流れを形成するところとなったのである。主著に、『普遍法学原理』（一六六〇年）、『自然法と万民法』（一六七二年）、『現代ヨーロッパにおける偉大な諸帝国および諸国家の歴史序説』（一六八二年）、その他がある。

ところで、プーフェンドルフの政治思想は多くの点でグロティウスとホッブズの総合と折衷を表わしているが、とりわけそれは自然状態の叙述のなかに示されている。すなわち、プーフェンドルフは、一方においてホッブズと同じく人間の本性のなかに「自己愛」をみ、基本的な自己保存の欲求をみながら、しかも同時に生まれながらにしてあまりにも無力な人間は、自らの生を全うするためには必ず他人の助力を必要とし、それゆえ一定の社会性をもたざるをえないものとしたのである。したがってその自然状態は、もはやホッブズのように完全に孤立した戦争の状態ではなく、すでに家族を中心として一定の原始的諸社会をなした状態であり、むしろある種の平和の状態である。そこにはすでに同意の結果として生じた所有権も存在し、一定の自然法も作用している。プーフェンドルフはこのような基本的自然法を定義してつぎのようにいう。「各人は、自らの力の及ぶかぎり、平和的で常に人類の本性と目的に一致するある社会的態度を保持すべきである」（『自然法と万民法』）。他の自然法上の義務が、かかる基本的自然法からひき出され、それを具体化するものであることはいうまでもないであろう。

しかし平和のために要請されるそれらの自然法は、決してたんなる義務のための義務ではない。それはすでに明らかなように自己保存の自然権を前提とし、それをよりよく実現するためのものであり、その点においてプーフェンドルフも近代的自然権思想の伝統のうえにある。そしてプーフェンドルフが、家族、国家、国際社会と順序を追って展開していく法の内容は、それ自体としての義務の体系であるよりも、むしろ具体的な権利――自己防衛権に始まり、所有権および相続権、契約と損害賠償へと進む――の体系であり、それに相即した義務の体系なのである。このように人間性の分析より導き出された自然法上の根本義務より出発しながら、なおもその自然法論を権利の体系として展開したところにプーフェンドルフの自然法論のひとつの特徴があるといえよう。

## 二重契約と主権の性格

社会契約説の系譜においては、プーフェンドルフはいわゆる二重契約の主唱者として有名である。だが自然状態においてすでに家族を中心とする諸社会をみ、自然法の存在をも認めたプーフェンドルフにとって、政治社会への移行の契機はどこに求められるであろうか。ホッブズは自然状態における相互の恐怖と理性によって発見された自然法を、そこからの脱出の契機とした。そして後のロックは、自然状態に（プーフェンドルフと同じく）すでに自然法の存在を認めながら、なおもこのような自然法の解釈、執行およびそれを侵した人にたいする処罰の権利が各個人に委ねられている不都合を回避するために、政治社会への人びとの結合を必然化していったのである。この点においてプーフェンドルフは、野心、権力欲、貪欲さという人間性の悪の側面とさらにまた各個人の判断の多様性とを根拠としながら、自然状態における平和はなおも不安定であり、むしろ人びとは相互の恐怖にさらされているとしつつ、ここからより大なる平和と安全を求めての政治社会の設立を不可避なものとしていくのである。そしてこの政治社会の設立過程に二つのものを区別するのである。

すなわち、ひとつは自然状態における多様な意志をひとつに統合する結合契約であり、この際の契約当事者は家父長である。ここでは全員一致が必要な条件であり、ここに形成されるものが一個の「複合的作為的人格」である。いまひとつはこのようにして設立された社会を前提として、その社会の決定を強制することのできる主権を設立する契約である。これがいわゆる統治契約であり、これによって主権を委ねられた人びとは共同の福祉と安全のために配慮すべく義務づけられ、他の人びとは主権を有する支配者への服従を義務づけられる。プーフェンドルフは、このようにして設立された主権を最高のものとし、他のいかなる権力にも服さず、自らが公布した法律にも拘束されないものとした。しかし同時にプーフェンドルフは、かかる主権者も、自然法、神法、万民法、および古来の習慣によって拘束されるものとし、「人民の福祉を最高の法」としてその実現に努力すべきものとしたのである。その意味で、プーフェンドルフの主権者は最高ではあっても、絶対ではない。そして主権者がそのような義務を侵犯した場合には、人民の抵抗権も容認――その主体や条件については曖昧ながらも――されるものとしていったのである。

### 大陸自然法の特色と帰趨

ロックはその著『教育に関する考察』（一六九三年）において、若者が人間の自然権、社会の基礎、および義務について学ぶために手にすべき書物として、グロティウスの『戦争と平和の法』とともに、プーフェンドルフの『自然法と万民法』をあげている。そしてたしかにこの著は、一八世紀の中葉にいたるまで自然法についてのもっともオーソドックスなテキストとして各地の大学で教えられ、多くの影響を及ぼしていった。しかし大学で教えられる自然法論の体系化は、現実の政治的問題との接点の希薄化であり、さもなくば現実の政治勢力との妥協であった。そしてそれがおおむねその後の大陸自然法の運命であり、近代的な個人の自由は開明的な専制主義と妥協せしめられていったのである。

しかしこのことは多かれ少なかれ、われわれがこれまで考察してきた思想家にも共通しているところともいえよう。グロティウスとスピノザは文字通りオランダに生まれた。アルトゥジウスとプーフェンドルフはドイツに生まれたとはいえ、オランダと密接なかかわりあいを持っていた。そして彼らの理論は、たとえばアルトゥジウスのように、カルヴィニストの立場に立って抵抗権を擁護し、グロティウスのように戦乱のヨーロッパに普遍的な法の原理を示そうとしたとしても、なお市民革命における政争のいずれかに加担し、それを正当化し、積極的に弁証しようとするものではなかった。そしてその点では、われわれがこれから〔『近代政治思想史(2)』において〕考察しようとする思想家たち〔ロック、ペインやフェデラリスツ、ルソーなど〕こそ、イギリス、アメリカ、フランスのそれぞれの革命に積極的にかかわり、まさしく市民革命の思想家であったということがいえよう。しかし今日では比較的顧みられることが少ない以上のような大陸の思想家が、まさに成就された市民革命とオランダの自由なる雰囲気のなかで、自然状態、自然権、自然法、社会契約という諸概念を駆使しながら論理構成を行ったがゆえに、われわれがこれから考察しようとする市民革命の思想家に直接的・間接的に大いなる影響を及ぼしていったことを無視してはならないであろう。

†初出　藤原保信・渋谷浩・渋谷一郎・小笠原弘親『近代政治思想史(2)——市民革命の政治思想』有斐閣、一九七七年

# 第Ⅲ部　近代市民社会の克服

# T・H・グリーンと社会主義

## 一　はじめに

T・H・グリーンがオックスフォードで「政治的義務の原理」（The Principles of Political Obligation）についての講義を行ったのは一八七九年であり、マルクスの『資本論』（*Das Kapital*）第一巻の発刊は一八六七年、のちにエンゲルスによって編集された第二巻および第三巻の発刊はそれぞれ一八八五年と一八九四年であった。マルクスの『資本論』が産業革命後のイギリス社会を何よりもその分析の対象とし糾弾の対象としたとするならば、グリーンの政治思想も明らかにそのような社会に対応し、古い自由放任主義にかえて新しい権利の理論と国家像の構築とを目指すものであった。本稿は、所有権の問題より説き起こしながら、グリーンの思想と社会主義との論理的関係を整理しようとするものである。

## 二　グリーンと所有権

グリーンの著作のうち所有権（the right of property）の問題が積極的に論じられているのは、『政治的義務の原理』第二一一節以降においてである。そこでグリーンはまず、所有権の問題を論ずるにあたっては、これまでしばしば混同されてきた二つのことを区別することが必要であるという。すなわち、たんなる占有（appropriation）の起源と権利としての所有（property as a right）の起源とがそれである。かかる二つの区別が、労働による外的事物の占有をそのまま所有権の起源としてきた旧来の理論にたいする批判を含意していることはいうまでもないであろう。しかしグリーンの違いはすでに、この二つのうち占有概念そのものにまでかかわっている。すなわち、グリーンによれば、人間の占有行為はたんなる直接的な欲望（将来の欲望をも含めて）の充足のためにあるのではない。むしろそれは「その欲望からおのれ自身を区別する主体の意識を反映して」いるのであり、「自分自身の善の概念に現実性を与えんとする個人の努力の表現」[1]である。占有行為についてのグリーンのこのような説明が、人間の行動そのものについてのグリーンの理論の表現であることはいうまでもないであろう。グリーンによれば、人間の行動の特色は、欲望や欲望の対象がそのまま動機となるのではなく、必ず自我の意識によって媒介せられるのであり、その欲望の充足が真に自我の満足をもたらすものであるか否かの考量が行われるということにあった[2]。グリーンにとってさきの「自分自身の善」とは、このような統一的な自我によって媒介せしめられ表示せしめられた欲望ないしは欲望の対象（そこから導出せしめられた真の自我の実現）であり、占有の行為もまたこのような意味において、「自分自身の善の概念に現実性」を与えんとする意志の行為なのである。占有を通じて外的な事物はもはや外的ではなくなる。「それらは、人間の器官のある種の拡大、それを通じてみずからの理念および願望に現実性を与えていく永続的な装置 apparatus となる(3)」のである。

しかしより重要なのは、かかる占有の概念よりも、かかる占有を権利たらしめ、所有権たらしめるものであり、これをグリーンは承認（recognition）としてとらえる。しかしそれは、たんに各人の占有物にたいする独立の個人の相互的な承認を意味しない。所有権の第二の契機としての承認についてはグリーンはそれにつぎのような説明を与えている。

「自由な生活への権利の根拠、人がその力の自由なる行使において他人によるかかる行使の承認を通じてあるべき何ものかとして保障される理由は、他人にたいして権利を認める側および権利が認められる側における、自分自身と他の人びとにとっての善の同一性の概念のうちにある。権利のごときものが存在しうるのは、社会内におけるものとして、社会の構成員の間の関係――その社会はすべての人のそれであるが――としてのみである。そして自由なる生活への権利は、権利がそこに存する社会の各成員が自分自身を満足しようとしながら他の人びとの満足に貢献し、かつ各人が他の人びともそうであるということを自覚しているという意味において、社会の共通の意志に依存しているのである。そして社会の承認せられた利益がその各成員にとって自由なる生活への権利を構成するように、それは各人をして自分自身とその隣人の側におけるあるべき生活を考えせしめ、かくして各人にそれを保障する拘束力をもてる慣習の基礎を構成するように、それはそのようなあるべき生活の道具への権利を構成し、各人をして他の人びとによるかかる道具の所有を共同善のためのものとみなせしめ、かくしてまず第一に慣習という、ついで法という媒体を通じて各人にそれらを保障していくのである」[4]。

いわばこのようにして、他の権利一般と同じく所有権においても、善の同一性（identity of good）、つまり共同善（common good）の存在こそそれらの権利の存在の前提なのであり、まさにそこにおける承認の概念は、自分自身の善の実現が同時に他人の善の実現に貢献しうるという——このことは逆に共同善をみずからの善としその実現に向かって努力しうるということを前提とするのであるが——ことの相互的な承認のうちにあるのである。

このようなグリーンの所有権論の特色は、グロティウス、ホッブズ、ロックという市民革命期の三人の思想家の所有権論にたいするかれの批判のなかにもあらわれているといえる。すなわち、まずグロティウスについていうならば、かれは所有権を契約に依拠せしめたが、明らかに所有こそ契約の前提をなすものであり前後が転倒しているという。またホッブズについていうならば、かれは所有を契約からひき出すことなく、それを主権の存在に依拠せしめたが、しかしそのばあいにもかかる主権そのものを自然状態においてすでに権利をもつ各人の契約よりひき出すという矛盾を犯しているというのである。さらにロックについていうならば、所有を自然状態における各人の労働に由来せしめた。しかし、各人は「自分自身の身体にたいして所有権」をもつその同じ自然法によって、「かれの肉体の労働とかれの手の仕事はまさしくかれのものである」というにすぎず、かかる所有権の根拠そのものを明示することはなかったというのである[5]。グリーンによれば、他の権利一般と同じく所有権も社会の存在を前提とする。しかも社会の存在は、すべてすでに述べたように、共同善の存在を前提とする。したがって所有権の正当性の根拠は、各人がそれを所有する積極的な条件＝労働を有するということともに、かかる共同善を自分自身の善とし、それによって所有権の獲得と行使を通じて、共同善の実現に貢献し、他人の善の実現に貢献しうるということにあるのである。この意味において所有権もまた各人の道徳的能力の実現の条件であるともいえる。

ところで、グリーンによれば、他の権利一般と同じく、かかる所有権もまた原初的な人間の結合形式としての氏族（clan）社会より始まる。そしてそのばあいいわゆる原始共同体の特徴は、「私のもの」（meum）と「あなたのもの」（tuum）の区別、つまりいかなる所有権も存在しなかったということにあるのではなく、人びとがその労働を費消する一定の素材が共同所有であったということにある。したがってそこから各人は自分自身の労働を通じて必要なものを享受し使用することが可能であったのであり、そのかぎりにおいて所有権も存在した。しかしかかる氏族社会の限界は、その社会の慣習によって、その道徳的能力の自由な行使――すでにみたように所有権もその手段であった――が制限されていたということであり、かつまたかれらが取り結ぶ道徳的関係の範囲も氏族という狭い範囲を出るものではなかったということである。したがって氏族から国家への発展は、まさに道徳生活へのそのような制約からの個人の解放であり、それは必然的に所有権の拡大をともなうべきものであった。そしてその意味ではまさに歴史は個人の道徳的発展の条件の拡大であり、所有権の拡大であったのである。しかしグリーンは当時のヨーロッパの状態をそのようには描き出しはしない。むしろマルクスを彷彿せしめる口吻をもって、所有権から疎外され、自己の労働力以外に売るべきものをもたないプロレタリアートの存在をつぎのように描き出すのである。

「その全般的な政治発展の一部としてのヨーロッパにおける所有権の発展の現実の結果は、これまでのところ、そこにおいてはたしかにすべての人びとが所有に与りうるような事態ではあったが、しかし実際には大多数の人びとは、それが真に価値ある意味において、すなわち生活設計を完遂し、善なるものについての理念を表現し、慈善的な願望を実現せしめる恒久的な手段としてそれに与ることができないでいる。法的にみるならばかれらは占有の権利をもっている。しかし実際にはかれらは、自由なる道徳生活のための手段を用意し、善意、つまり、社会的善への関心に現実性を与えそれを表現せしめる機会をもっていないのである。労働力以外に何ものも所有せず、たんなる日常生活の維持のためにそれを資本家に売らねばならない人は、財産の所有が奉仕すべき倫理的目的に関しては、まったく所有の権利が否定されているのと同然である(6)」。

しかしそれにもかかわらず、グリーンは、このように自己の労働力以外に何ものも所有せず、それゆえ道徳生活に与りえないプロレタリアートの存在を、マルクスと異なって、私的所有制からの当然の帰結とは考えていない。むしろ労働による新たな富の継続的生産が、すでに生みだされたものの継続的な消費を凌駕し、社会の富が継続的に増大しているかぎり、そして富の蓄積がその人による労働生産物の貯蓄や、資本の生みだす利益の貯蓄によってさらにそれにつけ加えうる人びとへのかかる資本の遺贈によってもたらされるかぎり、ある人の富の蓄積が他の人のそれを必然的に損うとする理由は何もないというのである(7)。そしてさきのような悲惨なプロレタリアートの存在を、資本の蓄積にではなく、むしろそれに先行する諸条件、とりわけ、最初の土地占有——土地は他の所有物と異なり、ある人の所有が他の人の所有を排除するという性格をつよくもつ——の不正とその後の誤てる継承に由来するものとみているのである。すなわち、多くのヨーロッパの国々において、個人による土地の占有は労働の結果としてではなく、力の結果としてであり、最初の土地所有者は、征服者であった。そして、（1）地主の権利は、所有権の正当性の唯一の根拠、すなわち、それが他人における占有能力の発展を妨げることなく、社会全体の福祉に貢献するという形で認められ、継承されたものではなく、かつまた（2）産業の進展とともに、鉱工業への労働需要が生じたとき、その労働は、むしろ封建的な農奴制の習癖を身につけ、かつその労働力を自由な契約によって売ることができず、事実上は強制労働にしたがわざるをえないような人びとによって提供されていったというのである。(8)かくしてグリーンはこの項をつぎのように結んでいる。「このようにしてヨーロッパにおける土地所有の全歴史は、鉱工業における労働への突然の需要が生じたところではどこでも、所有をもたずまた求めもしないプロレタリアートの集積へと導くようなものであった。……かれらの健康、住居、および就学は配慮されることがなかった。かれらは思いのままに有害な雇傭、汚れた空気の犠牲に供せしめられ、その結果有害な飲み物を懇願するところとなったのである。われわれがこのことすべてを考慮するとき、実際には、土地にたいする権利が獲得され行使されてきた恣意的で暴力的な方法に起因し、また国家が無制限な私的所有制度のもとにおいて自由なる生活の諸条件を維持するのに必要な機能をはたすことができなかったということに起因する非難を、資本主義もしくは個人の富の自由なる発展に帰することの不公正さが解るであろう」(9)と。

このようにしてグリーンは、産業革命後のヨーロッパ社会に、所有権から疎外され、道徳的能力を正しく行使する可能性をも奪われているプロレタリアートの存在をみながら、それを資本主義的な私的所有と契約の自由の帰結とはみていない。むしろ正当な取得と競争のもとでは、社会全体の富が増大するかぎり、特定の人びとにおける富の蓄積が必ずしも他の人びとの損失をともなうものではないとしているのである。この点において、グリーンをJ・ブライト等、マンチェスターの正統派の線に位置づけたM・リヒターの指摘もあながち誇張とはいえないものを含んでいるといえよう。(10) しかしこのことはグリーンが個人の利己心にのみ基礎を置く、無制限な私的所有と富の蓄積を擁護したことをもちろん意味しはしない。グリーンが、労働と資本の直接的な支出とは無縁な土地の価格変動による不労所得を国家によって没収さるべきとしたのは当然であるが、(11) さらに所有権一般に関しても、すでに述べたその論拠にしたがって、それが共同善の実現に貢献し、社会の道徳的発展に貢献しうるよう正しく取得され行使されることをつよく要求していくのである。このことは、真の自由は、単なる外的な制約や強制からの自由でも、他人における自由の喪失という犠牲において享受せられる自由でもなく、まさしく「為しまたは享受するに値するもの、しかもまた、われわれが他の人びとと共通に為しまたは享受するものを、為しまたは享受する積極的な力または能力である」(12) という自由についての新たな定義を含む、例の「自由主義的立法と契約の自由」(Liberal Legislation and Freedom of Contract) の議論によっても明らかであるといえよう。この講演はもともと、契約の自由の名において、狩猟法 (the Ground Act) と雇傭主責任法 (the Employer's Liability Act) ——前者は、借地人がその占有地における狩猟権を完全に地主に与えてしまうような契約を法的に無効とすることによって、借地人を保護しようとするものであり、後者は、仕事のうえでの労働者の犠牲にたいして雇傭主の補償の責任を義務づけそれによって労働者を保護しようとしたもの(13)——にたいして反対する人びとを論駁するものであったが、同様な論理は、工場法、義務教育法、公衆衛生法、等々という一連の社会立法にも繋がっていたのである。この点において自由放任主義から国家干渉へ、個人主義から集団主義《コレクティヴィズム》へという伝統的なグリーンの位置づけは、単純な図式化のきらいがあるとしてもやはり的を射ているといえよう。ただグリーンは、これを何よりもまず共同善への組み入れという意識変革を通じてなし遂げようとしたのであった。つまりホッブズ以来の近代思想においては、たんに個人の自己保存のための手段であった共同性を内面化し、真の道徳的自己を回復せしめようとしていったのである。

## 三　グリーンとマルクシズム

グリーンがマルクス主義にどれだけの関心を示していたかは明らかではない。おそらくイギリスの思想界に、マルクス主義の影響が多少なりとも現われたのが一八八〇年代[14]（「社会民主連盟」の結成は一八八四年）以降であるとしたならば、グリーン自身マルクス主義に関して特別の理解があったと考えることはできないであろう。しかしグリーンとマルクス主義との直接的なかかわり合いの如何にかかわりなく、われわれは前節にみたグリーンの所有権論を中心として、マルクス主義との理論的関係を考察することはできるであろう。

さて、マルクスが『ヘーゲル国法論批判』（*Kritik des Hegelschen Staatsrechts*, 1843）において、ヘーゲル哲学においては、思惟と対象が転倒しており、思惟を対象から展開するのではなく、すでにそれ自身として完成せる思惟より出発し、かかる思惟によって対象が展開され[15]、現実の世界は思惟の展開の契機としてのみ求められていくというとき、このようなマルクスのヘーゲル批判が、そのままどこまで妥当するかはおそらくそのヘーゲル解釈にしたがって意見の分かれるところであるといえる。少なくとも、ヘーゲル哲学の課題が、現実を概念的に把握することにあり、しかもそれが現実の世界が完全に思惟によってとらえられ、存在の展開が同時に思惟の展開でもある絶対知の立場を前提とするかぎり（そこでは存在と思惟の二元論も止揚されている）、さきのマルクスの批判はかなり一面的なものとみることができるかもしれない。しかしのちのマルクス主義の成立との関連においていうならば、すでにかかる批判の含意しているところは重要である。すなわち、思惟を対象からのみ展開するという論理においては、すでに思惟それ自体の独自の展開や継承には疑問が付せられ、むしろ思惟から切り離された存在の側に比重が移行しているのである。そして思惟そのものがむしろ存在に組み込まれ、存在の機能としてとらえられていくのである。このことは、近代の市民革命＝政治的解放の限界を明らかにした「ユダヤ人問題によせて」(Zur Judenfrage, 1843) においてもすでに明らかであり、そこにおいてマルクスは、自由、平等、安全という近代の人権への要求を政治的国家からの市民社会の解放のイデオロギーとしてとらえ、かかる解放された市民社会の原理を利己主義、物質主義としながら、市民社会における差別の根源をかかる市民社会の原理に巻き込まれた人間生活そのもののうちにみていったのである。[16] しかし人間存在そのものが市民社会の論理のなかに巻き込まれ、その経済的法則の規定のもとにとらえられるのは、市民社会の経済学的解剖をまってはじめてであり、その意味でやはり、『経済学・哲学草稿』(*Ökonomisch-philosophische Manuskripte*, 1844) はひとつの重要な位置を占めるといわなければならないであろう。とりわけ、その第一草稿(四) において、周知のようにマルクスは、私有財産のもとにおける疎外の問題をとらえていった。ここでわれわれはその詳細を繰り返す必要がないとしても、マルクスは私有財産という事実のもとでは、まず労働そのものが自己の能力の外化であり対象化であるにもかかわらず、労働生産物は労働者に疎遠なものとして対立しつつ資本家の手に帰し、したがって労働そのものが苦痛なる強制労働となり、人間本質を表現する類そのものが個人の生活の手段とされ、かつ人間相互が競争的、敵対的にあらわれざるをえないといういわゆる疎外の構造を明らかにしていったのである。[17]

ここで、さきのグリーンの所有権論との関連においていうならば、グリーンが人間の善なる意志に訴えかけることによって、資本家に譲歩を迫り、私有財産の運動を共同善の理念のなかに組み入れその規制のもとにおきうると考えたのにたいして、マルクスはすでに、そのような可能性を否定し、私有財産の止揚なしには、人間の人間的解放はありえず、個別的労働が普遍的労働として支出されることもありえないとしていったのである。そしてそのような私有財産の否定の形態を共産主義としてとらえていったのである。もっとも、疎外され対象化された人間本質の獲得が、意識、つまり純粋思惟のなかでその運動として行われるにすぎず、現実の疎外の構造はそのまま温存されるとマルクスに批判された(18)ヘーゲルに較べるならば、共同善をより流動的に解し、過去の累進的蓄積のうえにあるとみながら、しかもそれ自身に現在を超える規範性をもたせたグリーンのばあいには(19)、必ずしもたんなる保守としてとらえられえないものをもっていたともいえよう。しかしマルクスからするならば、私有財産を廃棄することなく、その運動を共同善の理念のなかに組み込まんとする理想主義者の方法は、しょせん私有財産の運動のなかに巻き込まれざるをえない。このことは、つぎなる『ドイツ・イデオロギー』(*Die deutsche Ideologie*, 1845-6)における唯物史観の成立をもってより明らかになる。

すなわち、ここではすでにマルクスの出発点とした人間は、まさに徹底的に現実の生きた人間であり、道具を用いながら労働によって自然に働きかけ、食糧を生産していく存在である。そしてこの道具という生産手段の発達こそ生産力の発達を基礎づけるものであり、これに対応した形で分業および所有の形態が織りなされる。いうまでもなくかかる物質的な生産と交通の体系こそ歴史発展の起動力をなすものであり、意識的諸形態の自立法則は否定される。ここでその定式化と思われるものをあげておくことにしよう。

「われわれの出発点は、現実に活動している人間であり、かかる生活過程のイデオロギー的反射や反響の発展もかれらの現実の生活過程から抽き出される。人間の頭脳のなかのもやもやした霧のようなものも、かれらの物質的な、経験的に確認しうる、そして物質的な前提に結びついている生活過程の必然的な昇華物である。かくて道徳、宗教、形而上学ならびにその他のイデオロギー、およびそれらに対応した意識形態は、もはや独立性という仮面をもたなくなる。それらのものには、なんら歴史もなければ発展もない。むしろ、物質的生産と物質的交通を発展させつつある人間が、かれらのこの現実とともに、かれらの思考およびかれらの思考の生産物をも変化させるのである。意識が生活を規定するのではなく、生活が意識を規定するのである」(20)。

このようにして、宗教や道徳、イデオロギー一般の独立性は否定され、意識は生活によって規定される。ふたたびさきのグリーンとの対比にもどるならば、もはや共同善というごとき道徳意識が、人びとの生活を動かし、所有や蓄積にたいして独自の規定をもつことは否定されるのである。いなこのばあい、右のごとき物質的な生産と交通の体系に対応した形で階級構造が存在するかぎり、そしてその社会における支配的なイデオロギーは、その社会の支配的な階級の利害の表現にすぎないとされるかぎり(21)、グリーンの理論もまた、共同善という擬似「一般的」利益を掲げることによって社会の階級分裂と矛盾を隠蔽する支配階級のイデオロギーにすぎないということにもなるであろう。

ここで、当然のことながら、ひとつの歴史理論としてみたばあい、史的唯物論の特色は、まさに歴史の経済的な説明が、同時に歴史のトータルな説明として成立するということにあるといえる。いわばそこでとらえられている人間は、『資本論』の序文の示すように、「経済的範疇の人格化であり、一定の階級関係と階級利害の担い手(22)」であるかぎりにおけるそれである。もちろんこのような形で、人間が経済的諸関係のなかに完全に組み込まれ、その経済的範疇の人格として典型的にあらわれるのは、資本主義社会においてである。そこにおいては、商品生産を通じて労働生産物の世界が、「それ自身の生命を与えられ(23)」、独立の運動法則にしたがって展開しながら、人間そのものをもかかる関係と運動のなかに組み込んでいくのである。ここにおいてはじめて、かかる運動法則の客観的、科学的把握が可能になるとともに、そこでは人間と人間との関係が商品を媒介として物と物との関係としてあらわれる。これにたいしてマルクスのイメージしている共産主義社会は、生産手段の共有化を通じて、労働生産物の総体を人間の意識的コントロールのもとにおく、自由な人間の共同体である(24)。もちろん、マルクスは『資本論』における資本主義の運動法則の科学的分析にもかかわらず、その止揚のうえに成立する共産主義社会については必ずしも明瞭なイメージをもって示すことはなかった。しかし私有財産(生産手段の私的所有)の廃止なくして、人間の真の解放はありえないと考えていたこと、そしてそこにおいてのみ、これまで存在に拘束されてきた人間が存在を意識的にコントロールし、真の自由を獲得しうると考えていたことは否めない。そうでないかぎり、人間は私有財産の法則にしたがわざるをえないであろう。

## 四　グリーンと社会主義

目的という視点からみるならば、グリーンとマルクスの間にはそれほど大きな距離はないようにみえるかもしれない。グリーンが共同善をみずからの善とし、それによって私的な善の実現が同時に公的な善の実現になりうるような人間存在のあり方を企図していたとするならば、マルクスのばあいにおいても、ある人の所有が他の人の犠牲のうえに成立することなく、個別的労働が同時に普遍的労働として支出されうるような社会組織が企図されていたのである。これは、むしろ社会から切り離された原子論的個人から出発しながら、社会をそのような個人の機械論的結合のうえに成立せしめ、社会をもっぱらそのような個人の欲求実現のための外枠と考えていった近代啓蒙の功利主義的社会像とは異なり、その克服を企図しているものともいえる。(もっとも、マルクスが共産主義のなかに「愛が愛とだけ、信頼が信頼とだけ」[25]交換され、やがては分業による排他的な活動分野の制限もなく、[26]そしてまさに「必要に応じて分配される」[27]ような状態の出現をみているかぎり、われわれはより功利主義の側への傾斜をみることができるかもしれない。)しかし現実の資本主義の分析と、したがってさきのごとき人間結合を可能ならしめる条件については二人はまったく異なっていた。グリーンが現今社会におけるプロレタリアートの存在を、不当な土地占有とその継承、封建的な農奴制の伝統のなかにみ、共同善の観念に基づく所有権の正しき行使と、社会立法を通じてのプロレタリアートの共同善の領域への組み入れのなかに、私的な善が公的な善と結合され、各人の道徳的人格実現の条件が開けてくる可能性をみていたのにたいして、マルクスは人間存在そのものが資本主義的な所有形態のなかに巻き込まれ、およそそのような超越的な理念が動機づけの体系として意味をもつことを否定しながら、むしろ資本主義の進展のなかにプロレタリアートの失業と貧困化、それによる購買力の低下によってもたらされる恐慌の必然性をみ、かかる矛盾の激化のうちに階級闘争の激化と革命の可能性をみていったのである。そこでは理想社会は人びとの道徳意識の進歩とそれによる社会の漸進的改革のうちにではなく、まさに「一種の自然過程の必然性をもって、それ自身の否定を産み出す」[28]資本主義生産の帰結と考えられていった。そしてまたそこでは、階級が存在するかぎり、国家の公共性、一般性は否定され、むしろ階級支配の道具としてとらえられながら、被支配階級による国家の奪取と、社会主義化による階級廃絶のなかに国家の強制的契機の喪失をみていったのである。

このように考えてくるならば、T・H・グリーンは、さきに少しく述べたように、共同善の観念と国家の公共性の強調によって、危機における資本主義の搾取の構造とその矛盾とを隠蔽する反動的なブルジョア・イデオローグということになるであろう。しかしひるがえって、われわれが社会主義をより広いコンテキストにおいて考えるならば、グリーンは一概に反社会主義的と退けえないものをもっていたといえよう。ここで私有財産の廃絶が社会主義の不可欠の要件であるか否かは問わないとしても、われわれは、私有財産の容認が、グリーンの理論からの必然的帰結と考える必要はないであろう（この点、善の多元性を前提とし、ポリスを本来的に異なった要素の複合体 compound としながら、プラトンの共産主義を批判していったアリストテレスと同列とみることはできないであろう）。むしろ、個人の道徳的人格の実現が唯一の究極的価値であり、社会制度がそのための条件であるとしたならば、かかる究極の基準に合せて、社会的不公正や不平等を糾弾し、社会主義的な社会組織を構想していくことも不可能ではないであろう。Ｅ・ケアードは、グリーンの『倫理学序説』（*Prolegomena to Ethics*, 1883）の第五版（一九〇六年）の序文においてつぎのように記している。[29]

「グリーンの人格を生き生きと回想しうる人ならば、かれが倫理という主題において耳を傾けうるべき特別な権利をもっているということをつねに感じるであろうし、かれが理想主義 idealism と実践性 practicality のかれにおける緊密なる混合によってとくに特徴づけられるということが解るであろう。もしかれをきわだたせている第三の資質があるとしたならば、それは特権的な思考を許容しえず、あらゆる階級と個人が人間性のすべての偉大なる遺産に十分に参加することを絶えず望んだきわめて民主的でかつキリスト教的な感情の調べによってである」[30]。

そしてたしかに少なくとも、イギリス社会主義へのグリーンの影響には無視しえないものがあった。このことは、何よりも、「オックスフォードの哲人トマス・ヒル・グリーンがその道徳哲学において、あらゆる人の人格の成長をはかることが社会の目的であるといったことは、われわれの立場の最良の表現であった[31]」というほかならぬS・ウェッブの言葉のなかに端的に示されるといえる。A・B・ウラムもまたその著『イギリス社会主義の哲学的基礎』(*Philosophical Foundations of English Socialism*, 1964)をまずグリーンらの理想主義者より始め、たとえば『フェビアン社会主義論集』(*Febian Essays in Socialism*, 1889)へのグリーンらの影響を強調している[32]。そしてかかる影響はA・D・リンゼイ、R・H・トーニー、G・D・H・コール、H・J・ラスキらのいわゆる二代目のイギリス社会主義の理論的指導者たちによって——時にはより強力に——引き継がれていったのである。これらの人びとのうち、比較的功利主義の影響をもつよく受けたラスキですら、その自由の定義をわれわれがさきに引用したグリーンの積極的な自由の定義より説きおこし[33]、『政治学大綱』(*A Grammar of Politics*, 1925)においては、つぎのようにいっているのである。「自由によってわたくしが意味するのは、そこにおいて人びとがかれらの最善の自己たるべき機会を有するような雰囲気を熱心に維持していくことである。それゆえ、自由は権利の所産である。われわれの能力の十分なる発展に本質的な条件のうえにうちたてられた国家は、その市民に自由を与えるであろう。……それゆえ、自由は積極的なものである。それはたんなる制約の欠如を意味しない[34]」。そしてこれらの二代目の人びとに共通にみられる政治的多元主義の傾向すら、国家の背後により広い社会を想定し、国家をむしろ「諸社会のうちの社会」としたグリーンに繋げることもできよう[35]。

ここで、マルクシズムと較べたばあいのイギリス社会主義の特徴についていうならば、それはさきの『フェビアン社会主義論集』において、ウェッブ自身によってつぎのようにまとめられている。すなわち、それは社会主義を民主主義の発展における不可避の段階と考えるものであるが、その変化は、（1）民主的、すなわち大多数の人びとによって受け容れられかつすべての人の心のなかで準備されているようなもの、（2）なんの断層も生みださないよう、漸進的、（3）人民大衆によって非道徳的とはみなされず、かくて主観的にもかれらを非道徳化することのないもの、（4）イギリスにおいては少なくとも立憲《コンスティテューショナル》的で平和的、でなければならない。[36] そしておそらく、これらの特徴の根底にある理論と歴史のかかわり方からするならば、理論によってまず人びとの意識を変革し、それによって社会制度を変え、歴史を変えていく可能性を信じていたことにあるともいえよう。このことは、一九三〇年代の危機に、マルクシズムにきわめて接近し、ときにはみずからをマルクシストと称したコールやラスキにおいても基本的には変わらないとみることができる。かれらは、いかにその国家の階級的性格やファシズム的状況の分析においてマルクスに依拠し、時には暴力革命の必要すらほのめかしたとしても、基本的には社会主義を現今の体制よりも理念によって優れた進歩の体制とみ、それに向かって人びとの倫理意識に訴えかけようとしたのである。

## 五　むすび

おそらく政策的レヴェルにおいては、生産手段の公有化と計画経済を基調とし、イギリス社会主義とマルクシズムとの間にはそれほどおおきな差はなかったといいうるかもしれない。しかし戦後の資本主義の変貌のなかで、イギリス労働党はかつての社会主義的政策のいくつかを（その一部は実現しつつも）かなぐり捨て、かつてのいまひとつの社会主義政党としての相貌を失っていった。しかし同時にわれわれはこの問題を考えるとき、マルクス主義陣営における変貌をも等閑に付してはならないであろう。二つの戦争のなかで、歴史において初めて実現した社会主義国は、すでに現実化されることによって相対化され、かつまた多様性を余儀なくされている。このことは何よりも、もはや社会主義をたんなる資本主義へのアンチ・テーゼとして正当化することを不可能にしている。むしろ社会主義が資本主義的には後進国に起こったということと相俟って、今日の社会変革がきわめて目的意識的、理念的であること、そして社会主義社会そのものをつねに理念にしたがって検証し、自己創造していくものでなければならないことを示している。いな時には資本主義と社会主義とを問わず、むしろその両者がその上に立脚している近代の科学文明そのものの本質が根本的に問い直されなければならないとき、グリーンの理論は、たんなるブルジョア・イデオロギーとしては勿論、たんなる過去の遺物として廃棄しえないものを含んでいるともいえる。社会を人びとの善の意識の共通性のうえに成立し、歴史をそのような共通の善の実現過程とみるグリーンの理論は、理念をたんに歴史を超越した普遍とみる立場と、理念を喪失し状況（存在）に埋没する立場との両面を批判しながら、歴史の発展における理念の実現の過程を辿りながら、その上で現代を理解し、未来への展望を示すひとつの理論としてやはりいま一度見直さるべきものを含んでいるといえよう。それは二つの科学主義を批判する目的論の復権への可能性を秘めているとすらいえる。

**注**

（1）T. H. Green, *The Principles of Political Obligation*, with an Introduction by Lord Lindsay (London : Longmans, Green and Co., 1941), §213, pp. 212-13.

（2）拙稿「イギリス理想主義と『積極的自由』の概念——T・H・グリーンの場合」（『正義・自由・民主主義』、御茶

の水書房、一九七六年）、四七―四九頁参照。

（3）*The Principles of Political Obligation*, §214, p. 214.

（4）*Ibid.*, §216, pp. 216-17.

（5）*Ibid.*, §214-15, pp. 214-16.

（6）*Ibid.*, §220, p. 219.

（7）Cf. *Ibid.*, §226-27, pp. 224-25.

（8）Cf. *Ibid.*, §229, p. 226.

（9）*Ibid.*, §230, pp.227-28.

（10）Cf. M. Richter, *The Politics of Conscience : T. H. Green and his Age* (London : Weidenfeld and Nicolson, 1964), pp. 274f.

（11）Cf. *The Principles of Political Obligation*, §232, p. 229.

（12）T. H. Green, "Liberal Legislation and Freedom of Contract," *Works of T. H. Green*, Vol. III, ed. by R. L. Nettleship (London : Longmans, Green and Co., 1911), pp. 370-71.

（13）前掲拙稿、七七頁参照。

（14）Cf. M. Beer, *A History of British Socialism* (London : George Allen & Unwin, 1953), Vol. II, pp. 227f.

（15）Cf. K. Marx, *Kritik des Hegelschen Staatsrechts*, *Marx-Engels Werke*, 1 (Berlin : Dietz Verlag, 1974), S. 213. 真下信一訳『ヘーゲル法哲学批判序論』（大月書店、一九五九年）、二四四頁以下参照。

（16）Cf. K. Marx, "Zur Judenfrage," *Werke*, 1, S. 364f. 城塚登訳『ユダヤ人問題によせて』（岩波書店、一九七四年）、四二頁以下参照。

（17）Cf. K. Marx, *Ökonomisch-philosophische Manuskripte*, *Werke*, Ergänzungsband I, S. 514f. 城塚登訳『経済学・哲学草稿』（岩波書店、一九六九年）、九一頁以下参照。

（18）Cf. *ibid.*, S. 571f. 邦訳、一九五頁以下参照。

（19） 前掲拙稿、六五頁以下参照。

（20） K. Marx & F. Engels, *Die deutsche Ideologie*, *Werke*, 3, S.26-27. 古在由重訳『ドイツ・イデオロギー』（岩波書店、一九五六年）、三二―三三頁。

（21） Cf. *ibid.*, S. 46-47. 邦訳、六六―六七頁参照。

（22） K. Marx, *Das Kapital*, I（Berlin : Dietz Verlag, 1973）, S. 16. 向坂逸郎訳『資本論』（岩波書店、一九六七年）、五頁。

（23） *Ibid.*, S. 86. 邦訳、九六頁。

（24） Cf. *ibid.*, S.92-93. 邦訳、一〇三―一〇四頁参照。

（25） *Ökonomisch-philosophische Manuskripte*, S. 567. 邦訳、一八六頁。

（26） Cf. *Die deutsche Ideologie*, S. 33. 邦訳、四三―四四頁参照。

（27） K. Marx, "Kritik des Gothaer Programms," *Werke*, 19, S. 21. 望月清司訳『ゴータ綱領批判』（岩波書店、一九七五年）、三九頁。

（28） *Das Kapital*, I, S. 791. 邦訳、九五二頁。

（29） Cf. Aristoteles, *Politica*, 1261af.

（30） T. H. Green, *Prolegomena to Ethics*, ed. by A. C. Bradley（Oxford : The Clarendon Press, 1906）, p. vii.

（31） 前掲拙稿、八一頁参照。

（32） Cf. A. B. Ulam, *Philosophical Foundations of English Socialism*（New York : Octagon Books, 1964）, p. 77. グリーンのイギリス社会主義者への直接的影響についてはまだ、cf. P. d'A. Jones, *The Christian Socialist Revival, 1877-1914*（Princeton : Princeton University Press, 1968）, esp. pp.169f.

（33） Cf. H.J.Laski, *Authority in the Modern State*（New Haven : Yale University Press, 1919）, p. 55.

（34） H.J.Laski, *A Grammar of Politics*（London : George Allen & Unwin, 1925）, p. 142.

（35） 前掲拙稿、八六―八七頁。

（36）Cf. A. B. Ulam, *op. cit.*, p. 74.

†初出　行安茂・藤原保信責任編集『T・H・グリーン研究』御茶の水書房、一九八二年

# 市民社会の止揚の論理をめぐって——ホッブズとヘーゲル

## 一　序——全体性をめぐって

かつてカール・シュミットは、ヘーゲルと対比しつつ、ホッブズの機械論的国家を批判してつぎのように述べていた。

「機械論にはいかなる全体性も不可能である。同様に個人の物理的生存という純粋の此岸性は、意義ある全体性に到達することはできない。全体性という言葉と概念が重要な意味をもち、誤解をよぶ標語に堕すべきでないとしたならば、全体性は特別の哲学的連関をその基礎にもたなければならない。……ヘーゲルが世界史を導く民族に帰した『現世的神性』(irdische Göttlichkeit) は、『有限的無限』(endliche Unendlichkeit) という特殊な意味における全体性であり、内在と超越の典型的な結合をとくに可能にするものである。それゆえヘーゲル哲学の『現世の神』(irdischer Gott) は、現前せる神 numen praesens であって、代表ではない。これとホッブズの国家哲学の『可死の神』(sterblicher Gott) とはなんの精神的親近性ももたない」[1]。

ここでわれわれは、シュミットがホッブズを拒否し、ヘーゲルに与《くみ》していると考える必要はないであろう。むしろヘーゲルはしばしば、マキアヴェリに発し、ホッブズへと続く近代の権力国家の系譜に位置づけられながら、しかもそれを支えた根本的思考においてまったく異なった地平のもとにあるということを指摘すれば足りる。そしてわれわれにとって重要なのは、ホッブズ哲学およびその国家論の継承者としてのヘーゲルであるよりも、その批判者としてのヘーゲルである。

たしかにホッブズにおいては、少なくともその「自然の王国」に関するかぎり[2]、神は完全に「第一原因」としての地位に放逐され、哲学の対象は、人間が感覚を通じて知りうる有限な此岸の世界に限定されていった。そこでは自然における唯一の存在は物体としてとらえられながら、その物体の機械論的・因果的な運動によってすべての自然現象が説明されていったのである(そしてホッブズのとらえた人間も、このような自然の運動過程に完全に組み込まれた存在であった)。それゆえまたそこでは、個物のみが唯一の実在とされ、普遍は個物に付される名辞の共通性を表わす以外のものではなかったのである。ホッブズの国家は明らかにこのような基本的な思考の反映であり、普遍としての国家は、その代表と人格という擬制にもかかわらず、実際には個人の欲望とそのための手段としての限りなき「力」の追求を、より強力な力の恐怖によって抑える「外的国家」にとどまったのである[3]。かかる国家からはおよそいかなる超越的な契機も失われ、たとえホッブズがかかる国家をリヴァイアサンになぞらえ「可死の神」(Mortal God) とよんだとしても、それが神であるのは、それがなんらかの神性を有するからではなく、もっぱら「この世に比類なき力」を有するからであった[4]。

これにたいしてヘーゲルは改めて絶対者を内在化せしめる。すなわちかれは絶対者を、自己自身でありながらしかも自己自身を対象化しうる、いわば即自且つ対自的な精神におき換えることによって、ここに超越と内在を結合し、普遍と個別の相互浸透を回復しようとするのである。普遍はもはや個別の外にある外的普遍ではなく、個別に内在し、個別の変化を通じて自己を実現していく。個別は普遍から切り離された孤立的な存在ではなく、普遍をおのれのなかに取り込みその実現の過程にある。ヘーゲル哲学の全体は、まさにこのような意味における個別と普遍の相互浸透を達成していく過程であって、それゆえにまたその客観的精神の頂点における国家において個と全体の宥和が完全になし遂げられていくとみるのである。シュミットがヘーゲルのなかに真の全体性の成立をみるのはそれゆえである。

このようにみてくるならば、われわれはその形而上学、自然哲学、人間哲学、政治哲学の全体にわたってホッブズとヘーゲルを対比することができるかもしれない。たしかにホッブズが、近代自然科学の思考を背景にしながら、アリストテレス以来の階層的・目的論的自然像を完全に解体し、その機械論化に成功したとするならば、そしてそのうえにその哲学の全体が組み立てられていたとするならば、ヘーゲルは改めてかかる機械論を批判し、しかもそれを媒介せしめた形で、弁証法的な目的論を組み立てていったのである。そしてホッブズの機械論がまさに封建的共同体からの近代市民社会の解放に対応し、思考のレヴェルにおいてそれを推進するものであったとするならば、ヘーゲルの弁証法的な目的論はかかる市民社会そのものの批判とその止揚を含意するものであったのである。だが、このような哲学の全体にわたって、ホッブズとヘーゲルを対比することが小論の課題ではもちろんない。小論は、もっぱら政治哲学の領域に限定し、ヘーゲルにおけるホッブズ的国家観の克服の論理と構造を探ることを課題としたい。

## 二　倫理的国家と市民国家

ところで、ヘーゲルの国家はしばしばポリス的な古典国家と近代市民国家の批判と総合のうえに成立しているといわれる。このような観点からヘーゲルの国家論を分析し位置づけようとするばあい、おそらく異なった三つの視点が区別されうるであろう。ひとつは西欧精神史における国家観の変遷をポリス的国家の解体と、それによる個の析出および国家の外在化を通じての市民国家の形成、かかる二つの国家像の総合としてのヘーゲルという視点である。ここではホッブズやロックにおいてほぼその全体像が確立された市民国家と、これにたいするルソー以降の批判と総合がロマンティークを介してヘーゲルにおいてひとつの頂点に達したとみることができよう。第二は、このほぼ同じような論理の展開を、ヘーゲル自身の思想形成において辿る視点である。ここでは『初期神学論集』における古典的共和国の讃美から、『ドイツ憲法論』における市民国家を経つつ、やがて『精神現象学』における人倫の王国の再興、『法の哲学』におけるその体系化が問題となるであろう。第三は、もっぱら『法の哲学』に内在しつつ、そこにおける市民国家（社会）の成立とその克服の論理を探るばあいである（これら三つの論理の展開が奇妙な一致を示しているところに、ヘーゲル哲学の基本的な特徴のひとつが現われているといえる）。本稿はこの第二の視点を中心とするものであるが、必要に応じて他の部分にも言及していくであろう。

さて、政治思想史的コンテキストからみて、ホッブズ的な人間像と国家像にたいする最初の全体的な批判者は、すでに少しく述べたように、おそらくルソーであろう。ルソーもまたその政治理論を自然状態の叙述より始める。しかし同時にルソーはホッブズを批判し、その自然状態論は、実際には自然人であるよりも、文明社会に生きそれによって汚染され欲望も拡大した文明人の姿をそのまま自然状態に持ち込んだものにすぎないとするのである。[5] そしてむしろ「自己愛」（amour de soi）と「憐憫」（pitié）という単純な情念の支配下にあり、それらがみごとな調和を保っていた幸福な自然状態から、冶金と農業の発達による生産力の増大とそれによる欲望の拡大、そしてさらにそこからの戦争状態への突入とまやかしの契約による国家状態への移行を歴史的に描き出すのである。ここでひとつ重要なことは、ホッブズが自然状態を回避するべき最悪の状態として描き出すことによって、その国家論が現実の国家を正当化し、それへの服従を義務づけるものとして機能しているのにたいして、ルソーのばあいには、逆に自然状態をひとつの失われた楽園として描き出すことによって、少なくとも『人間不平等起源論』に関するかぎり、戦争状態からの契約による国家の設立が、むしろ不平等と隷属とを固定化するものとしてとらえられ、したがってむしろ現実の国家を告発するものとなっているということである。そしてこれはまた、そこにおいては少数の人間に他のすべての人間が隷属しているという『社会契約論』におけるホッブズ国家論の批判にも通じているといえる。[6] それゆえにこそ、すべての人びとの契約によって設立され、全体の意志でありながら個人の意志であり、決して誤まることなき一般意志によって運営される国家は、かかる現実国家の克服を企図するひとつの理想国家であったのである。そしてルソーが、そのような国家においては、個人は自然的自由を超えて道徳的自由を獲得し、欲望への従属からも解放されるというとき、かかる国家がおおきくポリス的国家をもってイメージされていたことは疑いえないであろう。ここに理想としてのかかる国家が、現実国家の外に、ひとつの抽象として描き出されているということはさて措いても、ルソーにおいて、欲求の主体たる個人に力によって秩序を保障する市民国家と、個人が共通の倫理的理念において結びつく倫理的国家とが対立した形で描き出されていたことは明らかであろう。

ところで、このような二つの国家像の対立は初期ヘーゲルにもそのまま影を落としている。H・ノールによって編纂された『初期神学論集』のうち、ベルン時代に属すると思われる草稿は、カント的な道徳主義の立場に立ってのユダヤ教の律法主義の批判が中心をなすものであったが、ここではまたギリシア人の自由なる精神がしばしばユダヤ人の隷属の精神と対置され、古代ギリシアのポリスがひとつの理想国家として讃美されている。

「かれらは、自由人として、自分自身が定めた法律に従い、自分自身がその指導者として立てた人物に服従し、自分自身が決めた戦争をおこない、自分自身のものたることがらにみずからの財産、みずからの情熱を傾け、幾多の生命を捧げた――かれらは教えも学びもしなかったが、完全に自分自身のものとよびうる徳の原理を行動を通じて実践したのである。公的な生活においても、私的な家庭の生活においても、各人が自由であり、各人が自己の法則に従って生活していた。みずからの祖国、みずからの国家という理念が、そのためにかれが働き、それによってかれが動かされる眼にみえないもの、崇高なものであり、これこそが世界におけるみずからの最終目的、いなその世界の最終目的であった――かれはこの最終目的が現実に現われるのをみ、あるいはみずからそれを顕現し、保持していくことに協力していたのである」(7)。

そしてこのような私的な目的が公的な目的に組み入れられ、両者がみごとな調和を保っている自由なる倫理的国家に、私的な目的と公的な目的とが分離し、たんに財産と生命を保障するにとどまる市民国家（そこにはギリシア・ポリス崩壊後の国家と近代市民国家とが二重写しになっているといえる）が対比されるのである。

「すべての活動、すべての目的が、いまや個人的なことがらにかかわっている。もはや全体のための、ひとつの理念のためのいかなる活動も存在しない——各人は自分のために働くか、それとも他の個人のために働くべく強制されるかのいずれかであった。自分自身が定めた法律に従う自由、平時においてみずからが選んだ官憲にまた司令官に服従する自由、みずからがともに決定した計画を実行する自由は失われてしまった。すべての自由は失われてしまったのである。市民法の保障するのはただ財産保全の権利だけであり、財産がかれの全世界を包みこんでいるのであった[8]」と。

このような二つの国家像は、ある意味では、ヘーゲルののちの全著作活動を貫いているともいえる。しかし、両者の占める位置と、したがってまたその関係は次第に変化していく。すなわち、ヘーゲルが神学的な深まりのなかで、カント的な道徳主義もまた、いまひとつの律法主義であり、内なる律法による裁きの論理に転ずる危険性を内在せしめていることを自覚しながら、いわゆる「愛による運命との宥和」(die Versöhnung des Schicksals durch die Liebe) という境地に到達していったように、現実にたいする抽象的な理想の提示、フランス革命に現われた無規定的で抽象的な自由の主張が、その現実との乖離のゆえに恐怖政治を生みださざるをえなかった事実を自覚しつつ、歴史的現実との宥和を試みていくのである。ここにおいてもなお、ギリシア的な倫理的国家が理想としての価値を失っているわけではない。しかしそれはもはや現実に対比され、たんに現実を裁断するための理想としての位置を失い、むしろ現実の国家を媒介しつつ、そのなかから再生さるべきものとしての位置を獲得していくのである。いわばここでは、「現実との宥和」を介して、空間の論理が時間の論理に席を譲りながら、しかも歴史的現在としての現実は、たんなる理念の喪失の過程としてではなく、ひとつの媒介的な発展の過程としての位置を獲得するのである。そしてこのような転換点に位置するのが、『キリスト教の精神とその運命』（*Der Geist des Christentums und sein Schicksal*, 1798-1800）にわずか遅れて書かれた『ドイツ憲法論』（*Die Verfassung Deutschlands*, 1799-1802）であろう。すなわち、この草稿においてヘーゲルの意図したのは、たんなる規範主義を排しての「存在するものの理解」（das Verstehen dessen, was ist）[9]であったが、同時にそこではたんに経験的事実を現象として外的に描写するにとどまる実証主義も批判され、現実の「内的な論理とその原因」[10]を探ることが目的とされた。そしてそのばあいまず国家の本質を概念規定しながら、それとの関連においてドイツ国家を理解しようとするのである。ヘーゲルによるならば、「ひとつの人間集団は、その所有物の全体を共同で防衛するよう結合されているときにのみ国家」と称することができるものであるが、このばあいかかる結合は「防衛せんとする意図」だけでは不十分であり、「現実の武力をもって」防衛がおこなわれなければならない[11]（ここでかかるヘーゲルの国家の概念規定がたんなる権力国家［Machtstaat］であるか、それともなおも法治国家［Rechtsstaat］であるかはひとまず問わないことにしよう）[12]。いずれにせよヘーゲルが、このように共同で所有物を防衛せんとする意志と現実の武力とをもって国家の本質的要件とし、これにたいして最高の国家権力の所在、民法や司法さらに度量衡や貨幣の同一性、政治参加の様式と程度、行政の形式、物質的・精神的不平等の存在、課税の公平、習俗・教養・言語の同一性、宗教の同一性、などをいずれも偶然的な要件とするとき、かかる国家が、かの倫理的国家よりも市民国家のイメージに一致することは明らかであろう。いうならば、ここでは近代社会における差別化の傾向、公的なことがらと私的なことがらとの分離を不可避なものとして認めながら、しかもそれゆえにまた所有物の共同防衛に国家の本質的なメルクマールを置いているのである。そしてこのような概念基準に照らしたとき、ドイツは私法の支配するアナーキーの状態であり、「ドイツはもはや国家ではない」[13]ということにならざるをえないといいつつ、かかるドイツの近代的組織化のために軍隊組織の整備と統一的な財政制度の確立を急務として掲げるのである。

このような基本的な立場は、『人倫の体系』（*System der Sittlichkeit*, 1802-3）や『イエナ実在哲学』（*Jenaer Realphilosophie*, 1803-4, 1805-6）においても変化しない。しかしここでは古典派経済学の吸収を通じて市民社会そのものの哲学的分析が深まり、それとともにかかる市民社会そのものを介しての普遍の回復という問題がより明瞭に浮かび上がってくるのである。すなわち、そこではヘーゲルは近代社会における自然領有の形態としての労働と所有の問題より説きおこしながら、市場を通じての個人の相互依存関係を明らかにしていく。しかし同時に市民社会的分業のもとにおいては、個別的労働が抽象的・社会的労働として支出されざるをえないことを説き明かしつつ、かかる市場のメカニズムへの人間の従属をも明らかにしていく。そしてまたそこでは、必然的に富の不均衡と貧困が現出せざるをえないことを示しつつ、かかる市民社会の分散的・遠心的傾向にたいする統合の体系として国家が考えられていくのである。いわば国家は、課税や価格統制、福祉行政という形を通じて社会に介入せざるをえないものとされている。このように考えるとかかる国家もまた基本的には市民国家であったが、しかし同時に、かかる国家そのものがすでにたんなる外的な機構ではなく、個人の主観的意志の対象化としての性格を少なからず備えていることにも注意しなければならない。そしてそれはルソーを批判しながら展開する一般意志の理論のなかに端的に現われているといえよう。すなわち、一般意志を抽象的な個人の構成物としたルソーと異なって、ヘーゲルは一般意志をすでに歴史における形成物、つまり承認をめぐる人間のさまざまの闘争過程の生成物としながら、かかる一般意志への個人の参加を教養（Bildung）としてとらえるのである。「一般意志はそれが原理および要素として現われるためにはまずそれ自身を個人の意志から一般的なものとして構成していかなければならないが、しかし逆に一般意志こそ第一のものであり本質的なものである。そして個人は自己否定を通じて、つまり外化（Entäußerung）と教養（Bildung）を通じてみずからを一般的なものに作り上げていかなければならないのである」(14)。ここではすでにいわゆる個別意志と一般意志の相互浸透という問題が顔をのぞかせているともいえよう。もっともここではなおも、のちのヘーゲルにおけるいわゆる市民社会と国家の分離の問題がはっきりとは現われてはいない。したがってまた市民社会の止揚という問題がはっきりと登場してはいない（その点では過渡的・準備的性格は否めないであろう）。市民社会の内在的止揚と人倫の王国の回復という問題が登場するのは『精神現象学』（*Die Phänomenologie des Geistes*, 1807）においてであり、とりわけその行為的理性の部分においてである。

## 三　教養過程と人倫

もともと『精神現象学』は、自己意識が対象の世界を完全にわが物とし、いわば意識と対象とが完全に一致する絶対知にいたるまでの精神の運動過程を述べたものであるが、同時にそれはすでに少しく述べた意味での個別と普遍の相互浸透が成立し、ヘーゲル的な意味での無限性が成立する過程を描いたものであるといえる。そしてさきの行為的理性の部分は、外なる自然認識の世界に真の無限性を実現しえなかった自己意識がおのれのうちに折れ返り、社会的実践の領域において自己を実現していく過程を描き出すのである。すなわち、そこではヘーゲルは、まず直接的で個別的な自己意識から説きおこしながら、それが個としての自律性を保ちながらしかも他との絶対的統一のうちにある人倫の王国を発見していく過程を描き出すのである。つまり、「快楽」（die Lust）、「心の法則」（das Gesetz des Herzens）、「徳」（die Tugend）という形をとった個別的な自己意識が、自己を実現せんとして社会に向かいながら、挫折し、挫折することによってそれを乗り超え新しい形態に到達し、最終的には社会との宥和がなし遂げられる過程が描き出されるのである。

まず、他の自己意識のことを顧慮することなく、もっぱら対象的世界に自己を実現しようとする「快楽」の段階における自己意識は、その結果として必然的に社会的関係のなかに巻き込まれ、自己を無きものにするか社会関係に屈服するかの岐路に立たされる。そこで自己を貫徹しながらしかも社会関係に自己を適合させるためには、みずからのうちに直観的に正しいと信ずる「心の法則」を設定し、これによって社会変革を企てることになる。いわば、みずからの「快楽」を普遍化し、人類全体の福祉を企図するものとしての「心の法則」である。しかしこのばあいにも、かかる法則の普遍性は無媒介的で抽象的な主観のうちに立てられたものにすぎず、それが現実化されるや、現実の壁のなかで変質せしめられるのみならず、生みだしたものそのものが自己によそよそしい対立として立ち現われざるをえないことを知る。いわば現実そのものが、各人の「心の法則」の織りなす万人に対する万人の闘争であることを自覚せしめられる。かくてここでも自己意識は、自己の「心の法則」を放棄し、他人の法則に屈するか、それとも自己の法則を貫き他人を否定するかの岐路に立たされる。しかし後者を続けるかぎり、万人に対する万人の闘争は継続し、破滅に陥らざるをえないであろう。そこでかかる自己意識は、そのような「心の法則」の相互的な闘争のなかで、改めて自己を普遍化し、それによって現実そのものの変革を企てる。つまり自己と他者が完全に宥和しうる社会の実現を企てるのである。これがヘーゲルのいう「徳の騎士と世路との闘い」である。だがこのばあいにも、自己意識の掲げる「徳」は、現実性を欠いた抽象的で無規定的なものにすぎず、ヘーゲルによればそれによる容赦なき世路の攻撃は、「その間における唯一の関心事は、剣を磨いておくだけの剣闘士のようなものであるだけではなく、……もっぱら武器を守るために戦いを開始した」(15)ようなものである。そこでかかる「徳」という形をとった自己意識も、現実の前に敗北し、それに屈する。つまり「世路」の世界が自分が思っていたほど悪いものではなく、むしろ「世路」にこそ普遍と個別の相互浸透が存在することを自覚せしめられるのである。

このようにして、現実の世界に屈し、現実の世界に身を置きながら、そこにおいて自己を実現していく意識の形態をヘーゲルは「即自且つ対自的に実在的であることを自覚している個体性」とよび、そこにおいて個別と普遍、即自と対自、主観と客観が相互浸透しているさまをつぎのように説明する。「目的および即自存在であるものが、他者に対する存在および前に見出された現実と同一であることが明らかになったのであるから、もはや真理は確信から分離してはいない。……即自且つ対自的に本質で目的であるものが、そのまま直接的な実在自身の確信であり、即自存在と対自存在との、普遍的なるものと個別的なるものとの相互浸透である」(16)。このようにしてここでは、個別的な自己意識は、現実そのもののなかに身を置き、かかる現実のうちに目的を見出しているのであるから、それがなすことはそのまま普遍の実現であるようにみえる。しかしこのばあいにおいては、かかる意識の担い手はなおも個別的な自己意識であり、なおも共同的な意識にまで高められてはいない。つまりそこでは個別的な自己意識は現実のうちに見出すみずからの目的を普遍的な目的として確信し、自己を実現していくにとどまる。そしてそのかぎりにおいてなおも私的な目的と公的な目的との衝突は存続するのであり、かかる個別的な自己意識の運動を共同的な意識に高めるための、さきと同じような弁証法が繰り返されていくのである。

すなわち、自然的に与えられた素質や才能、環境を用い、みずからが目的を立て手段を選択し結果を享受していく自己意識は、同様な運動を繰り返す他者との衝突を通じて、目的—手段—結果という契機の統一の喪失を経験する。そこでここでもまたかかる統一を回復し、目的の実現をはかるためには、自己の目的の普遍化をおこなわざるをえない。かかる普遍化された目的がヘーゲルのいう「事そのもの」（die Sache selbst）である。しかし「事そのもの」の実現をめざす誠実な自己意識の運動もそれが個別的なものにとどまるかぎり、実際にそこに現出するものは、ばらばらになった契機の入れかえにすぎない自己欺瞞とそして相互欺瞞である。（ヘーゲルがここで具体的に考えていることは、他人のためになされた目的が結局は自分のためにすぎなかったり、逆に自己のためにした目的が他人のためであったりという、孤立的な自己意識の混沌たるからみ合いにおける市民社会の運動であり、ここにもまた一種の万人に対する万人の闘争がみられる。）そこでここから脱出する道もまた、さらに「事そのもの」を主語化し、普遍化しながら、それ自体の実現に努力することである。そしてこのようにして成立する意識の形態をヘーゲルは立法的理性（die gesetzgebende Vernunft）および査法的理性（die gesetzprüfende Vernunft）とよぶのである。立法的理性によってヘーゲルの意味しているのは、たとえば「各人は真実を語るべきである」とか、「汝自身のごとく汝の隣人を愛せよ」というごとき純粋規範を普遍的な目的とする意識の形態である。しかしかかる規範の普遍性はあくまでも形式的なものにとどまり、具体的、現実的な内容をもたない。そしてこのような形式に具体的な内容を当てはめ検査する意識の形態をヘーゲルは査法的理性とよぶのである。しかしヘーゲルによればもともと立法的理性の立てた規範がまったくの形式にすぎず、内容と没交渉であるかぎり、ここでは相対立し矛盾する内容が交互に当てはめられることになる。たとえば、財産の私有と共有がともにさきの形式に合致したものとして提出されうるというのである。そこでこのような矛盾を回避するためには、立法と査法が相互に補完され、形式と内容がつねに一致するような場が設定されなければならない。そしてそのためにはまたこれまでの意識の個体性が克服され、それ自身が共同的なものに高められなければならない。ここに初めて人倫への道が開かれてくるというのである。

「こうして精神的実在は第一には自己意識に対して即自的に存在する法則としてある。形式的であり即自的に存在するものではなかった査法の普遍性は止揚せられたのである。同様にまたそれは永遠の法則であり、この法則はこの個体の意志のうえにその根拠をもつのではなく、即自且つ対自的に存在するものであり、あらゆる人の絶対的な純粋な意志であり、それが直接的な存在の形式をもつのである(17)」。

ここに存在するものは個体の主観的意志ではなく、すべての人間の共同的意志であり、しかもそれは現実のうちに客観的根拠をもつ人倫の王国にまで高められているというのである。そこにおいては、かかる人倫を体現するかぎり、個体の意識は同時に普遍的な意識であり、そこには個別と普遍、主観と客観のいかなる対立も存在しない。

このようにしてヘーゲルは、まったく主観的にして個別的なものから出発した自己意識が、人倫の意識にまで高められていく過程を描き出す。それは個別的な目的の相剋のゆえに万人に対する万人の闘争に陥らざるをえなかった市民社会のなかで、そのような個別性と主観性を止揚していく意識の運動であり、市民社会の分裂の止揚の運動である。もちろんそこにおいてはヘーゲルは、『イエナ実在哲学』や『人倫の体系』におけるごとく、直接的な欲望や労働、および所有というような概念を用いながら市民社会の運動とその止揚の論理を示しているわけではない。むしろそれは市民社会における人間の精神の運動を叙述したものであり、それは「精神の現象学」という主題からの当然の帰結といえる。いずれにしても、そこに市民社会の分裂を超えて人倫の王国が再興せられていることは疑いえない。

## 四　市民社会と国家

ところで、以上のような自己意識の運動は、いっけん、「万人に対する万人の戦争」の自然状態より出発しながら、そこにおける自然権の相互破壊を回避するために自然法を発見し、それに導かれて契約による国家の設立へと進むホッブズの論理の展開に共通するようにみえるかもしれない。しかしホッブズのばあいには、最初から最後まで、「欲求」を追求し「嫌悪」を逃れながらそれによって生命活動を営んでいく各人の自己保存権が唯一の目的であり、およそそこには目的の普遍化や公的目的の内在化はみられない。ホッブズが唯一の道徳的規範とする自然法とて、もはや人びとがそれを目的としその実現に向かって努力すべき究極の価値ではなく、たんに自己保存の自然権をよりよく実現するための平和の規則にすぎず、国家もまた個人の内面的価値から切り離されたたんなる外的な機構にとどまるのである。[18] つまり自然法も国家も、自然権の相互破壊を回避し、その合理的な実現のために自然権の制限として現われる手段の体系にとどまるのである。それゆえに自然法は他人にたいして積極的に善をなすよりも、悪をなすことを禁ずる禁止命令であり、かくて自由と法は対立せしめられ、個人は法（国法も含めて）の沈黙しているところにおいてのみ自由を有することになるのである。[19] われわれはここにまさに市民的な道徳と国家の本質をみるであろう。これにたいしてヘーゲルのばあいには、すでにみたように、自己意識の運動過程は明らかに目的の普遍化の過程であり、目的の段階的普遍化の過程を経ながら、公的な目的と私的な目的とが相互浸透しあう人倫の達成過程なのである。それゆえにこそすでに国家と個人の自由は対立物ではなく、まさに国法のなかに個人は自己の実現をみるのである。いまここでＺ・Ａ・ペルチンスキーにならって、自由の概念を、（１）自己の欲することをなし、外的な物件のなかに人格を表現するうえにおいて障害のない状態、(2)自己の立てた道徳的律法をみずからが実現していく意志の自律、(3)他者との共同的存在性を確信しながら、みずからが十分に自覚化し理解した共同体の目的をみずからの目的とし、その実現に努力する状態、[20]に分けるならば、のちの『法の哲学』の抽象法、道徳、人倫という構造に対応したこの自由の概念は、思想史的にみてまさにホッブズ─ロック的な自由、カント的な自由、そしてヘーゲル的な自由を表わすものとみることができよう。

もっとも、思惟とその対象とが完全に一致し、存在の世界が完全に概念においてとらえられうる絶対知(これこそ哲学的な知であるが)の成立過程を跡づけた『精神現象学』においては、なおも市民社会と国家が明瞭に区別されず、したがって国家が市民社会の分裂を止揚し、真の人倫を回復するものとして現われてはいない。その意味では、この二つが概念的に区別され、弁証法的な構造のなかに位置づけられるようになるのは、のちの『エンチクロペディ』(*Enzyklopädie der philosophischen Wissenschaften im Grundrisse*, 1817)においてであり、とりわけ『法の哲学』(*Grundlinien der Philosophie des Rechts*, 1821)においてである。そして『法の哲学』の構造からいうならば、ホッブズ的な社会理論はほぼ完全にそのいわゆる「市民社会」(die bürgerliche Gesellschaft)のなかに包摂されうる。(もっとも抽象的人格の外的物件への自己の表現としての所有、それを介して他人と取り結ぶ関係としての契約、かかる契約違反としての不法という形に展開される抽象法の段階が、ホッブズの理論、とりわけその自然状態論に一定の対応をもつことも明らかである。しかしのちにもみるように抽象法そのものが市民社会からの一定の概念的抽出物にすぎない。)

周知のように、ヘーゲルにとって市民社会は、家族の段階において直接的な形で存在した人倫的一体性の喪失態であり、欲求の主体としての特殊的人格の織りなす「欲求の体系」(das System der Bedürfnisse)である。

しかし市民社会がこのような特殊性の跋扈《ばっこ》にのみ委ねられているかぎり、そのような特殊的な欲求の相互衝突のなかで、市民社会そのものが自己崩壊せざるをえない。それゆえに市民社会においても、そのような特殊的人格を相互に媒介させ、一定の依存関係を保持するための普遍性が要求されるのであるが、かかる普遍性は特殊性を力で抑える外的な普遍性にすぎない。かかる外的な普遍性をヘーゲルは、いわゆる強制国家(der Notstaat)、悟性国家(der Verstandesstaat)とよぶのである。[21] しかし、司法活動、福祉行政《ポリツァイ》、および職業団体《コルポラツィオン》を通じての調整にもかかわらず、それらがまさに外的普遍としての作用にとどまるかぎり、市民社会の本質を少しも変えるものではない。逆に市民社会がその妨げられることなき活動を続けるかぎり、一方においてはたしかに人間の連関および人間の欲求充足の普遍化による富の増大をもたらしながらも、他方においてはかかる富に縛りつけられた階層の隷属と窮乏が増大し、かつまた道徳的荒廃の光景を呈さざるをえなくなるというのである。

かくしてかかる市民社会の分裂を止揚し、真の人倫的一体性を回復せしめるものこそ、まさしく国家にほかならない。国家はまさに、「人倫的理念の現実性」[22]であり、個人が「客観性、真理性、人倫性をもつのは、国家の一員たること」[23]によってである。ヘーゲルにとって国家は契約というごときたんなる個人の恣意の所産ではない。それは自由なる意識が作り出した第二の自然であり、歴史のなかで生成され蓄積された倫理的理念の現実態なのである。ホッブズやロックの契約論的国家にたいするヘーゲルの批判は、まさにこのことを端的に伝えているといえよう。

> 「近年、国家を万人の万人との契約とみなすことが、非常に好まれている。……このような見解は、異なった意志の一つの統一だけが表面的な仕方で考えられているにすぎないということに由来する。……だが、

国家においては、これはまったく違っている。けだし、ひとは自然の面ですでに国家の市民であるから、それを国家から切り離すことは個人の恣意のなしうることではない。人間の理性的規定は、国家のなかに生きることである。……国家を建設することが万人の恣意のうちにあるということはまったく間違いである。むしろ、国家のうちにあるということが各人にとっての絶対的な必然なのである(24)」。

このようにしてわれわれはここに、すでにルソーにおいて少しくみられた人倫的国家の再興をみるのである。しかもそれはルソーのごとく現実との対極に描き出された抽象的理想ではなく、まさに歴史的現在における国家である。

もともと、『法の哲学』は、存在するものを理性にしたがって概念において把握するというヘーゲル哲学の基本的な命題にしたがって、近代国家の構成とその内的な仕組みをあますところなく描き出す試みであるといえる。もちろん、かかる近代国家が具体的な形でその全貌を明らかにするのは、まさに最後の段階においてである。その意味では抽象法に始まり、道徳を経て人倫にいたる過程は、近代国家のきわめて抽象的な契機から出発しながら、そのもっとも具体的な形態にいたる過程であるといえる。もちろん、その過程において止揚（aufheben）という言葉によって表象されるように、その前の段階の諸契機は、それ自体としての存在は否定されながら、しかも保存され、次なる段階におけるその有機的な構成要素となっていくのである。それゆえに市民社会とその諸契機は廃棄されるのではない。それはそれ自体としての存在は否定されながらも、次なる国家においてその構成要素となっていくのである。それゆえにこそ、そこにその再興をみるヘーゲルの倫理的国家は、決してたんなるギリシア・ポリスの再興ではない。それは市民社会を媒介しての再興である。かくてヘーゲルによれば、「近代国家の原理のもつとてつもない強さと深さは、主観性の原理を人格的特殊性という自立的な極点にまで完成せしめながら、同時にこの主観性の原理を実体的統一に帰入せしめ、かくして主観性の原理そのもののうちにこの実体的統一を保持するということにある[25]」ということになるのである。このことはまた、そこにおいては特殊性が特殊性としての存在を認められず、完全に普遍性のなかに呑み込まれてしまっているというヘーゲルのプラトン国家にたいする批判[26]によっても示されているといえよう。このようにしてわれわれがすでに用いた表現を用いるならば、近代国家においては「普遍性と個別性が相互に浸透しあい一体性をなしている[27]」ということになる。

## 五　結――ヘーゲルとマルクス

だが、ヘーゲルが国家の理念の具現態と考えた政治的心術（die politische Gesinnung）としての愛国心と有機的な国家組織（die Verfassung）とによってはたして市民社会の分裂は止揚されうるであろうか。市民社会の主観性および特殊性という分裂的契機は実体的統一へともたらされうるであろうか。かかる統一をもたらすべき国家が、君主権によって立法権と行政権とを総攬せしめ、さらにまた上院そのものも世襲貴族によって構成せしめる、等々きわめて封建的色彩の強いものであったということはさて措いて、ヨーロッパの国家思想史を、特殊が普遍のなかに埋没していたギリシア・ポリスから、特殊性が解放された近代市民国家、そしてこの特殊性が保持されながら普遍性との統一へと帰せしめられていく過程として描き出し、みずからをその最後に位置せしめるヘーゲルが、市民社会の分裂を眼のあたりにみながら、その止揚をみずからの国家論の課題としたことは疑いえない。そしてこの点では、マルクスのいうように、ヘーゲルにおいては思惟とその対象との関係が転倒し、思惟の自己展開のための契機としてのみ対象がよび求められていったというよりも、(28)絶対化された国家による市民社会の止揚がヘーゲル国家論の根本的な目的であったのである。もちろん、かかる国家による市民社会の止揚が、実際には、市民社会の分裂を覆い隠す観念的構成物にすぎないことが明らかになっていったとき、まさにマルクスによって市民社会そのものの組み換えによるその内在的止揚が企てられていくのである。しかし普遍と特殊の相互浸透による市民社会の止揚という基本的な視点がヘーゲルにおいて完全に成立しているということは疑いえない。

**注**

（1）Carl Schmitt, "Der Staat als Mechanismus bei Hobbes und Descartes," *Archiv für Rechts- und Sozialphilosophie*, Bd. 30 (1936-7), S. 167. 長尾龍一訳『リヴァイアサン』（福村出版、一九七二年）、一三一頁参照。

（2）拙著『近代政治哲学の形成――ホッブズの政治哲学』（早稲田大学出版部、一九七四年）、二六九頁以下参照。なお筆者のホッブズ解釈の基本的立場については同書を参照されたい。

（3）同書第六章、二一一頁以下参照。

（4）同書、二三三頁参照。

（5）Cf. J.-J. Rousseau, *Discours sur l'inégalité*, *The Political Writings of Jean-Jacques Rousseau*, ed. by C.E. Vaughan (Oxford: Basil Blackwell, 1962), Vol. I, pp. 159-60. 本田・平岡訳『人間不平等起原論』（岩波文庫）、六四―六五頁。

（6）Cf. J.-J. Rousseau, *Du contrat social*, *op. cit.*, Vol. II, p. 25. 桑原・前川訳『社会契約論』（岩波文庫）、一七頁。

（7）Herman Nohl, *Hegels theologische Jugendschriften* (Frankfurt am Main: Minerva GmbH, Unveränderter-nachdruck, 1966),

S. 221-22. 久野・中埜訳『ヘーゲル初期神学論集』（一）（以文社、一九七三年）、二四一―四二頁（ただし訳文は必ずしも同じではない。以下同様）。

（8）*Ibid*., S. 223. 邦訳、二四四―四五頁。

（9）G. W. F. Hegel, *Die Verfassung Deutschlands*, *Werk*, 1 (Frankfurt am Main : Suhrkamp Verlag, 1971), S. 463. 金子武蔵訳『ヘーゲル政治論文集』（上）（岩波文庫、一九六七年）、五二頁。

（10）Cf. Shlomo Avineri, *Hegel's Theory of the Modern State* (Cambridge : Cambridge University Press, 1972), p. 38.

（11）G. W. F. Hegel, *Die Verfassung Deutschlands*, *op. cit*., S. 472-73. 邦訳、六四頁。

（12）Z. A. Pelczynski は "Machtstaat" よりも "Rechtsstaat" としてとらえる。Cf. Z. A. Pelczynski, "The Hegelian Conception of the State," *Hegel's Political Philosophy : Problems and Perspectives*, ed. by Z. A. Pelczynski (Cambridge : Cambridge University Press, 1971), p. 3.　しかし Shlomo Avineri のように力（power）の要素を軽視し、共通の意志（common will）のみを国家の基礎としていたととらえるのも必ずしも正しくないように思われる。Cf. Shlomo Avineri, *op. cit*., p. 41. むしろ Jakob Barion のいうように法（権利）の源としての権力を保持せる普遍者の不在のなかに当時のドイツの非国家性をみていたことは疑いえない。Cf. Jakob Barion, *Hegel und die marxistische Staatslehre* (Bonn : H. Bouvier u. Co. Verlag, 1963), S. 31.

（13）G. W. F. Hegel, *Die Verfassung Deutschlands*, S. 461. 邦訳、四九頁。

（14）G. W. F. Hegel, *Jenaer Realphilosophie* (Hamburg : Felix Meiner Verlag, 1969), S. 245.

（15）G. W. F. Hegel, *Phänomenologie des Geistes* (Hamburg : Felix Meiner Verlag, 1952), S. 278. 金子武蔵訳『精神の現象学』（上）（岩波書店、一九七一年）、三八九頁。

（16）*Ibid*., S. 283-84. 邦訳、三八七頁。

（17）*Ibid*., S. 310. 邦訳、四三八頁。

（18）前掲拙著、第五、六章参照。

（19）Cf. Thomas Hobbes, *Leviathan*, ed. by Michael Oakeshott（Oxford : Basil Blackwell, 1951）, pp. 138-89. 水田・田中訳『リヴァイアサン』（河出書房、一九六六年）、一四一－四二頁。

（20）Cf. Z. A. Pelczynski, *op. cit*., p. 9.

（21）G. W. F. Hegel, *Grundlinien der Philosophie des Rechts, Werke*, 7（Frankfurt am Main : Suhrkamp Verlag, 1970）, §183, S. 340. 藤野・赤澤訳『法の哲学』（中央公論社、一九六七年）、四一四頁。

（22）*Ibid*., §257, S. 298. 邦訳、四七八頁。

（23）*Ibid*., §258, S. 399. 邦訳、四八〇頁。

（24）*Ibid*., §75 Zusatz, S. 159. 邦訳、二七七－七八頁。

（25）*Ibid*., §260, S. 407. 邦訳、四八八頁。

（26）*Ibid*., §184, S. 341. 邦訳、四一六頁。

（27）*Ibid*., §258, S. 399. 邦訳、四八〇頁。このことはヘーゲル哲学の基本的な立場にかかわるのであって、ヘーゲルがその著作を貫いて繰り返し批判しているのは、個を個として放置する分析悟性の立場と、分析を媒介することなく全体性を回復せんとする直観主義（ロマンティークもそのひとつとみることができる）の立場である。

（28）Cf. Karl Marx, *Kritik des Hegelschen Staatsrechts*（Berlin : Dietz Verlag, 1970）, S. 213. 真下信一訳『ヘーゲル法哲学批判序論』（大月書店、一九五九年）、二一一－二一二頁。

†初出　田中浩責任編集『トマス・ホッブズ研究』御茶の水書房、一九八四年
（初出表題「ホッブズとヘーゲル――市民社会の止揚の論理をめぐって」）

# 理想主義と政治思想の交渉——ヘーゲルとグリーン

## 一

かつてB・ラッセルは、哲学と政治思想の関係に言及し、概していって、経験主義《エンピリシズム》は民主主義と理想主義《アイディアリズム》は全体主義と結びついてきたという事実をあげながら、経験主義のみが、民主主義を支えうる唯一の哲学であるとした[1]。たしかにラッセルのいうように、デモクリトスをプラトンと、ロックをヘーゲルと対置したとき、前者がより多く自由主義ないし民主主義と、後者がより多く権威主義ないし全体主義と結びつく論理の構成をとっていることは否めないであろう。このことは戦後、いかにプラトンのうちに民主主義を支える精神を見出そうという試みがなされ、ヘーゲルをヨーロッパの正統的な自由主義の継承者として解釈しようという試みがなされてきたとしても変わらない。はたして理想主義的でありながら、しかも自由主義的で民主主義的であることは不可能であろうか。

ここでラッセルが理想主義によって意味するものは、すでに哲学とともに始まったものであり、「宇宙の本質および宇宙における人間の位置に関する教義と、何が最善の生き方と考えられるかを教示する実践倫理とを結合しようという試み」[2]に由来している。そしてそれは伝統的な価値体系が崩壊し危機に瀕したとき、新たに統一的な世界観的根拠を提供しようという倫理的・宗教的動機に発している。これにたいして経験主義によって意味するものは、ほぼ科学の方法と同じであり、「問題を明確に諸問題に分割し、試行《テンタティヴリィ》的に、部分的に、しかも継続的に前進すること」[3]を旨とし、確固不動の原理にもとづく世界観的体系をうち建てようとはしない。そしてラッセルが、経験主義が論理的にも心理的にもより多く自由主義と結びつくというのは、かかる経験主義の方法が自由主義の相対主義と寛容の精神に通ずるからにほかならない。だが、「宇宙の本質および宇宙における人間の位置」、それゆえにまた「最善の生き方」、つまり世界観的根拠への問いを欠いた経験主義、科学主義は、はたして民主主義を支えるに十分であろうか。

本稿の課題は、ヘーゲルとグリーンを取り上げながら、これらの問いにたいするひとつの解答の可能性を探ろうとすることにある。つまり、かれらがかかえた歴史的課題とそれにたいするかれらの解答、それを支える基本的な思考を比較しながら、それと政治思想との関係を明らかにしようとするものである。[4]

## 二

さて、ヘーゲルの公刊された著作、すなわち、『大論理学』、『エンチクロペディ』、『法の哲学』のいずれの序文においても、語られているひとつの中心的テーマは、啓蒙主義とロマン主義、つまり分析的思惟と直観主義への批判であるが、これはすでに『精神現象学』（一八〇七年）の序文に現われている。すなわちそこにおいてヘーゲルはまず、生命体をその部分に分割し、神経、筋肉、骨格等々をそのまま没概念的に記述していく解剖学のごときを、「正当な学の名」[5]に値しない部分的な知識のよせ集めにすぎないと批判する。それは存在を生命なき客体としてとらえ、その有機的連関を破壊するものにほかならない。それゆえにかかる啓蒙の分析的思惟にたいするリアクションとして起こったロマン主義に一定の評価を与える。それは精神の本質的な自己喪失を自覚し、その「感性的なるもの、低俗なるもの、個別的なるものへの惑溺」[6]から解き放ち、それをいま一度、天上の世界に向け、実体的で堅固なもの、全体性の場を回復しようとする懸命の努力である。しかしにもかかわらず、それは失われたこれらのものを「美しきもの、聖なるもの、永遠なるもの、宗教、そして愛」という形で直観を通じて回復しようとするかぎり、存在のもつ有機的連関を回復することにはならない。いな、それは、みずからがとらえた絶対者をもって「すべての牛が黒くなる暗夜」[7]のごとくすべてを説明し尽そうとしているかぎり、存在を素通りしたいまひとつの形式主義にほかならない。かくてヘーゲルはいう。

「真なるものは全体である。しかし全体とは、ただ自己展開を通じておのれを完成する実在のことにほかならない」[8]。

「およそ精神の力は、ただその発現に正確に比例してのみ大きいのであり、精神の深さは、ただおのれを展開して拡がり、おのれを失うのをあえてするのに比例して深いのである」[9]。

精神が、分裂し差別項を生みだしつつ、しかも統一へと還帰する運動としてあるときにのみ存在が真なるものとして姿を現すのは、すべての存在において部分と全体は相互に包摂しあい有機的連関のうちにあるからであり、普遍的なるものと特殊的なるものとが相互滲透のうちにあるからである。（啓蒙の分析的思惟においては、特殊＝個別のみが唯一の実在とされ、普遍は外的、抽象的なるものとして放擲された。これにたいしてロマン主義においては、普遍的なるものは特殊＝個別的なるものを介することなく、即自的に回復されたといえる。この意味においてヘーゲル哲学のうちに啓蒙主義とロマン主義の内的結合をみるのも間違いとはいえない。）では、ヘーゲルのかかる存在把握の道徳的、政治的含意はいかなるところにあったであろうか。

ヘーゲルが、カント的道徳主義の立場より出発したというのは正しい。テュービンゲンからベルン、フランクフルト時代にかけての初期ヘーゲルの草稿は、いずれも編集者H・ノールによって神学的な表題が付されているけれども、内容的には必ずしも宗教論そのものではなく、むしろ道徳主義にもとづく宗教解釈であった。「人間の最高の目的は徳であり、そしてかかる目的を促す人間の素質のなかでも、宗教への素質は、もっともすばらしい素質のひとつである」(10)。それゆえにそこではイエスは、福音による救い主としてよりも、ユダヤ教の律法主義を批判した徳の教師として描かれていた。そしてそれゆえにまた、イエスと同じくソクラテスにたいしても高い評価がよせられ、むしろギリシア・ポリスはカント的な道徳主義が具現した共同体としてある種の憧憬をもって眺められていた。そこでは各人は、自由でありながら、しかも公的な目的をおのれの目的とし、公的決定にみずからが参加する一種の倫理的共同体が成立していたのである。これにたいして、ギリシア・ポリスおよびローマ共和制の解体後の西洋世界は、まさにかかる共同体が崩壊し、各人がおのれの生命と財産にのみ執着し、社会を外的な手段へと疎外した世界であった。そしてこれが啓蒙の時代まで続いていくのであり、これにたいしてフランス革命はある意味においては、かかる自由を回復し、人間の理性が歴史を変革する新しい時代の曙であった。そしてフランスにおいて現実においてなし遂げようとしていることを、まず観念の世界でなし遂げようとしたのがドイツにおけるカント哲学であった。「カントの哲学とその最高の完成から、わたくしは、ドイツにおけるひとつの革命を期待しているのであり、かかる革命は、すでに現存しており、普《あま》く《ね》手を加えられ、これまでのすべての知識に適用されさえすればよいものである」[11]。そしてひと度観念の世界が変革されるならば、現実はそのままではとどまりえないものと確信していたのである。

しかしやがてフランス革命がロベスピエールの独裁を生みだし恐怖政治に転ずるや、フランス革命にたいするヘーゲルの熱狂も急速に冷えていく。そしてそれはカント的道徳主義への懐疑をよび起こしていった。このことをもっともよく表現しているのが、かの『キリスト教の精神とその運命』（*Der Geist des Christentums und sein Schicksal*, 1798-1800）であった。ここにおいても、他律的な律法に従属させ自由を奪うものとして、ユダヤ教の律法主義の批判より始められる。しかしここではかかる律法主義に対置されるものはもはやカント的な道徳主義ではない。むしろ道徳主義がまたいまひとつの律法主義として批判の俎上に載せられるのである。そこではみずからが立てた内なる道徳律に自分自身を従属させるのみか、自分自身が道徳的義務にかなっているという意識は、容易にそれによって他人を蔑み他人を裁いていく（そこではフランス革命の原理と同じく普遍と特殊が分離され、普遍は抽象的普遍として作用しつつ、特殊を抑圧していく）。それゆえにヘーゲルは律法主義も道徳主義も超えつつそれを成就するものとして山上の垂訓に現れる「愛」の精神をもってき、これを客観化し永続化するものとしての位置を宗教に与えるのである。これこそかの「愛による運命との宥和」（die Versöhnung des Schicksals durch die Liebe）というテーゼによって表現されるものにほかならない。

おそらくこの期のヘーゲルはロマン主義にもっとも近いところにいたといえる。しかしそれゆえにまた「愛による宥和」は直観的なものを免れないのみならず、それが純粋たらんとすればするほどふたたび普遍の自立化をもたらす危険がないとはいえない（このことを端的に表わしているのが、『精神現象学』の「精神」の章における「美しき魂」Die schöne Seele の叙述であるといえる）。このことは宗教を超えふたたび哲学への回帰を意味した。かつて哲学は「思惟と非思惟（Nichtdenken）との、思惟することと思惟されること」との対立を含むが故に宗教によって廃棄されなければならない、[12]といっていたヘーゲルは、やがて「人間による低次の必要に始まったわたくしの学的教養において、わたくしは学（Wissenschaft）に進まざるをえなかったのであり、若き頃の理想は、反省形式（Reflexionsform）に、同時にひとつの体系へと変わらざるをえなかった」というのである。[13]もちろん、その哲学は理想と現実、普遍と特殊を分離したかつての普遍主義のそれではない。むしろ現実そのものが宥和され普遍と特殊の相互滲透する有機的連関にあるとしながら、主体をかかる連関に内化しつつ、かかる現実を理解し概念的に把握していくことを何よりもその哲学の課題とするのである。同一性は非同一性を、統一は分裂を排したそれであってはならず、それらを介した展開のうちに現われるものでなければならない。

このことは政治哲学的にみるならば、新しい人倫的共同体は、もはや市民社会を排除したそれであってはならず、市民社会の連関を媒介としたそれでなければならないことを意味する。『ドイツ憲法論』（一八〇〇〜〇二年）に始まり、『[イエナ] 体系構想』（Ⅰ、一八〇三〜〇四年、Ⅲ、一八〇五〜〇六年）にいたる一連の論稿は明らかにこのことの深化過程を示しているといえる。いわばそこでは市民社会の不可逆性を前提としつつ、そこにおける解放された欲望、労働、所有、交換の連関を介した人倫的共同体の再興の可能性が探られているのである。そしてこのことは『精神現象学』から『法の哲学』を通じて一貫して模索されているところであり、『精神現象学』に関していうならば、孤立的、個別的な欲望に発した意識が、それゆえに他者と衝突し、衝突を通じて自己否定＝自己変革の旅を続けつつ、最終的に社会の連関のうちに身を置き、そこにおける公的目的をおのれの目的としうる人倫的意識の形成過程が辿られ、あるいはギリシア・ポリスの解体とともに世界から疎外された意識が、自己疎外＝教養（Bildung）の旅を重ねつつ、失われた世界をわが物とする過程が辿られているのである。そして『法の哲学』についていうならば、そのいわゆる「人倫的理念の現実性」としての国家は、「欲求の体系」としての市民社会を媒介しその止揚のうえに成立するものであった。ヘーゲルは明らかに、近代市民社会の成立とともに解放された個人の主観性（主体性）と特殊性を、まさに近代の所産として評価し、近代国家の強さはまさにかかる「主体性の原理をして人格的特殊性という自立的な極点にまで完成せしめつつ一体性を保持しつつある」とみていた。[14]、自由主義の原理との関連でいうならば、ヘーゲルが議会政治、出版・言論・結社の自由を擁護し、良心の自由を神聖視し、陪審制すら擁護したことは疑いえないように思われる。

それゆえ、ラッセルがヘーゲルを批判し、「かれの形而上学から帰結するところは、真の自由は恣意的権威への服従にあり、自由な言論は悪であり、絶対君主制は善であり、プロシア国家はかれが書いた時点に存在した最善の国家であり、……[15]」というとき、問題をあまりにも単純化しすぎているように思われる。しかしにもかかわらず、ヘーゲルが最終的に存在と思惟を同一化し、思惟の反省＝自己内還帰による自己克服の運動を即自、対自、即且つ対自という一定の弁証法的図式のうちに展開し、形式の展開のうちに内容の展開が辿られるとき、そしてすでに諸氏によって指摘されているように、特殊と普遍の相互滲透というヘーゲルの基本的な意図にもかかわらず、いつの間にか普遍的精神が自立化し特殊をその契機としてのみ包摂していく傾向がつよくなる――J・ハーバーマスのいうようにそこでは意識の反省は同一哲学的な枠を出ていないともいえる[16]――とき、ヘーゲル哲学の基本的思考が、それに対置された形での、相互的な意志疎通による相互克服への道を排除していく傾向のあることも否定できないように思われる。

# 三

さて、ヘーゲルにとって、その克服の対象が啓蒙主義とロマン主義の両者であったとするならば、グリーンにとってのそれはより強く前者、すなわちベーコン、ホッブズ以来の経験論、経験心理学、功利主義であったといえる。のちに述べるように、一九世紀後半における産業革命後のイギリス社会の矛盾がそのような自然主義的な哲学や価値観によっては解決されえないということが自覚されたとき、新しい哲学は、プラトンとアリストテレス、カントとヘーゲルという理想主義的なそれに求めざるをえなかったのである。グリーンが『倫理学序説』（一八八三年）の序論において、「いまや明らかにたんに自然的諸力の結果である存在にたいしては、その法則に従えという指令は無意味である。それはこれらの自然的な諸力と彼との関係を決定するところの、これらの諸力からは独立した何ものかがかれのなかに存在していることを暗黙のうちに含んでいる」[17]というとき、その直接の批判の対象は、功利主義をダーウィンの進化論と結びつけていったH・スペンサーやG・H・ルウィスらの理論であったとしても、同時にそれはイギリス経験論と功利主義の伝統にたいする批判を含意したのであり、認識においても、行動においても、倫理的価値の選択においても、そして社会関係の確立においても、自然的関係を超え、それを対自化し、積極的に関係づけることのできる主体の確立を哲学的に要請していたのである。そしてそれをグリーンは、おそらくはヘーゲルの継承による「自己意識」（self-consciousness）の概念を中心として展開していく。

すなわち、グリーンによれば、人間は知識の獲得においてすでにたんなる自然的諸力の結果ではない。人間のすべての知識が感覚に由来することを認めたとしても、なおもわれわれが認識しうるかぎりの対象の世界——

そこにおける物体や運動——は、われわれの意識によってとらえられるそれであり、すでに一定の関係のうちにあり、意識の統一の所産である。同様に人間の行動においても、外からの刺激に由来する自然的な欲望や衝動がそのまま動機となり、行動の原因をなすのではない。むしろあらゆる欲求および欲求対象は、それらを対自化し、自分自身に表示する一定の意識によって媒介されるのである。「人間のさまざまの欲求は、記憶や予見によって結びつけられたひとつの体系を形成しているのであり、おのおのの対象は他のものによって条件づけられている。そしていわゆる単一の欲求対象は、自己表示意識（self-presenting consciousness）——その対象はまさしくこの意識のなかに、そしてこの意識にたいして存在する——の統一によって調整せしめられるように、人間の欲求の体系は、単一の主体のなかに統一の絆をもっているのであり、その主体は、現在欲求せられている対象の意識のなかに、過去に欲求せられまた未来に欲求せられる対象の意識をつねに伴うのである」[18]。そのかぎりにおいて、人間が特定の欲求ないし欲求対象を選択し、最終的に行動が決定されるまでには、一定の関係づけのなかにおける比較考量がおこなわれ、意識的な選択がおこなわれるのである。この意味において、人間はすでにその認識においても行動においても自己意識を介して一定の自由な主体たりうるということになる。

もちろん、かかる自己意識的主体は、かつての自然状態のごとく、真空のうちに存在するのではない。むしろそれはすべて、すでに生まれながらにして一定の社会関係のうちにあるのであり、かかる関係を通じて一定の道徳的性状を獲得していく。そしてグリーンによれば、あらゆる社会はかかる自己意識に媒介された善の共通性——逆にいうならば善を共同的に実現しようという意識——を通じて生みだされたものであり、それゆえにまたあらゆる社会にはなんらかの意味で一定の共通善（common good）が作用している。それゆえ個人が道徳的たりうるのは、かかる共通善をみずからの善として自覚し、その実現に向かって努力することによってである。もちろん、グリーンもこの過程を伝統的な道徳（conventional morality）への受動的同化の過程としてのみみているわけではない。むしろ第一次的には、その社会の共通善をみずからの善として自覚し理解することに始まるとしても、さらにかかる共通善は自己意識に媒介され反省（reflection）の俎上に載せられ、検討されつつより善きものへと作り変えられていくのである。もちろんこのばあい、かかる自己意識は、たんなる孤立的な個人の意識ではなく共通の共同的な意識でもあるから、かかる意識に媒介されて社会もそして全体としての歴史も進歩していくのである。（それゆえグリーンは、ヘーゲルと同じく、社会を契約という特殊的恣意の一致のうえに成立せしめることを拒否する。[19] 契約というならば、社会は絶えざる契約過程の蓄積のうえに存在するが、しかしバークとも異なってかかる過程は意識化され概念化されうるのであり、ここに超越の契機が働く。）

この意味においてグリーンにとっても、人間はすでに本来的に社会的存在である。社会のなかにおいてのみ人間はより善く生きることができる。グリーンが有名な「自由立法と契約の自由」（Liberal Legislation and Freedom of Contract, 1881）において、自由を定義して、「われわれはたんに制約や強制からの自由を意味しない。われわれはそれが何であるかにかかわりなく、たんにわれわれが好きなようにする自由を意味しない。われわれは他の人びとにおける自由の喪失という犠牲において、ある人または人びとによって享受せられる自由を意味しない。われわれが非常にたかく評価さるべきものとしての自由について語るとき、われわれの意味するのは、為しまたは享受するに値するもの、しかもまた、われわれが他の人びとと共通に為しまたは享受するものを、為しまたは享受する積極的な力または能力である[20]」というとき、それは以上のようなコンテキストにおいてのみ理解されうる。自由はもはや、ホッブズやロックやベンサムにおけるごとく、たんなる強制や障害のない状態を意味しない。むしろそれは為しまたは享受するに値することを、しかも他者と共通に為しまたは享受することを要求しているのであり、自己実現が他者の犠牲のうえにではなく、他者の自己実現に相乗的に作用するような関係が問われているのである。そして個人が権利をもちうるのは、まさに共通善をみずからの善としその実現に向かって努力する能力を前提とするとしても、国家はまたかかる個人の道徳的能力実現のための外的条件を保障するために存在するのである。そこでは権利と義務は、分離された契約関係のうちに存在するのではなく、まさにあらゆる規範と正当性の根拠としての蓄積された共通善に包摂され、そこに由来するものとして存在するのであり、その意味では共通善は伝統的な自然法（jus naturale）――ホッブズ、ロック的な jus と lex が分離された近代的自然法ではなく――の性格をもつといえる。グリーンの政治哲学が、自由放任か国家干渉かというたんなる政策レヴェルの選択を超えて、社会の根拠そのものへの哲学的基礎づけを含んでいるといわれうる所以である。

## 四

このようにみてくるならば、グリーンがヘーゲルの影響を受けそれを継承していることは否定できないであろう（もちろん、カント的要素も無視しえないとしても）。しかし、にもかかわらず、われわれはヘーゲルとグリーンの相違点にも注意しておかなければならない。グリーンは、ヘーゲルと異なって、自己意識の反省＝自己内還帰（self-reflection）を介した自己克服の過程に、一定の論理に則った弁証法的図式を想定しない。のみならず、意識のかかる自己実現の運動は、存在と意識の同一化による同一哲学的な自己展開に終わってはいない。むしろ意識の存在へのかかわりは、相互循環的であり、その意味では問題へのかかわりは「試行的で、部分的で、継続的な前進」としてあるともいえる。[21] それゆえにまたそこでは必ずしも普遍的精神が自立化されることもなく、究極の到達点としての絶対知や人倫的国家を想定することもない。むしろ意識の自己超越の運動は、対象に媒介され、内在と超越を繰り返しつつ無限に続けられていくのである。（もちろん、ヘーゲルと同じく、宇宙の統一原理とそれを支配する神的理性の存在が前提とされ確信されていたとしても、それをとらえる人間の意識にはつねに限界が自覚され、ある種の懐疑が内在されていたといえる。）もちろん、その狭義の政治哲学に関していうならば、国家と社会を区別し、国家を諸社会のなかのひとつとしながら、しかも道徳的義務と政治的義務を区別し、強制力をともなう国家の作用は個人の外的行為にのみかかわり、国家の機能は、個人の道徳的人格実現のための外的条件の保障にあるとした。

この点において、ヘーゲルに較べ、グリーンの理想主義がよりリベラルな性格をもっていたことは否定しえないであろう。そしてそのひとつの要因は両者のかかえた歴史的課題の相違に辿ることもできよう。I・M・グリーンガルテンは近著『トマス・ヒル・グリーンと自由――民主主義思想の発展』（I. M. Greengarten, *Thomas Hill Green and the Development of Liberal-Democratic Thought*, 1981）において、グリーンのかかえた歴史的課題をつぎのように要約していた。

「グリーンがみずから立ち向かったのは、かれの時代の主要な問題であり、かれのみるところ、それらの問題のうちでももっとも重要なのは、その社会が、下からは政治的、経済的平等への要求の増大によって、上からは自己満足と妥協の拒否によって、内的に脅かされているということであった。イングランドは崩壊の淵にあり、功利主義とそれが基礎を置く経験心理学は、さし迫った解体を回避するために必要な方途を提供することができなかった。もし長期的な救済策が見出さるべきであるとしたならば、新しい一連の原理が要求されたのである。『人間、わけても近代人は、おのれの実践を理論化しなければならず、適切に理論化しえないならば、実践そのものが歪められざるをえない』。かれの信ずるところによれば、解決はイギリス哲学の根本的な再建のうちに、社会的・政治的義務の基礎の再検討のうちに、そしてまさに人間の努力の目的の再定義のうちにあった。かかる仕事は、かれの時代の支配的な哲学体系の枠組みのなかでは達成されえないことを確信していたから、……グリーンはカントおよびヘーゲルに向かったのである」(22)。

ヘーゲル政治哲学の課題が、ひとり近代化の遅れたドイツ、諸邦に分裂し、私法の支配するアナーキカルな状態に終止符をうち、統一的な近代国家を形成しつつ、しかもかかる国家によって、すでにイギリスその他先進国のうちに垣間見た市民社会の矛盾——欲求の体系——を克服しようとするところにあったとするならば、グリーンのそれは次第に露呈しつつあった産業革命後の資本主義社会の矛盾をそれ自体として解決しようとするところにあったといえる。このことがこの二人の哲学に微妙なニュアンスの相違をもたらしていったことは否定しえないであろう。しかし同時にそれが、それが克服しようとした哲学によっておおきく規定されていたことも否定できないであろう。ヘーゲルが、主観と客観、物自体と現象、本体人と現象人、義務と幸福というカント的二元論——それ自体が啓蒙の経験主義を継承しつつそれを批判するという意味を含んでいた——を克服しようとしつつ、しかも基本的には超越論的な意識の枠のなかでそれを展開せざるをえなかったとするならば、グリーンのばあいには、克服の対象は経験論と功利主義であり、つねに経験的意識に媒介されざるをえなかったのである。この意味でグリーンのうちに経験主義と理想主義（観念論）の結合をみようとするのも間違いであるとはいえない。

　理想主義が何であるかをいうのは難しい。しかしそれは人間の意識によって生みだされた一定の理念が、人間の行動に方向づけを与え、歴史を動かす可能性を認める。それは人間性における悪の側面や、行動における偶然的要素の存在を認めないわけではない。いなそれは、人間の社会的行為の連関においては、善が必ずしも善を、悪が必ずしも悪を生みだすものではないという冷厳な事実すら認める。にもかかわらず、人間が自己意識的存在であるかぎり、自分自身の行動や社会が善の観念に一致したとき最高の満足が得られるということを前提とし、それゆえに善なる意志の可能性にかける。グリーンを継承したいまひとりの理想主義者E・バーカーの言葉を借りるならば、「政治理論は、道徳理論と同じく『純粋な』場合とよばれるものを対象とする――つまり善なる人間の良心と正しい国家の『一般意志』にかかわるものである。それは、最善のものがもっとも真なるものであり、もっとも真なるものがその固有の研究課題である」[23]ことを認める。にもかかわらず、二〇世紀にいたるや理想主義（観念論）は、擁護と展開の対象であるよりも論駁の対象とされていった。環境破壊、公害（それ自身が科学とテクノロジーの所産であった）、精神の荒廃という地球大の人類史的危機を背景として、いま一度理想主義の――宇宙の本質とそこにおける人間の位置についての統一的理論を根底におきながら、しかもリベラルなそれの――再興を企てるのは時代錯誤であろうか。

## 注

（1）Bertrand Russell, "Philosophy and Politics," *Unpopular Essays* (London : Allen and Unwin, 1950). なお、碧海純一『ラッセル』（勁草書房、一九六一年）、一四六頁以下参照。
（2）*Ibid.*, p. 11.
（3）*Ibid.*, p. 28.
（4）グリーンとドイツ理想主義との関係を直接論じたものとして、谷川昌幸「T・H・グリーンとドイツ理想主義」（行安・藤原編『T・H・グリーン研究』御茶の水書房、一九八二年）、二〇一頁以下がある。
（5）G. W. F. Hegel, *Phänomenologie des Geistes* (Hamburg : Felix Meiner Verlag, 1952), S. 9. 金子武蔵訳『精神の現象学』（上）（岩波書店、一九七一年）、四頁。
（6）*Ibid.*, S. 14. 邦訳、八頁。
（7）*Ibid.*, S. 19. 邦訳、一六頁。
（8）*Ibid.*, S. 21. 邦訳、一九頁。
（9）*Ibid.*, S. 15. 邦訳、一〇頁。
（10）G. W. F. Hegel, *Hegels theologische Jugendschriften* (Frankfurt am Main : Minerva GwbH, Unveränderter-nachdruck, 1966), S. 48. 久野・中埜訳『ヘーゲル初期神学論集』（一）（以文社、一九七三年）、八二頁。
（11）*Briefe von und an Hegel*, Bd. I (Hamburg : Felix Meiner Verlag, 1969), S. 24. 小島貞介訳『ヘーゲル書簡集』（日清堂書店、一九七五年）、二三頁。
（12）Cf. *Hegels theologische Jugendschriften*, S. 348. 邦訳（一）、二七九頁。
（13）*Briefe von und an Hegel*, Bd. I, S. 59. 邦訳、三九頁。
（14）G. W. F. Hegel, *Grundlinien der Philosophie des Rechts*, *Werke*, 7 (Frankfurt am Main : Suhrkamp Verlag, 1970), § 260, S. 406. 藤野・赤澤訳『法の哲学』（中央公論社、一九六七年）、四八八頁。
（15）Bertrand Russell, *op. cit.*, p. 22.

（16）Cf. Jürgen Habermas, *Erkenntnis und Interesse* (Frankfurt am Main : Suhrkamp Verlag, 1968), S. 28f. 奥山・八十橋・渡辺訳『認識と関心』（未來社、一九八一年）、二七頁以下。

（17）T. H. Green, *Prolegomena to Ethics* (Oxford : The Clarendon Press, 1906), §7, p. 10.

（18）*Ibid.*, §128, p. 145.

（19）拙稿「T・H・グリーンにおける政治義務論の理想主義的転回（一）」（『早稲田政治経済学雑誌』第一九九号）、五六頁以下参照。

（20）T. H. Green, "Liberal Legislation and Freedom of Contract," *Works of T. H. Green*, Vol. III, ed. by R. L. Nettleship (London : Longmans, Green and Co., 1888), pp. 370-71.

（21）もちろん対象のとらえ方は、法則的把握とグリーンとでは根本的に異なる。

（22）I. M. Greengarten, *Thomas Hill Green and the Development of Liberal-Democratic Thought* (Toronto : University of Toronto Press, 1981), p. 5. 文中の引用部分は、T. H. Green, "Popular Philosophy in its Relation to Life," *Works*, III, p. 124.

（23）Ernest Barker, *Political Thought in England : Herbert Spencer to the Present Day* (Oxford : Oxford University Press, 1915, $2^{nd}$ Ed., 1928), p. 66. 堀・杣訳『イギリス政治思想Ⅳ――H・スペンサーから一九一四年』（岩波書店、一九五四年）、六五―六六頁。

†初出　峰島旭雄編『比較思想の世界』北樹出版、一九八七年

# 第Ⅳ部　規範理論の再構築

# 『政治哲学の復権』をめぐって——添谷氏の批判に答えつつ

## 一

本誌〔『社会科学の方法』〕一六〇号に埼玉大学の添谷育志氏は、「『政治哲学の復権』をめぐって——藤原保信氏の所説を中心に」という〔藤原著『政治哲学の復権』への〕一文を寄せられた。おそらく全共闘世代に属する添谷氏と、六〇年安保もしくはそれ以前に属しむしろ戦後民主主義の申し子のごとき世代に属するわたくしでは、根本的な視点においてもっとおおきな差があるはずである。多少遠慮されたのを残念に思う。しかしわたくしの拙い著作や論文を丹念に読み、貴重な批判を寄せられたことにまず感謝申し上げたい。この機会にそのいくつかの批判に答えつつ、「政治哲学」のあり方についてのわたくしの最近の考え方を多少述べておきたい。

## 二

さて、まず、添谷氏は、「政治哲学の復権」がいわれるばあい、そこで引照される現実は、主として「現代世界のニヒリズム」という一般的思想状況か欧米の学界動向かであり、わが国の「政治的現実」に即した〝第一次〟言説としての「政治哲学」の主張や「実質政治哲学」の体系的構築の試みは稀少であるという（一二頁）。たしかに、その通りであろう。しかしわたくし自身のそれこそ第一次的な専門領域はあくまでも西欧政治思想史であり（その点からするならば、「政治哲学の復権」に関するわたくしの論稿は、むしろより現実的な衝動につき動かされた副産物的な色彩を免れない）、『近代政治哲学の形成――ホッブズの政治哲学』（一九七四年）から『ヘーゲル政治哲学講義――人倫の再興』（一九八二年）と続く、わたくしの専門研究での著作を注意深く読んでいただけるならば、そこにこめられている政治哲学的含意は十分にご理解いただけるはずである。すなわち、わたくしがホッブズに関する著作において意図したところは、近代市民社会の成立に照応した近代的思惟と価値観の成立であり、近代自然科学の原理と方法に依拠したホッブズによるアリストテレス＝トマス的な自然観・人間観・国家観の近代的なそれへの組み換えであった（わたくしはその根底にあるものを目的論的・階層的世界像から因果論的・機械論的世界像への転換としてとらえた）。このことは「まえがき」においてつぎのように要約されている。

「わたくしには、すべてを量化していく計算能力としての科学的理性、自然を対象化し機械論的な因果関係においてのみとらえていく機械論的自然観、人間を自然の機械論的な運動過程のなかに組みいれそれによってエゴイスティックな人間の自己保存を正当化していく自然主義的人間観、そのような人間が自己の利益のみによって結びつく市民社会像、個人の内面的な道徳的価値から切り離されそのような市民社会を維持するための外的な機構としての市民国家、というようなものが不可分の一体をなしているように思われるのであり、この論理的結合がホッブズの哲学であるように思われるのである」。

これにたいしてわたくしがヘーゲルに関する著作で意図したところは、かかる近代的思惟と価値観、もっと具体的にいうならば近代市民社会とそこに成立した個人の主観性（主体性）と特殊性を媒介とした人倫的結合の成立であった。（ここでいう「人倫」Sittlichkeit とは、ヘーゲル自身の表現を用いるならば、「諸個人が自立的現実性をもちながら、かれらの本質の絶対的、精神的統一を得ている」状態であり、文字通り「われわれなるわれ、われなるわれわれ」*Ich*, das *Wir*, und *Wir*, das *Ich* ist という意識に支えられた状態である。）

わたくしは何も、ヘーゲルのうちに今日のわれわれの問題にたいする解答があるなどといっているのではない。それどころか、わたくしは本書においても、一九八一年の「実践哲学」をめぐる論文（『思想』六月号）においても、ヘーゲル哲学のもつ問題性と危険性を指摘するに吝《やぶさ》かではなかった。しかし現実超越的な理想主義のもつ裁きの論理を克服しつつ、現実（市民社会）そのもののうちから人倫的共同体再興への道を模索していく初期ヘーゲル、自然的・個別的自己が自己克服による自己形成＝教養 Bildung の旅を重ねつつ、ついに人倫的実体をわが物としていく過程を描いた『精神現象学』、そして完全に理性的な意志の自己実現過程のうちに近代国家の概念化を試みた『法の哲学』のうちに、今日のわれわれ自身の問題にたいする――今日支配的な科学主義的・技術的な思考とは異なった――なんらかの光をみようとしたのである。

## 三

わたくしは、ウェーバーのいうような社会科学における知的禁欲の倫理を無視したわけではない。むしろそれをおのれを忘れ、事柄《ザッヘ》に沈潜しつつ、「把握と評価とを結合して、その叙述を生みだす」というヘーゲルの言葉（『精神現象学』序文）と重ね合せつつ、できるだけその客観的内容に迫ろうとした。しかしこのことは政治思想史がたんに客観的な解釈にとどまることを意味しない。

わたくしは、M・オークショットらのいうように――そして添谷氏もそれにおそらく賛意を表わしておられるように――、政治哲学がたんに「政治を理解する試みであり、論理的には指令《プレスクリプション》とまったくかかわりをもたない」（添谷論文一二頁）とは思わないし、規範的であることがたんなるイデオロギー、すなわち「党派によってつくられた政治的教説」と同じであるとも思わない。むしろ政治哲学とイデオロギーとを区別するものがあるとしたならば、それは規範の内容であるより規範の基礎づけ方の問題であり、いずれかの利害を是としながら、それを正当化するために理論化がおこなわれるか、それともレオ・シュトラウスのいうように、真の知識と臆見《オピニオン》を区別し、「本質的に道徳的な衝動、真理への愛」に促されつつ[1]、おのれを普遍化し――そして客観化していこうとする努力をどこまで引き受けていくか、そして少し格好よい表現を用いるならば、おのれの無知を自覚しつつ、それゆえに普遍的なものに近づこうとする努力をどこまで引き受けていくかにかかっているように思われる。もちろん、このようにいうことは、規範への衝動が特定の（歴史的）利害状況に発していることも、そしておのれの普遍化への努力が利害状況の拘束を受けざるをえないことを否定するものではない――それゆえに無知の自覚がある種の知的禁欲の倫理として要請されるのである。

少なくとも、一九世紀までの偉大な政治哲学者は、みずからの理論的営為を――さまざまなヴァリエイションをもちながら――このように受けとめてきたように思われる。それゆえに、たんに「政治を理解する試み」として過去の政治思想に接することや、伝統的なテキスト中心主義（textualism）を排し、歴史のうちに解消することが、それらを正しく理解することであるとは思わないのである。むしろ政治思想史そのものが著者にとっても、読者にとってもそれ自身ひとつの自己形成＝教養 Bildung の過程としての意味を含むのである。（わたくし自身は最近は、のちにも述べるように、そして添谷氏も指摘しておられるように、規範の歴史的拘束をより強く認め、歴史的展望のなかで未来への方向を探るという傾向が強いとはいえ。）

もちろん、このことは最終的には人間観の相違に帰着するであろう。ここでシュトラウスのためにひと言述べておくならば、シュトラウスも現代の政治的現実を「現代世界のニヒリズム」という一般論に帰着させ、「現代はあらゆる価値が相対化されている、この危機を克服するためには絶対的価値が必要だ」（一五頁）という主張を同義反復的に繰り返しているわけではない。そのような主張がなされるときには、必ずそれは価値にたいして中立性を装う現代の技術主義的、道具主義的な社会科学――およびそれを支える悪しきソフィスト的人間理解――にたいする批判というコンテキストにおいてなされているのであり、それにたいして古典的な政治哲学（たとえば、ソクラテス、プラトン、アリストテレスのそれ）が対置されているのである。そして現代の社会科学による教育――それは正義（目的）を小売りし、狂気（手段）を卸売りしつつ、人びとのより善く生きようとする、あるいはより善き社会を求めようとする志向性を枯渇させる――よりも、ソクラテスやプラトンを通じての教育のうちに民主政治を支える正しい市民の育成をみているのである。「自由教育とマス・デモクラシー」（Liberal Education and Mass Democracy）の冒頭において、シュトラウスはつぎのようにいっている。

「自由教育とは、教養 culture における、あるいは教養に向かっての教育である。自由教育の終局の産物は、教養ある人間 a cultured human being である。“Culture”（cultura）はもともと農業 agriculture、すなわち、土壌とその産出物を養い育てていくことを意味する。"Culture"は、そこから派生してそして今日では主に精神の涵養、精神の本性にそって精神の生来の諸能力の世話をし、それを改良することを意味する」(2)。

過去の偉大なる精神の偉大なる書物は、このために用いられるのである。

もちろん、このことはすべての人が一定の徳と正義への感覚をもち、善く生き、善き社会を作ろうとする志向性を共有していることを前提としている。そして戦後の一時期までは、このような志向性がかなりの程度まで共有されていたように思われる。たしかに添谷氏のいうように、わたくし自身の「理想主義?」に変化がみられ、転換期にさしかかっているとしたならば、それを促したものは、そのような「理想主義」への根本的な疑念であるよりも――そのような精神が共有されているところにおいては、規範は、たんなる「道徳的説教」や超越的な裁きの論理としてではなく、相互克服への契機として機能していくであろう――、より強く状況の変化であり、大学紛争を含む個人的体験であったように思われる。このことが超越的な規範主義をこえ、「存在の根底に帰り、分裂したもののうちになおも宥和と統一をみようとする」ヘーゲルへの共感と重なっていることもたしかであろう。

## 四

しかしここでいう現実との宥和は、現実との妥協や、いわんや現実への屈服を意味しない。たんなる心情への陶酔や、いっけん知的優越をよそおう傍観者的シニシズムや、あるいは解釈学的な歴史や経験への埋没を排して、たしかに添谷氏のいう、「分断された生の現実そのものの『解読』と他者との『交信』のなかから新たな社会形成の原理」（一七頁）を萌芽的にせよ探ろうとする努力は、すでに近代的知のパラダイムとそれを支えた存在論を超えた新たな存在論の構築という問題と結びつかざるをえないように思われる。（極端にいうならば、核戦争、自然破壊・公害、アイデンティティの喪失という人類史的危機は、人びとの生への不安に促されつつ、一七世紀の科学・哲学革命にも匹敵するパラダイム転換を要請しているようにすら思われるのである。）もちろん、それは稀有の天才にのみ可能な仕事であるかもしれない。しかし自分の学問的衝動を拠り所としつつ、おぼろげながら姿を現わしつつある方向を要約的に示しておくならば、つぎのようになるであろう。

わたくしはすでに前記の「政治理論と実践哲学の復権」において、アリストテレスに言及しつつ知のアナーキーの克服ということをいった。つまり近代的知においては、それぞれの分化した学問分野が、それぞれの限定された領域をもっぱら限定された目的に向かって研究が進められたのであった。だが、このような知のアナーキーはそれと相即的に存在のアナーキーをともなっていた。たしかにA・コイレのいうように、一七世紀科学・哲学革命のひとつの重大な結果はコスモスの崩壊であった。すなわち、「その内部の空間構造が完全性と価値の階梯を表わすような有限でみごとに秩序づけられた全体としての世界が解体され、究極的、基礎的な成分と法則の同一性によってのみ統一された[3]」無限の宇宙がそれにとって代わったのである。そこでは、アリストテレスの質的な空間概念——そこにおいては場所がその空間における位置としたがって価値を現わす——が、幾何学的、量的空間概念にとって代わり、対象世界にはいかなる価値の序列をも容れる余地がなくなったのである。だが、このようなコスモスの崩壊は、対象としての自然の世界にとどまらなかった。むしろ人間そのものがこのような自然の運動過程に組み込まれ、その一部としてとらえられていったとき、そこでは内面におけるコスモスの崩壊をもたらしていったのである。自然の価値序列のなかに位置せしめられ、そこから規範を受けていた人間に代わって、外なる――量化された無意味な――自然との代謝過程において、欲求を求め嫌悪を逃れ、それによって自己保存をはかっていく量的な存在としての人間がとらえられていったのである。価値の主観化と相対化への道は、何も二〇世紀の所産ではなく、すでに近代の科学的人間像そのものに含まれていたのである。（カントにおいてすら、その道徳の普遍的妥当性は、その実質的内容を捨象してしか可能でなかったのである。）いささかパラドキシカルにいうならば、人間は自己の無意味化を通じて、自然の手段化と征服を可能にしていったといえる――少なくとも両者の過程は相即的であった。

このような人間の織りなす社会が、アナーキカルな状況を呈するのは当然といえよう。そこでは社会は、そこにおいて人間が意味と完全性を見出す場所であるよりも、異なった価値観をもてる人間の、利益を求めての手段の体系にすぎなかったのである。ここでも、自然の外的自然への放擲と社会のそれとは相即的であった。そこにおける政治が、権力現象として現出するのも当然といえよう。

このような自然と人間と社会を貫くコスモスの崩壊が、近代市民社会――形式的に自由で平等な私有財産所有者が市場を媒介として他者と関係する社会――の成立とどのような内的な結びつきをもっていたかはここでは問わないことにしよう（そこにおける分業の自然発生的な形態と、それをつなぎ全てを計算可能な量へと還元していく商品経済の滲透が、それとなんらかの関係をもったことは疑いえない）。むしろ科学技術の発展にも支えられ、産業化の進展のなかで、かかる商品生産の経済組織が巨大な秩序として成立したとしても――マルクス的な表現を用いるならば、物象化の体系が完成に近づいていったとしても――、それはコスモスの崩壊を止揚するものではなくそれをさらに深刻化するものでしかなかったこと、いなしばしば指摘されているように、社会主義ですらそれが、自然から切り離された人間の生産能力の体系としてあるかぎり、この問題に対する根本的解決になっていないということを指摘すれば足りる。

## 五

すでに述べた核戦争、自然破壊・公害、アイデンティティの喪失という、われわれを内からも外からも脅かしつつある現代の人類史的危機は、以上のようなコスモスの崩壊と密接不可分の結びつきをもっているように思われる。そしてわれわれの知的努力がなんらかの意味をもちうるとしたならば、それはこのようなコスモスの崩壊に歯止めをかけ、ふたたびコスモスの再興へと向かう世界観（存在論）[4]の構築と関連せざるをえないであろう。しかも右のような症候群にたいして小規模ながら噴出しつつあるさまざまの思想や実践は、すでになんらかの意味でそのような方向を示唆しているように思われる。たとえば、エコロジストが、自然破壊に抗議しつつ、近代の機械論的自然像に代えて、生物学的＝生態学的自然像を主張し、「自然との共生の原理」を模索していくとき、すでにそこには新しいコスモスの再興に向かっての第一歩が印されているともいえる。たしかに、玉野井芳郎氏のいうように、物理学的世界像のもつ非生命系としての自然に代わって、生命を基本とする生態系が自然観の基礎に据えられたとき、そこには自然と人間との関係が根本的に異なった形で現われざるをえないであろう[5]。そしてそのとき、自然の世界におけるコスモスの回復は、外的な自然との関係で位置と意味を与えられる内面のコスモスの回復に繋がり、さらにそのような個人の結合による社会は、利益と権力を求めての競争とは別の社会となるであろう。（もちろん、われわれが機械化され肥大化した第二の自然＝人為の世界に組み込まれているかぎり、このような転換は容易ではないかもしれない。しかしそのような存在論が基礎に据えられたとき、具体的な制度や政策や行為の判断基準は異なったものとなり、少なくとも――一八〇度転換といわないまでも――根本的な軌道修正の方向は示唆することができるであろう。ここでこれとの関連で、ヘーゲルについてひと言触れておくならば、たしかに『精神現象学』の「行為的理性」の部分や『エンチクロペディ』の「自然哲学」の部分における非有機的自然から有機的自然への――個別と普遍が相互滲透する真の無限性を求めての――移行という論理は、このような方向にそっているといえる。ただ、自然を精神の疎外態とし、無限性への運動が精神の領域で完結してしまっているかぎり、この点では近代の主観性哲学の問題性を引き継いでいるともいえる。）

このことはある意味で、アリストテレス的な倫理的自然観に回帰することを意味するかもしれない。しかしそれを上下の差別にもとづく階層的秩序と考える必要はないであろう。むしろ自然が「生命」を基本とする開かれた有機的な循環としてとらえられていったとき、そこにはある種の目的論的な体系が成立するのであり、たんなる有用性の体系をこえて、部分が相互に他者との関連において目的をもつ不可欠な存在となってくるであろう。もちろん、このような新しい存在論はなおもおぼろげにしか姿を現わしていない。しかし、核兵器、自然破壊、公害への反対運動も、そして新しいコミュニケーション獲得への運動も、このような存在論（世界観）の確立に向かって方向づけられ、それによって定礎されていないかぎり、コスモスの再興よりもさらなるカオス化に手を貸すことになりかねないであろう。

もちろん、添谷氏もいう「分断された生の現実そのものの『解読』と他者との『交信』のなかから」形成される新しい社会原理も、「更めて『精神』と『経験』とを（すなわち相互性としての社会を）蘇らせ」ようとする試みも、そして「身体と身体との間に管理社会を超えた具体的領域を予兆のように見出す」プランも、このような方向に支えられていないかぎり、R・シュペーマンのいうように、人間社会における完全一致の同意や共同性の実現が――そのNebenwirkenにおいて――、逆に自己崩壊の種を宿すことにもなるであろう(6)。そしてそれはすでにわが国における特殊な「政治的現実」への引照を超えて、むしろ近代ヨーロッパのもたらした文明の総体にかかわっているのであり、人類史的課題にかかわっているのである。

### 注

（1）Cf. Leo Strauss, *What is Political Philosophy?*（New York : The Free Press, 1959）, p. 16.

（2）Leo Strauss, "Liberal Education and Mass Democracy," *Higher Education and Modern Democracy*, ed. by R. A. Goldwin（Chicago : Rand McNally & Co., 1964）, p. 73.

（3）アレクサンドル・コイレ、野沢協訳『コスモスの崩壊――閉ざされた世界から無限の宇宙へ』（白水社、一九六四年）、一〇、一五頁。

（4）ここでいう世界観とは、自然の構造とそこにおける人間（およびすべての存在）の位置を示すものであり、存在としての存在のあり方を示す存在論と不可分の関係をもつ。

（5）玉野井芳郎『エコノミーとエコロジー』（みすず書房、一九七八年）、『生命系のエコノミー』（新評論、一九八二年）参照。

（6）Cf. Robert Spaemann, "Technische Eingriffe in die Natur als Problem der politischen Ethik," *Ökologie und Ethik*, hrsg. Dieter Birnbacher（Stuttgart : Philipp Reclamjun, 1980）, S. 180f. 添谷氏がここであげている人びとがこのような視点を共有していないというのではもちろんない。

†初出　『社会科学の方法』一六五号（第一六巻第三号）、御茶の水書房、一九八三年三月

# 危機管理国家の正当性危機——政治理論の対応をめぐって

## はじめに

ウェーバーやシュミットを改めてひき合いに出すまでもなく、民主主義的政治体制の成立は正当性（Legitimität）が合法性（Legalität）に収斂されていく過程を意味した。たしかにそれ以前の政治体制にあっては、たとえば正義や自然法がその政治体制を最終的に判断する基準としてつねに作用し、それ故にそれは為政者を拘束するものとして存在していた。しかしすべての市民の政治参加が認められ、民主主義的な政治のプロセスが人民の意志を吸収しそれを集約しつつ、具体的な政策として実施していくべきものとされていったとき、ここでは普遍的な規範にかわって、為政者の選出の手続きや、法の制定・実施の手続きが、その正当性の唯一の基準とされていたのである。

もっとも、J・ベンサムが、普通選挙や議会主義的な諸制度を要求したとき、彼はまたいわゆる「最大多数の最大幸福」を政治の実現すべき目標として掲げた。しかしその功利主義的前提は別としても、やがてそれがさきの諸要求の制度化とともに具体的には人民の意志の集約として表わされるものとされていったとき、もはや政治を判断し批判すべき超越的規範としての意味を失っていったのである。

だが人民の意識や意志が状況の規定を大きく受け、それに拘束されるのは、なにも前近代的な伝統社会にとどまらない。もし状況とそこにおける人民の意識や意志が大きな構造的矛盾や歪みをはらんでいるとき、それを所与の前提とし、意志の吸収と集約の手続きによって制度と権力の正当性がはかられるとしたならば、それは構造の矛盾や歪みを告発するどころか、むしろそれを隠蔽するものとなっていくであろう。なかんずく、近代社会が個人の欲望の解放を是としそれを可能とする生産力の高まりを価値の基準としているとき、いな、その社会そのものがテクノロジーとメディアの発達によって組織として構造化し、否応なしに人びとの意識をその構造のなかに封じ込める傾向の強いとき、そこでは民主主義的な手続きそのものが、制度の自己変革への可能性を奪い取ってしまう傾向すら強いのである。

以上のことがらとの関連で、現代の諸理論を検討しつつ、そこから脱出する理論的可能性を模索することが本稿の課題である。検討される諸理論は、D・イーストンに代表される経験主義的な政治学の理論、J・ロールズやR・ノズィックに代表される自由至上主義《リバータリアニズム》の理論※、マルクス主義の理論がそれである。

## 一　インプット＝アウトプット・モデルの問題性

D・イーストンが一九五三年に『政治体系』（*The Political System*）を公刊したとき、それは明らかに伝統的な価値理論（value theory）への批判を含意していた。すなわち、伝統的な政治理論は、すぐれて哲学的であり、観念の世界で理想を描くにとどまり、現実の政治分析へ進むことが稀であったというのである。そしてこれに対して経験指向的（empirically oriented）な理論を提唱するのであるが、他方でイーストンはたんなるデータの収集に終始する事実至上主義（hyperfactualism）をも批判するのであり、この点では事実相互の関係をも示しうる一般理論（general theory）でなければならないというのであった。かくしてイーストンの意図したのは、政治についての経験指向的な一般理論（empirically oriented general theory of politics）であり、それは何よりも体系理論として、「そのなかにその学問（政治学）全体が包摂される概念枠組み」の構築を旨とするものであった。イーストンによれば、かかる概念枠組みの目的は、「それを通じて、われわれは、政治活動を説明し、その相互関係を示すのに必要な変数をはっきりと認識することができる」(1)ということにあった。それ故にそれは、重要な政治的変数に対応する一連の概念とこれら概念の間の関係についての説明を内含せねばならないものであったのである。もちろん、このような一般理論＝概念枠組み構築のためには、それが対象とする政治の世界そのものが概念規定によってまずはっきりととらえられていなければならないであろう。かくてイーストンは「社会にとっての価値の権威的配分」（authoritative allocation of values for a society）という有名な政治の概念規定を示したのである。イーストンによれば、かかる概念規定には大きくいって三つのものが中心概念として含まれていた。政策、権威、社会という概念がそれである。すなわち、それはまず第一に、価値の配分を決定する行為であるという点において政策にかかわり、第二に、「その政策が適用されまたはそれによって影響を受ける人びとが、それに服従しなければならない」という意味において権威的であり、第三に、それが部分社会ではなく全体社会を対象とする、という点において固有のものであった。このような概念規定に照らしたとき、その固有の対象が浮かび上がり、経済学や社会学、その他諸々の社会科学とも区別された政治学の自律性も保証されるというのであった。

その後の行動主義（behavioralism）の波に乗って成立したイーストンの二つの著作、『政治分析のための枠組み』（*A Framework for Political Analysis*, 1965）および『政治生活の体系分析』（*A Systems Analysis of Political Life*, 1965）がその要求に応え、その延長線上に位置するものであることはいうまでもないであろう。そこにおいてイーストンは、周知のイーストン・モデル、すなわち、環境からの要求と支持という形での政治体系へのインプットが、政治体系を通じて政策へとアウトプットされていく、包括的なモデルとしての政治体系のモデルを示したのである。

ここで、ときにはパーソンズの構造＝機能分析をも含めて、このようなシステムズ・アナリシスに寄せられる一般的な批判、すなわち、それは経験的事実としての政治の世界をリアルにとらえ分析していくよりも、かかるモデルがひとつのブラック・ボックスとして機能し、それに合せて現実の一部分が恣意的に切り取られ整理されていくという、それ故に経験的事実の世界を分析するにあたってどれだけ有効であるかという批判はひとまず措くとしよう。むしろこれもひとつの批判としてしばしば寄せられてきたように、かかるモデルには環境世界（市民）から来るさまざまな要求が、政治体系を通じて調整され、政策としてインプットされていくという、それ故にまたそこではインプットがアウトプットに最も近い転換機能をはたす政治体系が最も優れた民主的な政治体系であるということが含意されているのである（おそらくこれがイーストン・モデルの含意する規範の意味であろうし、それにある種の市場モデルの投影をみるのも間違いではない）。ここではインプットの質的な相違はもちろん、インプットにかかわる市民の身分的、階層的相違も、価値判断の基準としては視野に入ってこないのである（分析的にそれらを組み入れる概念装置は可能だとしても）。その意味では、さきの合法性＝正当性の近代デモクラシーのモデルの極限を示しているともいえる。そこでは政治理論そのものは、環境とのかかわり合いや他者とのかかわり合いにおける、よりよきあり方に関係することなく、市民の所与の価値観とそれを成立させている基本構造を前提としているのである。もしイーストンに、経験的保守主義（empirical conservatism）という反省があるならば、その意味はたんに分析に終始することを通じて現状維持的になるということを超えて問題はそこまで広げられていかなければならないであろう。それは研究者自身の価値前提はもちろん、その対象としての市民の有する価値前提そのものへの理論をも含むようなものでなければならないように思われる。状況はそこまで来ているように思われるのである。

## 二　リバータリアンの問題性

J・ロールズが議会政治を実現可能な最善の政治形態と考えていることはたしかである。しかし議会政治を最善の政治形態としながらもなお「正義の理論」を唱え、正義（justice）を社会制度を判断する第一の基準とし、「社会制度は、それがいかに効率的で整然としていようとも、正義に反するならば廃止され、あるいは改革されなければならない」(2)というとき、それがいわゆる実証的な政治学への一定の批判を含意していることは明らかであろう。いなここでは、政治理論は、かかる正義の基準に積極的にかかわり、むしろそれを呈示していかなければならないのであり、それは各人の有する前学問的な正義観とその民主主義的手続きによる集約に終始してはならないと考えているのである。もっともロールズは、みずからの正義の理論が、人びとの有する前学問的、常識的な正義感覚や正義観と無縁であるとは考えていない。むしろ正義の理論は、あたかも文法が人びとの前学問的な言語活動を出発点とし、それを論理的に整序し体系化したところに成立するようにし、そしてそのことを通じて日常的な言語活動を高めていくように、前学問的・常識的な正義感覚や正義観を前提とし、むしろ出発点としながらそれを論理的に整序し体系化するところに成立するとすら考えている。もちろん、このことは前学問的な正義観をそのままよしとすることを意味しないのであって、それを吟味し矛盾や欠陥を明らかにしつつ、より一貫し責任あるものへと作り変えていくことをも含意するのである。このような正義の原理に照らして社会制度が判断され改革されたとき、それはよりよきものへと前進しうると考えているのである。この意味で理論に、社会制度の判断と変革にあたっての一定の規範的機能を認めているのである。

にもかかわらずロールズは、まさにリベラリズムの原則に照らして、政治・社会理論の規範的機能、それが示しうる判断基準の範囲に関し一定の重要な留保を置いている。このことは何よりもロールズにおける目的論（teleology）と義務論（deontology）の区別において明らかであるといえる。すなわち、善（good）と正（right, justice）という二つの価値の基準に関して、まず善を定義しそれを極大化するものを正とする目的論に対して、義務論は善の選択は原則的には各人に委ねながら正にかかわるとし、みずからの正義の理論を義務論的なものとしたのである。ロールズによるならば、価値の多元性を前提としつつ、究極的価値＝善の選択を各人に委ねることは、各人の人格の尊厳と自立性を重んずるリベラリズムの原則であったのであり、逆に目的論は――それがアリストテレス的なものであれ、功利主義的なものであれ、あるいはニーチェ的なものであれ――、権威主義的な価値の強要に陥る危険性をもつというのであった。この意味で正義の理論はまさに正義の理論として社会的価値＝権利・義務の体系にかかわるものとしたのである。

ここで、ロールズがその優先順位の規則にしたがって、正義の二原理のうち第一原理（平等な自由の原理）を第二原理に優先させ、さらに第二原理においても「公正な機会均等原理」を「格差原理」に優先させたことの是非についてはここでは問わないことにしよう。自由を重んずるか平等を重んずるかはあくまでも環境から切り離された人間の社会における価値の配分にかかわることである。だが、人間社会における自由と平等の実現というところに今日における正当性の問題が収斂されうるであろうか。のちに述べるように、政治理論のかかわる正当性が、その社会と政治の基本構造とそれが無自覚的にも強要する生のあり方の正否への問いにかかわるとしたならば、今日問われなければならないのは、たんに人間間における価値の配分の問題ではなく、自然と人間の関係を含めての生の全体的な関係についてなのであり、それはすでに直接的にせよ間接的にせよ善の問題にもかかわらざるをえないように思われるのである。

このことは、今日におけるいま一人のリバータリアンな政治哲学の代表者、R・ドゥオーキンの権利論にもかかわるように思われる。もっとも「平等」を今日における社会的価値の配分の究極の基準とし、その極限的な形を「平等な顧慮と尊敬への権利」(the right to equal concern and respect) としてとらえるとき、ドゥオーキンはリバータリアンよりもイガーリタリアン (egalitarian) と呼ぶのがより適当であるかもしれない。しかしここでも、ロールズと同じく、究極的価値＝善の選択を各人に委ねつつ、目標志向的 (goal-based) 理論や義務志向的 (duty-based) 理論よりも権利志向的 (right-based) 理論をよしとするとき、やはり個人主義的な自由主義の延長線上にあるように思われるのである。このことは、最近の『法の帝国』(*Law's Empire*, 1986) におけるごとく、歴史とのかかわりを重んじ「全一性としての法」(law as integrity) を唱えたとしても変わらない[3]。

R・ノズィックは、善と正の区別すらことさらに強調しない。それほどに個人主義的に徹底しているのである。ノズィックの権原理論 (entitlement theory) によれば、各人の所有を正当化する唯一のものは正しい取得と正しい交換以外のものではない。すなわち、自分自身の労働の所産として獲得し、市場の原理に基づき正しく交換された結果である限り、そこにいかなる不平等があろうとも、他の価値基準に照らしてとやかくいうべき筋合はない。むしろ予め設定された一定の価値基準——たとえばロールズ的な配分的正義の基準——に照らして、社会的価値の配分を調整し整序していくことは、社会を一定のパターンに合わせて統制していくことを意味し、個人の自由を侵害することになるというのである。この意味では、ノズィックにおいては、現代社会における正当性の基準は、あくまでも正しい取得と交換にあり、このような自立的な個人の自由市場として社会が考えられているのである。だが、このような理論が福祉国家型の管理社会に対する批判としてもっている意味は看過しえないとしても、各人がつねにゼロからの出発点にない限り——これすら各人の能力の不平等が問題とならざるをえない——、競争の結果が、そこにいかに取得と交換におけるフェア・プレイが貫かれていようとも、正義にかない正当化されるということはありえないのである。むしろ現実の社会関係にあっては、歴史的に蓄積され継承された富や地位の不平等が競争への制約としてあらざるをえないのであり、さらにはつねに競争過程における運・不運にもつきまとわれざるをえないのである。いな各人の生得的な能力を各人の所有物とし、それに対応し自然によって与えられた手段の占有と使用が正当化されるという発想そのものが問い直されなければならないものを含んでいるように思われる。むしろ現代の歴史状況は、各人の能力もそして自然によって与えられた手段も、個人の排他的な所有や占有の対象であるよりも、共通の資産（common assets）としてよりよき関係のあり方のために——そこにはすでに人間間の権利・義務の関係を超えたものが含まれるように思われる——、活用されていかなければならないのである。仮にノズィック的な自立と競争原理の導入が、一時的に社会を活性化し生産力の増大をもたらした——それが全体のより豊かな生活を可能にした——としても、むしろ今日そのことの是非が問われているように思われるのである。

## 三　マルクス主義の問題性

ここで、いうところの正当性（legitimacy, Legitimität）について、少しく吟味しておきたい。もしウェーバーのように、正当性が「支配の内的な正当性」、すなわちその支配を是認しそれへの服従をよしとする服従意欲によって示されるとしたならば、そこでは正当性は経験的な事実関係の説明原理としての意味を超えることはできないであろう。そしてもしそうであるとしたならば、現代国家における正当性の程度は、その体制内における市民の満足度によって測られることになり、九〇％近くが中流意識のもとにあり、一応はよき社会としている社会の正当性は高い――そこでも政治権力の正当性と社会体制の正当性は区別されなければならないとしても――ということになるであろう。そこでは政治体系の正当性はさきのインプット＝アウトプット・モデルによって測られうるともいえる。しかしドゥオーキンの指摘を俟つまでもなく、[4] 個人の選好（とくに外的選好 external preference）は他人の選好と衝突しそれを抑圧するという事実を別としても、人びとが一定の社会構造のうちにかかわっているという事実は、必ずしも多数者の主観的満足がその社会の正当化を意味すると考えることはできないであろう。そこでは疎外されときには抑圧された少数者がいるであろうし、ひとたび国際社会に眼を転ずるならば、先進国における多数者の満足が、後進国における多数者の犠牲のうえに成り立っているということも厳然としてありうるのである。そのようなとき、先進国における多数者の満足を正当性の根拠とすることは、そのような事実を隠蔽し不正の構造を温存することになるであろう。

かくして経験的（心理的）正当性を超えたなんらかの規範的な正当性の基準が必要なのであり、政治哲学は少なくともそのような正当性にかかわらざるをえないのである。そこでは所与の構造と関係をとらえ返し反省の組上に載せながら、そのよりよきあり方を模索せざるをえないのであり、そのための価値基準の構築もそのひとつの重要な要素とならざるをえないのである。さきのロールズの正義論やドゥオーキンの権利論をもって政治哲学の復権がいわれるのもそれ故である——その立論の仕方や内容に関しては必ずしも賛成できないところがあるとしても。

ところで、マルクス主義に正義論（あるいはより広義の規範的正当性の理論）があるか否かは、ロールズらによる正義論の復活以降さまざまに論じられてきた。たしかに科学的であることを強調し、ときには歴史の必然性をいい、存在による意識の決定をいうマルクス主義に規範的な意味での正義論を求めることは困難であるかもしれない。しかしにもかかわらず、疎外をいい、搾取や抑圧をいうマルクス主義が正義観と無縁であるともいえないであろう。いなマルクスが私有財産や資本主義を分析するとき——それがいかに客観的で科学的、歴史の事実を示すような形をとろうとも——、それはすでに資本主義の告発と労働者階級の解放（もちろんそこにマルクスは人間としての人間一般の解放をみた）という一定の価値的視点に支えられ、それがマルクス主義に生命を与えるものとなっていたのである。

にもかかわらず、『認識と関心』（*Erkenntnis und Interesse*, 1968）におけるＪ・ハーバーマスの鋭い分析が示すように、ヘーゲルにおいて意識の反省＝自己内還帰（Selbstreflexion）による自己克服が、むしろそれが批判した同一哲学的な意識のレヴェルで終始し完結している——それ故に逆に現象知のメタ批判のレヴェルが希薄であるともいえる——としたならば、逆にマルクスにおいては弁証法的な展開を物質——経済的には生産力と生産関係——に集約することを通じて、それをとらえ返す意識の反省＝自己内還帰という過程が影をひそめてしまっていることもたしかなのである。あるいは歴史を主体的自然（人間意識）と客観的自然との相互作用において理解していたとしても、なおも反省が労働——自然との物質代謝＝生産と獲得——に矮小化されているという事実は否めないのである。(5) その点で、ハーバーマスのいうように、記号に媒介された相互行為を強調することは十分に意味があるかもしれない。とりわけマルクス主義が、その基盤を一元化された階級意識のうちに置き、ときには相対立する多元的要素が調整されるための制度的条件についての配慮を欠くとき、記号によって媒介された相互行為＝コミュニケーション行為による調整と集約はきわめて重要な意味をもつといわなければならないであろう。そうでない限り、それが権威主義的体制に転ずることに対する歯止めは少ないように思われる。

にもかかわらず、ここでも反省による自己克服と相互克服を既存の体制内におけるコミュニケーション過程に委ねる限り、そこにおける多数者の同意が、少数者を抑圧したり、あるいは先進国の国内的同意が後進国の構造的犠牲のうえにあるという事実にまで反省が及ぶには一定の限界があるように思われるのである。むしろここでも反省は経験的世界における一般的に現象する意識を超え、みずから規定している構造をもとらえ返し、そのあるべき方向を模索する理論的・哲学的意識によって媒介されなければならないように思われるのである。

## むすび

私はすでに正当性に関して経験的正当性と規範的正当性ということをいった。正当性が経験的正当性に収斂されてはならないこと、仮にその社会の九〇％の人がそれに満足し同意を与えていたとしても、そしてその意味ではその社会における政治権力がきわめて安定性を保ちえたとしても、このことは必ずしもその体制を規範的に正当化するものではないことをみてきた。この意味では、むしろ危機をどのレヴェルでとらえ、規範的正当性の——内容はひとまず措いて——適用範囲をどのレヴェルでとらえていくかがきわめて重要であるように思われる。政治権力の安定は必ずしも危機の不在を意味しない。むしろその政治権力を成立せしめている社会そのものが——人びとの経験的意識を超えて——危機を内在させていることが問題なのであり、むしろ政治権力もそこにおける支配的意識も、その構造的危機を自覚化していないことが問題であるように思われるのである。

私はすでに正義論ですら今日におけるこの意味での正当性の理論として不十分であるということをいった。正当性がもはや一国内における価値の配分のあり方においては測られえないことは明らかである。もちろん、ロールズ自身が少なからず試みているように、そしてC・R・ベイツなどがより積極的に試みているように(6)、正義の理論を一国の範囲を超えて国際社会にまで適用していくことは可能であろう。その場合には、たとえば「社会的不平等は、最も恵まれていない人びとの最大の利益になるよう、配置さるべきである」という格差原理（difference principle）は、国際的な格差是正の原理としての適用可能性をもつであろう。もちろん、それに「平等な自由原理」としての第一原理が加わったとき、それは各国とそこにおける個人の自主性を尊重しつつの格差是正ということになるであろう。もちろん核戦争の危機ということを前提とするならば、ここでは国際的な平和を保持しながらの格差是正＝正義の実現という困難な事実に直面せざるをえないのでありむしろ格差是正が地球社会の正当性の確立と平和の条件の推進として機能するような方途が探られていかなければならないであろう。

にもかかわらず、今日危機と人間社会の正当性がかかわるのは、もはや自然から切り離された人間社会それ自体の問題としては考え難いように思われるのである。むしろ、人間相互——国際社会を含めて——の関係における平和と正義の実現が、逆に人間と自然との関係において人類の生存の危機を増幅させるようになってはならないのである。この意味では今における危機と正当性の問題は、もはや一国社会における政治権力のそれでも、その政治権力を支える体制としての社会それ自身のそれでも、さらに全体としての国際社会秩序そのもののそれでもなく、まさに全体としての人類社会と自然との関係のあり方にかかわっているように思われるのである。その意味では、すでに人間中心的（anthropocentricism）な視点を超えた、反省＝自己内還帰とそれによる自己克服の過程が要請されているのであり、哲学的意識のかかわらねばならないのはむしろそれなのである。その意味では、今日における人間社会における危機と正当性の理論は、このようなむしろ人間をもそのうちに含む自然の存在論的把握のうえに成立しなければならないであろう。そしてそこから一定の規範をひき出し、それに人間社会とそこにおける人間の行為の基準としての意味をもたせようとする限り、それは新たな自然法の復活と呼び得るかもしれない。もちろん、それは自然の存在論的連関からひき出され、人びとの生物学的な生存の危機に繋がっている限り、必ずしもその超越性を強調する必要もないであろう。

このような正当性——この意味における人間社会の正当性——の理論は、すでに述べた人びとの経験的意識の正当性とときには衝突するかもしれない。そのとき、この意味での規範的正当性を強要することは抑圧の危険性を内在させているともいえる。その意味では、その社会の最終的な意志決定は——政策レヴェルも含めて——あくまでも人びとの経験的意識と民主主義的な手続きに委ねざるをえないであろう。にもかかわらず、古来、哲学の機能は前学問的、経験的意識のもつ偶然性や矛盾、限界を超えて、むしろより普遍的で永遠の相へと意識を拓くことにあったのである。その意味でも前学問的、経験的意識への埋没と迎合は、まさに哲学の機能放棄といわなければならないであろう。

**注**

（1）D. Easton, *The Political System* (New York : Alfred A. Knopf, 1953), p. 93.

（2）J. Rawls, *A Theory of Justice* (Cambridge, Massachusetts : Harvard University Press, 1971), p. 3.

（3）Cf. R. Dworkin, *Law's Empire* (Cambridge, Massachusetts : Harvard University Press, 1986). なおこのロールズ、ドゥオーキン、ノズィックの理論の概要については、拙著『〔増補版〕政治哲学の復権』（新評論、一九八八年）〔本著作集第七巻収録〕参照。

（4）Cf. R. Dworkin, *Taking Rights Seriously* (London : Duckworth, 1977), pp. 234f.

（5）Cf. J. Habermas, *Erkenntnis und Interesse* (Frankfurt am Main : Suhrkamp Verlag, 1968), S. 60f.

（6）Cf. C. R. Beitz, *Political Theory and International Relations* (Princeton, New Jersey : Princeton University Press, 1979).

※――本稿で藤原はJ・ロールズやR・ドゥオーキンをリバータリアンとして描いているが、現在ではリバータリアンという呼称は国家による再分配を拒否したり、最小化しようとするR・ノズィックらの思想に対してのみ用いられるのが通例である。誤解を招きかねないが、原文のままとした。

†初出　田中浩編『現代世界と国民国家の将来』御茶の水書房、一九九〇年

# 規範理論と価値の多元性——ロールズとハーバーマス

## 一　はじめに

分析哲学と行動科学の挟撃のなかで、政治哲学の没落がいわれ、死滅すらいわれたのは一九五〇年代であったが、一九六〇年代の後半にいたってJ・ロールズ、R・ノズィック、R・ドゥオーキンらを中心に、改めて政治哲学の復権がいわれたとき、かれらは一様に、想定されうるひとつの批判を当然のこととして前提し、それへの解答を自らの理論のうちに準備せざるをえなかったといえる。すなわち、特定の価値を究極的な基準としてたて、それに基づいて理論が構築されていったとき、それは容易にそれを他人に押しつけ、時にはそれによって他人を裁く、抑圧の体系として機能する危険性はないかということである。いわば規範主義と価値の多元性、個人の自律、思想的寛容とをどのようにして両立させるかという問題である。

おそらく、このような問いの背景を探っていくならば、われわれは、しばしば正義の名において大規模な不正義がおこなわれ、解放の名において大規模な抑圧がおこなわれた二〇世紀の特殊な体験にまで行きつかざるをえないかもしれない。（あるいはもう少しネガティヴにみるならば、正義や価値がそのまま社会告発の基準とはなりにくい高度産業社会とそこにおける意識のあり方にかかわっているのかもしれない。）しかし、われわれは、価値の多元性や思想的寛容の要求が、批判基準の拒否を通じて、無意識的にも、その社会の矛盾を隠蔽し、構造の不正を温存するイデオロギーとして機能する危険性にも目を閉じてはならないであろう。そこで、ロールズとハーバーマスをとり上げ、この問題にたいする彼らの対応をみながら、現代における規範理論の可能性と方向を模索することが本章の課題である。

## 二　目的論と義務論

「基本的自由とその優先順位」（The Basic Liberties and Their Priority）と題するターナー・レクチャーにおいて、ロールズは「自由主義のきわめて重要な仮定は、平等なる市民が善についての異なった、そしてたしかに通約されがたい和解不可能な概念をもつということである」[1]という。多少の曲折や修正はあったとはいえ、『正義の理論』（*A Theory of Justice*, 1971）に集約的に示されているロールズの理論を、たんなる自由主義の現代的基礎づけとしてのみ読むならば、それは問題をあまりにも単純化することになるかもしれない。いわゆる正義の二原理のうち、第二原理、とりわけ格差原理（the difference principle）は、社会的にもっとも恵まれていない人びとへの配慮を含むかぎり、ロールズ自身のいうように、それはある種の社会主義にたいしても適用可能であるかもしれない[2]。しかしにもかかわらず、ロールズの正義の理論が、現代社会における「善の観念の多元性」という事実を前提としていることは疑いえない。

このことを端的に示しているのが、道徳理論における目的論（teleology）と義務論（deontology）の区別であろう。すなわち、道徳理論における善（good）と正（right）という二つの主要な概念のうち、目的論は正とは独立にまず善を定義し、かかる善を極大化するものを正としてとらえる。いわば利害や行為は、それがその構成員の最大の善をみたすかぎり、正義にかなっているとするものである。これにたいして、義務論はむしろ善の多元性を認め、それを最終的には個人の選択に委ねながら、かれらがそれぞれの善を実現するために必要な外的な条件のあり方を正としてとらえるのである。[3] 正義の二原理を自由で平等な個人の「原初状態」（the original position）からの同意の結果とするロールズの正義論が、義務論的であることはいうまでもないであろう。そしてそれは個人の自由と自律性、人格の擁護ということと密接な結びつきをもっているのである。

ところで、ここで少しく政治理論史的背景においてみるならば、目的論と義務論という区別のうち、古典的政治理論は概して目的論的であった。そこにおいては近代におけるごとき善と正の区別はなかった。もっともすでにアリストテレスは『ニコマコス倫理学』の第五巻において、徳（善）と区別された、名誉や財貨の配分の規則としての特殊的正義について論じている。しかしその場合にも、それに先立って、むしろ一般的正義について論じ、徳と正義が同一であることを強調している。つまり徳を、他者とのかかわりにおいてみたとき正義であり、それをそのような関係を離れてたんなる状態《ヘクシス》=行為能力としてみたとき徳であるというのである。[4] そしてこのばあい、徳とは人間の本質（目的《テロス》）に則った倫理的、知的卓越性にほかならず、それこそ最高善であったから、それゆえにここでは善と徳とは同一視しえたのである。このことはトマスにおいても同様である。すなわち、トマスにとっても、「全ての徳の行為は、それが人びとをして共通善に ad bonum commune 導くという点において正義」[5] なのであり、この意味において正義は他のすべての徳も包摂する一般的な地位を与えられていたのである。このばあい、「正義とは、人が、永続的で恒久的な意志をもって、各人が各人に相応しいものを与える習慣である」[6]というトマスの言葉によっても明らかなように、アリストテレスやトマスにとって、善＝徳と正義が同一視されたのは、（社会の構造は別としても）そこにおいては自然（存在）の世界が一定の有限な調和的秩序を構成し、しかもその秩序はある種の階層的秩序であると考えられていたからでもあった。いわばそこでは、存在の階梯が価値の階梯をなしていたのであり、それゆえに各人はそれぞれの位置に相応しき善を実現しつつ、共通善を実現し、正義を実現していくものと考えられていたのである。

それゆえにまた、近代の科学・哲学革命におけるそのようなコスモロジーの解体は、善と正の分離を不可避なものとした。たとえば、自然（存在）の世界を原子論的な物体の機械論的結合よりなり無限の広がりをもつものとしたホッブズにとっては、人間とはかかる自然との代謝過程において欲求を追求し嫌悪を回避しつつ自己保存をはかっていく徹底的にエゴセントリックな存在であり、善悪はかかる欲求および嫌悪と等置され、完全に主観化され相対化された。

人によって何が善であり何が悪であるかは異なるのであり、同一の人物においても時と所によって異なる[7]。かくておよそその実現を道徳的行為の目標とすべき最高善や共通善は存在の余地なきものとされたのである。かかる人間の自然の状態は、無道徳的状態であり、「万人にたいする万人の戦争」となるのも当然であった。そこでそこにおける自己保存の自然権をよりよく実現するために、理性の計算を通じて平和の戒律としての自然法が発見されるのであり、かかる自然法が唯一の道徳的規則であった。第一の自然法は、自己保存のよりよき実現のために平和への努力を命じ、第二の自然法はそのために自然権の相互放棄を命ずる。そして第三の自然法は、かく自然権の相互放棄（譲渡）において結んだ契約の遵守を命ずる。そしてかかる契約の遵守が正義とされ、他の自然法は以上のものから派生するとされたのである。このようにして善と正は分離され、主観化され相対化された善を実現するための外的な条件としての正義が唯一の道徳とされていったのである。そして国家はかかる正義＝自然法を「外なる法廷」においても実現することを可能ならしめるための条件を保障する強制力の体系であった。

その道徳理論において、カントはホッブズとはまったく対極にあるようにみえるかもしれない。しかしカントが、その道徳律に普遍妥当性をもたせしめるという要請にしたがって、実質的な内容を道徳的意志の規定根拠から排除し、道徳を完全に自律的な意志がみずからに課した義務の遂行としていったとき、ここに義務は義務のためになされるべきものとされ、善は道徳から分離されたのである（最高善と道徳の分離も当然であった）。道徳はそれが実現すべき具体的内容＝善であるよりも、道徳的意志がみずからの善の実現にあたって従うべき外的な形式であったのである。のみならず、すでにホッブズにみられたように、このばあいカントにおいても「内なる法廷」にかかわる道徳の領域と、「外なる法廷」にかかわり強制可能な法の領域とが区別され、後者はもっぱら相互的意志の同意＝契約の所産とされていったのであるから、ここでは道徳と法も分離され、正義はむしろ後者にかかわるものとされたのである(8)。

もちろん、思想史的系譜においてみるならば、このような契約論は、やがて個人の経験的な快楽を善、苦痛を悪としながら、かかる意味での快楽の極大化と苦痛の極小化を最高善とし正義とするいまひとつの目的論としての功利主義に席を譲っていった。そしてそれは今日のおおかたの社会科学の価値前提をなしているのみならず、今日の支配的な価値観であるとすらいえる。しかし、ロールズによるならば、そのような功利主義は、個人の価値観の多様性を無視するのみならず、かかる功利計算を公平な第三者に委ねることを通じて個人の自由や自律性を損なう危険性をもっている。したがってそれはいっけんそうみえるほど個人主義的ではない、む

しろ全体主義的ですらあるというのである。(9)

## 三　ロールズ正義論と個の自律性

ロールズの正義論が、功利主義批判を重要な学問的動機としていることはいうまでもないであろう。ロールズにとっての理想社会、すなわち秩序ある社会（a well-ordered society）とは、おのれの欲望がもっともよく満たされている社会ではなく、むしろ自由で平等な道徳的個人が、正義の原理を遵守し、かつ他人も遵守するであろうという確信に支えられた社会である。(10)それゆえロールズは、たとえば同じく政治哲学の復権をとなえるレオ・シュトラウスらとも異なって、アリストテレス的目的論（ロールズはそれを完成主義 perfectionism とよぶ）に帰ることもしない。それはもはや不可能であるのみならず、究極目的にかかわる特定の価値観を他人に強要することになるというのである。

かくしてロールズは、むしろ社会契約説の伝統に帰り、自由で平等で合理的な個人を前提としながら、かれらの同意によって正義の原理を導出し、かかる正義の支配する社会を志向するのである。（ロールズ自身、「自分のねらいは、いわばロック、ルソー、カントに見出されるいわゆる社会契約の理論を一般化し、より高い抽象化のレヴェルへと導く正義の概念を提示することである」(11)という。）それゆえ、ロールズの正義論の出発点は、社会契約説の自然状態に示唆をえた「原初状態」である。すなわち、社会における自らの位置、階級的立場、生まれながらの才能や能力の分配におけるみずからの位置、みずからの善の観念、固有の心理学的性向、等々、およそ個人の公平な判断を曇らせそれを特殊化するおそれのあるすべての情報が捨象され、まさしく「無知のヴェール」（the veil of ignorance）におおわれた原初状態より、完全な同意の結果として、正義の二原理を導出していくのである。

第一原理

各人は、他の人びとにとっての同様な自由と両立しうる最大限の基本的自由への平等な権利を持つべきである。

第二原理

社会的、経済的不平等は、(a)もっとも恵まれていない人びとの最大の利益になるよう、(b)公正なる機会の均等という条件のもとにすべての人に開かれている職務や地位にのみともなうよう、配置さるべきである。(12)

これらが社会の基本構造にかかわり、権利と義務の割り当て、社会的、経済的価値の配分を決定する原理である。第一原理は、「平等な自由原理」とよばれ、それには政治的自由（政治参加の権利）、言論・結社の自由、良心の自由および思想の自由、財産を有する権利をともなった身体の自由、恣意的な逮捕や押収からの自由、等が含まれる。第二原理は、それぞれ、(a)「格差原理」、(b)「公正な機会均等原理」とよばれ、社会における所得や富の分配、権威や責任の相違をともなう組織のあり方にかかわる。なお、優先順位の規則にしたがって、第一原理と第二原理が衝突したばあいには第一原理が、第二原理のうち、格差原理と機会均等原理が衝突したばあいには後者が優先される。

このような正義の二原理の導出ののち、ロールズは、その制度化の問題を論じている。そしてそれは正義の二原理を基礎とする憲法の制定、立法過程、司法・行政過程という形で示される。そのかぎりにおいては、それは政治社会の構成原理であるともいえる。しかしにもかかわらず、それは一定の社会秩序を前提とし、その制度的枠組みや政策、行動を判断する基準としての性格がつよい。その意味では、「原初状態」は、公正な正義の原理を導出するための論理的仮説であり、そこで要請されているものは、倫理的エポケー――あたかもウェーバーの価値判断排除を思わせるような――であるともいえる。これに較べるならば、社会契約説における「自然状態」は、政治権力の存在しないところにおいて人がつねに陥らざるをえない歴史的事実であり、それはまさしく前政治的な状態である。そして政治社会をそこからの人工的構成物とすることを通じて、それはすべての既存の政治的、社会的関係を解体し、それをまったく新たに原理的に組み換えるという意味をもっていたのである。いわば自然状態が、すでにそれ自身、政治社会の正当性の根拠を問うための価値的な判断基準――それがネガティヴであれポジティヴであれ――をなしていたのであり、ここにこそその理論の革命性があったのである。

もっとも内容に関していうならば、とりわけその第二原理は、自由で平等な原子論的個人の相互交渉にともなう外的なフェア・プレイの規則――ホッブズ、ロック、ヒュームらにとっては正義は、所有権の尊重とその相互交換における契約の遵守に還元された――を超えて、人びとの実質的な機会の均等を要求し、さらにあらゆる社会的、経済的不平等はそれがその社会におけるもっとも恵まれていない人びとの利益となるばあいにのみ正当化されるとしたのである（その意味では、たしかにそれは、すでに触れたように、ある種の社会主義にも適用可能なものを含んでいるといえる）。しかもそれが、自由で平等な個人の合理的な同意の所産であるがゆえに、功利主義的な福祉政策とも異なって、個人はそのもとにおいても嫉妬や恥、卑屈という感情からも解放され、その社会の政治的秩序に服しつつ、しかも自由で自律的、おのれの自尊心を保持しうるというのである。そしてそのような社会の成員は、自律性を保持しつつしかもその社会が一定の正義の観念によって支配されていることを知っているがゆえに、次第に社会的責任を自覚し、正義の実現がみずからの善の一部をなすようにすらなるというのである。

このようにしてロールズの正義論は、善の内容はあくまでも各人の主観に委ねつつ、正の問題にのみ限定した義務論的立場にあったといえる。このようにしてはじめて規範理論が価値の多元性という要求と両立しうるとしたのである。のみならず、ロールズは、ホッブズやカントと異なって、そのようにして原初状態から導出された正義の原理が、なおも蓋然性を含み、それゆえに他者とのコミュニケーション過程を通じて修正可能であると考えていた。すなわち、ホッブズやカントが善の選択を個人の主観に委ねつつ、道徳を外面化、形式化したのは、ひとつにはそれを通じて道徳的規則を論証可能で普遍妥当なものとして成立せしめようとしたからであったが、[13]これにたいして、ロールズは、正義の原理は、内容的には、すでにその社会に存在している前学問的・常識的な正義の観念を論理的に整理し定式化したものであり、それゆえに対社会との関係においても、理論相互の関係においても相互修正が可能なものと見ているのである。ロールズが、定義やたんなる命題の結合からは実質的な正義の原理を導出することは不可能であるというとき、[14]それはひとつにはそのような理論がしばしばメタ理論以上には進みえないという批判とともに、科学的合理性だけが唯一の合理性と普遍妥当性の基準とされたとき、それ自身が他者との実践的なコミュニケーション過程を排除していくという批判を含意していたのであった。

## 四　ハーバーマスと対話的合理性

ロールズは、善とは区別された正への問いにのみかかわるとしながらも実質倫理の回復を志向した。このような限定のなかで規範理論が組み立てられたとき、それは規範的でありながらも価値の多元性と両立しうると考えたのである。そしてそのような理論が人びとの理性に訴えかけ、次第に浸透しながら、政治社会の判断基準として機能しうる可能性を信じていたのである。

これにたいして、ハーバーマスは、もはやいかなる実質倫理も不可能であるという。そしてそれは、社会構造の変化とそれによってもたらされた世界像の転換に関係しているのである。ハーバーマスは『後期資本主義における正統化の諸問題』において、現代社会における世界像の変化の特徴を三つのものに要約している。すなわち、まず第一に、今日の文化の支配的な構成要素は、全体としての自然と歴史を解釈する世界像としての性格を失い、全体性を回復しようという認識論的要求は、科学的な個別情報にもとづく通俗的総合と秘教化しあるいは崇高さを失った通俗芸術の犠牲に供せしめられている。第二に、プロテスタンティズム以来礼拝様式から解放され内面化し私事化し主観主義的に屈折した信仰態度が、信仰の多元性という自由主義の原則と対応しつつ、実践問題をもはや真偽を問いえないものとし、価値を非合理的なものとしている。第三に、それゆえにまた、道徳的観念は、もはやいかなる理論的な解釈体系からも切り離され、ブルジョア的利己主義が功利主義を世俗道徳として一般化してしまっている。(15) いわば、「宗教および哲学の止揚」として意識されている事態が、もはやいかなる意味においても実質倫理の成立する余地を奪っているというのである。

そして仮に、実質的な内容から切り離された形式倫理が立てられたとしても（それはすでにヘーゲルのカント批判と同じく）、人間の感情、傾向性を抑圧するものとして機能せざるをえないという。かくしてここでは善から区別された正義の理論も不可能である。他者関係における合理性を保証しうる唯一の倫理は、意志疎通的倫理《コムニカティヴェ・エティーク》であり、他者との関係において想定せられる合理的な言語の根本規範だけである。かくしてハーバーマスはつぎのようにいう。

「意志疎通的倫理のみが、許容されうる規範の普遍性と行為主体の自律性を保証しうるのであり、それはもっぱら規範が掲げる妥当請求の討議的解決によって、すなわち、討議による意志形成に参加するとき（あるいは参加するであろうとき）すべての当事者が討議の参加者として（強制なく）一致する（あるいは一致するであろう）ような規範だけが妥当性を要求しうるということによってである。そのばあいには、それぞれの場合にどの部門が妥協や形式的な行為規範によって規制されるべきかというような問題も、討議の対象となりうる。意志疎通的倫理だけが普遍的であり（形式主義的倫理のように、法規範から分離された私的道徳の領域に限定されることもない）、かかる倫理だけが自律性を保証する（けだしそれは、衝動力の意志疎通的行為構造への接合の過程、まさに『意志と意識とをもった』社会化過程をおし進めるからである）[16]」。

このようにして、強制も抑圧もなく、相互欺瞞も自己欺瞞もない完全に開かれたコミュニケーションだけが、各行為主体の自律性を保持しつつ——規範による他者の抑圧も自己の衝動の抑圧もないという意味において——しかもその結果は普遍性を保証しうるのであり、そこに成立する合理性だけが唯一の合理性である。それゆえそのようなコミュニケーションを成立せしめるための対話の倫理のみが、今日可能な唯一の倫理である。

『コミュニケーション的行為の理論』における、ハーバーマスの説明によれば、コミュニケーション行為とは、「当該行為者の行為設計が、自己中心的な結果計算をめぐってではなく、諒解の行為をめぐって調整せられる」行為である。つまりそこにおいては、行為の当事者は、もっぱら自己の成果を志向するのではなく、むしろ共通の状況規定を基盤として相互に自己の行為計画を調整しうるのである（それゆえにかかる過程において各人の欲求や利害が調整され、普遍化されてゆく）。それゆえハーバーマスによれば、諒解とは「言語能力をもち行為能力をもった諸主体における一致の過程[17]」であり、それはすでに人間の言語活動そのもののうちにその目的として内在しているものであるとしても、一定の妥当請求が満たされたばあいにのみ可能である。これこそ客観的世界、社会的世界、主観的世界という形式的世界概念の分化とともに成立し、客観化的、規範順応的、自己表示的というそれぞれの行為に対応する真理性（Wahrheit）、正当性（Richtigkeit）、誠実性（Wahrhaftigkeit）という基準にほかならない。このような妥当請求が満たされたとき、そこに完全に開かれたコミュニケーションが成立し、相互諒解が生まれるのである。（もっともハーバーマスがコミュニケーションを間主観的な関係においてのみならず、主観の自分自身との関係においてもとらえ、内的葛藤の調整をも含めていることに注意すべきであろう。）

社会的判断の基準の合理性を、開かれたコミュニケーション過程の結果に求めたという点において、ハーバーマスの理論は、正義の原理を原初状態からの同意の結果としたロールズに共通するようにみえるかもしれない[18]。しかも両者とも、そこにおいては規範が同意の結果であるがゆえに、個人の自律性も保持されうるとしたのである。しかしにもかかわらず、ロールズのばあいには、正義の二原理は、相互主観的な対話《ディアローグ》の所産であるよりも、原初状態からの――この点では主観のモノローグ的な――推論の結果であり、しかもそれはまさに正義の原理として実質的な内容をもっていたのである。ハーバーマスからするならば、そのような規範理論は、正にのみかかわるという義務論的な限定をもってすら、規範が自立化し、個人の内面を抑圧することになるのかもしれない。いな規範理論が、普遍的基準として作用しうることにたいしても、すでにおおいなる疑問を呈していたのである。

これはすでに述べた世界像の転換に対応するわけであるが、『イデオロギーとしての技術と科学』に所収の論文において、ハーバーマスは、旧い教養概念にしたがって、理論と実践との関係を考えることを拒否する。すなわち、一定の倫理的教養を積み人格形成を経た人間が科学技術を用いることを通じてのみ、それらが社会的に正しく行使されるというのはすでに時代錯誤であり、今日すでに科学・技術はわれわれの生活世界に深く浸透し、むしろそれ自身が自立的な力を発揮しているというのである。しかし他方、科学・技術の法則的自立化を強調するあまり、すでにそこでは目的と手段の関係が転倒し、ほんらい手段であった技術が内在的法則にしたがって方法を生みだし目的を生みだしていくとするのも一面的であるという。(19) いわゆるシステムと生活世界との関係でいうならば、今日、システム合理性が生活世界を侵食し、それを植民地化していることはたしかである。すなわち、技術的－道具的合理性――ウェーバーの目的合理性――が、生活世界を支配し、それを道具化しつつ、破壊しようとしている。そこには認知的－道具的関係だけが支配的となり、真理性だけが唯一の妥当請求として機能しているようにみえる。しかし近代化にともなうこのような事実のうちにも、ハーバーマスはなおも別の選択の可能性を認めるのである。そしてまさに批判理論の役割は、このようなシステム合理化とシステム分化、生活世界の支配の原因とそのダイナミクスを分析しその病理を明らかにしつつ、過去の歴史に存在したさまざまの合理化と合理性概念を参照し、そこを突破する新しい可能性を探ることにある。[20] システム合理性と区別されたコミュニケーション合理性の概念と、それを基礎づけるコミュニケーション的行為の理論は、このようなコンテキストにおいて理解せられる。たんなる真理性をこえて、正当性と誠実性をも満たす意志疎通の可能性は、人びとの根源的な欲望として、植民地化されつつある生活世界にも内在しているのである。

この意味では、ハーバーマスにとっても歴史の推進力は解放への関心であるといえる。しかし労働と相互行為という周知の区別においても明らかなように、解放への関心が対自然関係を主軸とする道具的思考と行為に収斂され、相互主観的な意志疎通の場を狭めてしまう――いまひとつの抑圧の体系と化する――可能性もあるのである。その意味では、解放そのものが反省（Reflexion）を媒介とした意志疎通のうちにおし進められていかなければならないであろう。他方、『認識と関心』におけるヘーゲル批判にも明らかなように、反省が同一哲学的に精神の領域で完結してしまうばあいには、解放への関心に促された現実変革には進みえないであろう。かくしてハーバーマスにとって重要なのは、あくまでも現実を媒介とした反省とそこで成立する自己克服と相互克服の過程であり、かかる相互克服を可能にする意志疎通の場を開いていくことであるといえる。そのような場が開かれたとき、各人はかかる意志疎通を通じておのれの欲求を普遍化しつつ、かくして到達された普遍的なるもののうちに自己を実現していくことができるのである。

## 五　結びにかえて

われわれはこれまで、規範理論と価値の多元性という問題を中心として、ロールズとハーバーマスの理論をみてきた。ロールズは、善とは区別された正への問いに限定しつつ、正義の二原理を原初状態からの同意によって導出していった。これにたいしてハーバーマスは、もはやいかなる意味でも、実質倫理は不可能であるとしながら、理想的な意志疎通の状態をひとつの規範モデルとして立てたのである。両者とも、科学主義的、実証主義的な社会諸科学に抗して、ある種の規範理論を回復し、再興しようとしたのである。だがこれらの理論は、今日われわれの規範理論に課せられた課題に十分に答えているであろうか。

ところで、ロールズは、正義の理論は、社会間（たとえば国家間）の正義および自然と人間との関係は除外しているという。[21]しかしロールズ自身が少しく試みているように、そしてC・R・ベイツなどがより具体的に展開しているように、[22]行為主体を国家としてとらえるならば、「無知のヴェール」におおわれた原初状態から、国際的な平和と正義の条件を導出することは可能であろう（いな論理的には個人を行為主体としつつ、そこからすでに国境を超えた正義の基準を導出することも不可能ではない）。そこでは、ロールズの正義の二原理は、各国の自立性を重んじつつ、しかも国際的な格差是正の原理として作用しうるであろう。しかしロールズの理論といえども、対自然関係をも正義の原理のなかに組み込むことは不可能であるように思われる。けだし自由で平等で合理的な主体を前提とするかぎり、自然はいかなる意味においてもかかる主体とはなりえないからである。もちろん、人間間における同意による正義の原理のうちに内容的に対自然関係を含めることもできよう。しかしそのばあいにはなおも主体としての人間関係が自立化し、自然が客体化し、所与の手段体系となっていくという危険は避けられないのである。

このことはハーバーマスにたいしては、より強く妥当するように思われる。すなわち、ある集団（国家）内における完全な意志疎通の結果が他の集団を抑圧し格差を拡大するものとなりうること――たとえば先進工業国における意志決定の結果が低開発国の犠牲を強要するごとく――は十分にありうるのであり、同様に類としての人間集団における完全な意志疎通の結果が、対自然関係における自然の抑圧として作用していくことも十分にありうるのである。あるいは歴史的にみても、ある時代のある人間集団における意志疎通の結果が、つぎの時代の犠牲のうえにあることは十分にありうるのである。いわばこの意味において、合理性が開かれた完全なコミュニケーション過程という形式に求められるかぎり、そこではその集団内の意識に拘束されこれを超越することは困難であるように思われる。もちろん個別的にはそのような意識を超越し、対人間、対自然の関係におけるより普遍的な視座を設定する人がいるかもしれない。しかしそれも結局は意志疎通過程におけるひとつの意見ということ以上にはいたりえないのであり、もしそれを理論的に基礎づけ、内容的に規範として示すならば、それはすでに意志疎通的倫理を超えて、実質倫理の領域に踏み入ることになるであろう。それゆえに、R・J・バーンスタインのいうように、生態学、反核、婦人解放などの新しい社会運動を、コミュニケーション理論の視点からとらえ返すことができたとしても[23]、それはあくまでもコミュニケーション的行為の枠のなかで、システム合理性によってもたらされた生活世界の侵害や歪曲にたいしてコミュニケーションの構造をまもりあるいは回復するという性格以上には出ないのであり、内容そのものの善し悪しは直接には論究の対象になりえないのである。

もちろん、ここで「いかに生くべきか」という善の問題をも含む、実質倫理の再興をいうならば、それはあまりにも性急にすぎるかもしれない。そのような実質倫理は、現にある人びとの現実の欲望から切り離されたひとつの外的な規範として、いまひとつの抑圧の体系として機能するかもしれないし、そもそもそのような規範――旧い教養概念にもとづく――は、システム合理性の生活世界の植民地化という事実をまえにしては無力であるかもしれない。むしろここで、現実の連関に根ざした実質倫理——今日の生態学的危機を背景にし、かかる危機意識に根ざした自然と人間との根本的なあり方をも含む——の再興を考えることは不可能であろうか。もちろん、すでに述べたように、ハーバーマスからみるならば、世界分化、世界了解の脱中心化という事実をまえにしては、そこにおいては人間相互の関係も、人間と自然の関係も、全体的に説明されうるようなある種の新しい存在論を組み立てることは、すでにプレ・モダーンとして時代錯誤であるのみならず、それ自身が非寛容な閉ざされた体系にもどることを意味するかもしれない。したがってこの問題にたいしては、きわめて慎重なとり扱いが必要であろう。しかしそのような世界了解の脱中心化ということによってもたらされた生の意味喪失、人類の生存そのものを脅かしつつある生態学的危機と核戦争の危機という未曾有の人類史的危機をまえにして、対自然とのあり方を根底におき、それとの関係において人間相互のあり方をも規定しうる新しい存在論の再興が急務であるように思われるのである。もちろん、そのような存在論を基礎とし、部分相互の関係も、部分と全体との関係をも示しうる——そしてかかる関係性のうちにおいて「いかに生きるべきか」をも示しうる——新しい理論体系が、開かれた体系として成立しうるためには、つまり思想的寛容と両立しうるためには、論証可能性と普遍妥当性を基準とするこれまでの知の形態とは異なった別の知の形態が必要であろう。わたしはそれをすでにみずからのうちに含む偽なるものの可能性をつねに自覚し、それゆえに蓋然性を含まざるをえないアリストテレス的な賢慮《プロネーシス》=実践知として示した。しかもそれを、実践《プラークシス》の領域にのみかかわるものとしてではなく、むしろ自然科学的知の領域にまで拡大し、自然科学そのものが——T・S・クーンらのパラダイム論が示すように——人間の意識とは独立の自然の存在そのものについての認識であるよりも、究極的には、一定の世界観に基礎づけられたひとつの自然解釈であり、それゆえにかかる世界観的根拠をも含めて、コミュニケーション過程において相互修正の可能な知としてとらえていったのである。[24] そしてそれゆえにまた、それは、前学問的・常識的な知との関係においても、学問的知相互の関係においても、他者との相互主観的なコミュニケーション過程を不可避なものとしているのである。そしてそのように考えたとき、人間相互の関係における正義の基準にかかわるロールズの理論も、コミュニケーションによる相互の行為調整の条件にかかわるハーバーマスの理論も、そのような理論体系に含まれ、その一部として位置づけられるようにも思われるのである。

## 注

（1）John Rawls, "The Basic Liberties and Their Priority," *The Tanner Lectures on Human Values*, III (Salt Lake City : University of Utah Press, 1982), P. 17.

（2）Cf. John Rawls, *A Theory of Justice* (Cambridge, Massachusetts : Harvard University Press, 1971), pp. 266f.

（3）Cf. *ibid.*, pp. 24f.

（4）Cf. Aristoteles, *Ethica Nicomachea*, 1130a.

（5）Thomas Aquinas, *Summa Theologica*, 2a 2ae, q. 58. a. 6.

（6）*Ibid.*, 2a 2ae, q. 58. a. 5.

（7）拙著『近代政治哲学の形成――ホッブズの政治哲学』（早稲田大学出版部、一九七四年）、一一九頁以下参照。

（8）たしかに塩野谷祐一氏や川本隆史氏のいうように、すべての道徳理論を目的論と義務論に二分化するならば問題であろう。たしかに義務論に「強い形の義務論」と「弱い形の義務論」とを区別するならば、カントは前者にロールズは後者に属するともいえる（塩野谷祐一『価値理念の構造――効用対権利』東洋経済新報社、一九八四年、二七一頁以下、川本隆史「現代倫理学の再検討のために――藤原保信著『政治理論のパラダイム転換』をめぐって」『現代倫理学の再検討』東京大学文学部、一九八六年、五一六頁参照）。しかし分類の基準としてではなく、それを使って具体的に説明するための概念としてならば、このような使用も許されると思われる。なおホッブズは、目的論と義務論の双方の要素をふくむと思われるが、ホッブズのうちにカントに通じる義務論をみたのは、A. E. Taylor, "The Ethical Doctrine of Hobbes," *Philosophy*, Vol. XIII (1938) ; Howard Warrender, *The Political Philosophy of Thomas Hobbes : His Theory of Political Obligation* (Oxford : The Clarendon Press, 1957) であった。また善と正義の区別をリベラリズムの要諦と考える最近の優れた研究に井上達夫『共生の作法――会話としての正義』（創文社、一九八六年）がある。

（9） Cf. *A Theory of Justice*, pp. 27f.

（10） Cf. *A Theory of Justice*, pp. 453f; "A Well-Ordered Society," *Philosophy, Politics and Society*, ed. by P. Laslett and J. Fishkin (Oxford : Basil Blackwell, 1979), pp. 6f ; "Kantian Constructivism in Moral Theory : Rational and Full Autonomy," *The Journal of Philosophy*, Vol. LXXVII, No.9 (Sept., 1980), p. 521.

（11） *A Theory of Justice*, p. 11.

（12） *Ibid*., p. 60.

（13） それゆえに、カントの道徳律の世界は独話的であり、sensus communis を排除しているというのが、H.-G. Gadamer, *Wahrheit und Methode* (Tübingen : J. C. B. Mohr, 1975), S. 28f（轡田他訳『真理と方法Ⅰ』法政大学出版局、一九八六年、四五頁以下）における批判であった。

（14） Cf. *A Theory of Justice*, pp. 51f.

（15） Cf. Jürgen Habermas, *Legitimationsprobleme im Späitkapitalismus* (Frankfurt am Main : Suhrkamp Verlag), S. 112-13. 細谷貞雄訳『晩期資本主義における正統化の諸問題』（岩波書店、一九七九年）、一二六―一二七頁。

（16） *Ibid*., S. 125. 邦訳、一四二頁。

(17) Jürgen Habermas, *Theorie des kommunikativen Handelns*, Bd. 1 (Frankfurt am Main : Suhrkamp Verlag), S. 386.

(18) この点からロールズとハーバーマスを分析したものに、Seyla Benhabib, "The Methodological Illusion of Modern Political Theory : The Case of Rawls and Habermas," *Neue Hefte für Philosophie*, Heft 21 (1982), pp. 47f がある。

(19) Cf. Jürgen Habermas, *Technik und Wissenschaft als ›Ideologie‹* (Frankfurt am Main : Suhrkamp Verlag), S. 113f. 長谷川宏訳『イデオロギーとしての技術と科学』(紀伊國屋書店、一九七〇年)、一一五頁以下。

(20) Cf. *Habermas and Modernity*, ed. by R. J. Bernstein (Cambridge : Polity Press, 1985), pp. 23-24.

(21) Cf. *A Theory of Justice*, p. 512 ; "Kantian Constructivism in Moral Theory," p. 524.

(22) C. R. Beitz, *Political Theory and International Relations* (New Jersey : Princeton University Press, 1979).

(23) Cf. *Habermas and Modernity*, p.7.

(24) 拙著『政治理論のパラダイム転換——世界観と政治』(岩波書店、一九八五年)〔本著作集第八巻収録〕、一九〇頁以下参照。

†初出　藤原保信・三島憲一・木前利秋編『ハーバーマスと現代』新評論、一九八七年

# 近代化と宗教倫理

## はじめに

宗教の起源については、さまざまのものが考えられうるであろう。それは自然の脅威に端を発したものであるかもしれない。あるいはそれは、この世における生の苦悩、死の恐怖に源をもつものであるかもしれない。しかし、その起源がどのように考えられようとも、それが人間の感覚によってはとらえられえない超経験的な世界、聖なるもの、絶対的なるものへの信仰のうちに成立していることはたしかである。そのような超経験的な存在、聖なるもの、絶対的なるものへの信仰と帰依とを通じて、自然の脅威が宥《なだ》められ、生の苦悩が癒され、死の恐怖が克服されていったともいえる。

そのように考えるならば、宗教は、すぐれて意識的——自己意識的——な存在としての人類とともにあるともいえる。にもかかわらず、人類のながい歴史を顧みるとき、近代社会は、まぎれもなく脱魔術化された社会であり、世俗化された社会であり、合理化された社会であった。あるいは近代化は、そのまま脱魔術化、世俗化、合理化と同義であったとすらいえる。そこではおよそ人間の感覚を通じて知ることのできる経験的な現象の世界だけが唯一の実在の世界とされ、それゆえにまた、このような世界は人間の理性によって完全に合理的に解釈され説明されうるものとされていったともいえる。

ところで、このような近代社会が、逆にある種の宗教によってもたらされていったとするならば、それはあまりにもパラドキシカルに聞こえるかもしれない。しかし、周知のように、これこそかのマックス・ウェーバーの基本的なテーゼであった。すなわち、ウェーバーの宗教社会学の根本的な問題意識は、その著『宗教社会学論集』全三巻の冒頭に示されているように、普遍的な意義と妥当性をもつと思われる文化的諸現象が、何故に、いかなる事情の連鎖によって、ほかならぬ西欧近代に姿をあらわすにいたったかを明らかにすることにあった（マックス・ウェーバー〔大塚久雄・生松敬三訳〕『宗教社会学論選』みすず書房、一九七二年、五頁）が、ウェーバーはそれを宗教改革によってもたらされた禁欲的プロテスタンティズムに求めたのである。ウェーバーがここで、普遍的な意義と妥当性をもつ文化的諸現象によって意味していたのは、合理的な近代科学であり、近代芸術であり、近代的政治諸制度（とりわけ議会制と官僚制）であり、なかんずく近代資本主義であったが、それらはいずれもプロテスタンティズムの禁欲的合理主義の精神によって担われ生みだされていったとしたのである（もっとも、後にも触れるように、ウェーバーは、これらすべてを禁欲的プロテスタンティズムから図式的に演繹することには反対である）。もちろん、ウェーバー自身が指摘しているように、このようにして生みだされ、やがて世界に波及し、こんにちそれを支配しようとさえしている、このような文化的諸現象は、やがて自立化し肥大化しつつ、もはや宗教的な支えを必要としなくなっていく。否むしろ、それはかつてみずからを生みだした宗教を否定し、世俗化を推し進めていく。

こんにち人類がかかえるさまざまの問題は、このこととは無縁でないように思われる。そこで、まず西欧社会において、ついで非西欧社会において近代化をもたらした宗教倫理を探り、かつそのようにしてもたらされた現代社会がどのような特徴をそなえ、宗教との関係においてどのような位置にあるかを明らかにすることが、さしあたって本稿の課題である。

## 一　西欧社会の近代化

### プロテスタンティズムと近代資本主義

さて、ウェーバーは名著『プロテスタンティズムの倫理と資本主義の精神』（*Die protestantische Ethik und der »Geist« des Kapitalismus*, 1904-05）を、まず、資本主義形成期をみたばあい、近代的企業の資本家や経営者、および上層の熟練労働者にプロテスタントの数が多いという事実の指摘より始める。そしてそれは、普通に考えられるように、カトリックが非世俗的であるのにたいして、プロテスタントが世俗的で現世享受的であるということに求められるべきではないという。むしろ一方において非世俗的、禁欲的で信仰に熱心であるということと、他方において資本主義的な営利活動にたずさわるということとは両立しうるのであり、その両者の特殊な結合のうちに資本主義を生みだしたエートスをみるのである。そしてこのことを説き明かすひとつのキイ概念となっているのが、「職業《ベルーフ》」（Beruf）という観念であった。すなわち、「神から授けられた使命」という意味をもつこの語は、ルターの翻訳によるものであったが、それはまさに「世俗的職業の内部における義務の遂行」を、道徳的実践のもちうる最高の内容とするものであった。もっとも、ことルターに関していうならば、なおもかかる職業は、神の摂理として甘受すべきものとされ、必ずしも経済的な伝統主義を脱するものではなかった。この語をたんなる摂理ではなく、まさに神から与えられた使命として積極的な意味を付していったのが、カルヴィニズムであり、その予定説であった。

すなわち、それは一六四七年の「ウェストミンスターの信仰告白」に典型的にあらわれているように、人間はその堕罪によって救いのための霊的善へのすべての意志能力を喪失したとしながら、神はみずからの栄光を顕わさんがために、「みずからの決断によって、ある人びと……を永遠の生命に予定し、他の人びとを永遠の死に予定したもうた」（ウェーバー〔梶山力・大塚久雄訳〕『プロテスタンティズムの倫理と資本主義の精神』下巻、岩波文庫、一九六二年、一五頁）とするものであった。つまりここでは、人間の理解を絶する超越的な神の「選び」によって、救われる人間と救われない人間とが最初から予定されてしまっている。しかもこのばあい、自分が救われているか否かを信仰によっては知りえないとされたのであるから、それがなおも救いをめぐって真剣な思索に身をゆだねていた当時の人びとに与えた決定的な影響は、「個々人のかつてみない内面的孤立化の感情」（同上書、二六頁）であった。つまりそこでは、永遠の救いという問題に関して、説教者も、聖礼典も、教会も、神さえも——けだしキリストの死は選ばれた者のためであったから——助けとはならず、各人は予定された運命に向かって徹底的に孤独の道を歩まねばならなかったというのである。

そして、さきの資本主義の精神との関連でいうならば、このような予定説において、選ばれたキリスト者に与えられている唯一の使命は現世において、まさに神の栄光を増すために、それぞれの能力に応じて社会的な仕事を遂行することであり、職業労働もそのひとつであった。つまり内面的孤立化のもと、自分が選ばれているか否かの絶対的不安のうちにある信徒にとって、自分が救われているという自己確信を得る唯一の場はまさしくおのれの「職業」であり、職業労働であった。かくて、「自己確信を獲得するための方法として、絶えざる職業労働がきびしく教えこまれる」（同上書、五〇頁）ことになる。禁欲的な職業労働によって得られる富は、むしろ神の召命に忠実であったことの証《あかし》であり、救いの証であった。しかもかかる富そのものは、怠惰や安逸、快楽の源として危険視されたのであるから、労働そのものが禁欲の手段でもあり、このようにして資本蓄積を促す形成期資本主義の精神が準備されていったとするのである。

**禁欲的合理主義の精神**

ヨーロッパの古代・中世を通じて、営利活動は、むしろ道徳的、宗教的な糾弾の対象であり、せいぜい人間の罪の所産として寛容されたにとどまった。しかしここに、禁欲的プロテスタンティズムはその職業観念の転換を通じて、営利活動を道徳的・宗教的禁制から解放するのみならず、むしろそれを正当化し要求していったのである。もっとも、たんなる禁欲ならば、それはたとえば中世の修道院にも、東洋の僧院にも存在した。しかしカルヴィニズム的禁欲の本質は、それが世俗の世界に移されたということであり、まさしく世俗内禁欲（innerweltliche Askese）であるということにある。つまりそれは、世俗の内部において禁欲的生活を遂行しつつ、生活を計画的、合理的に律し、現世改造を可能にしていったというのである。

また資本主義ということに関しても、たんなる交換の可能性の利用のうえに成立する資本主義、ウェーバーのいう賤民資本主義や冒険資本主義、あるいはたんなる商業資本主義は、古代にも非西欧圏にも存在した。しかしウェーバーのいう近代資本主義とは、「（形式的に）自由な労働の合理的、資本主義的な組織」（前掲『宗教社会学論選』一五頁）としてのそれであり、それは精密な利益計算にもとづく合理的な資本経営を特色としている。そしてかかる資本主義は、ひとり西欧近代にのみ生まれ、それはプロテスタンティズムの禁欲的合理主義の精神によって育まれていったというのである。

ウェーバーは、われわれがさきにみた、西欧近代に生まれ、普遍的意義と妥当性をもつと思われる文化的諸現象、すなわち近代科学、近代芸術、近代政治諸制度、近代資本主義のすべてを、図式的にプロテスタンティズムの合理主義から演繹することには、それはディレッタントの仕事としておおいなる警戒を示す（前掲『プロテスタンティズムの倫理と資本主義の精神』二五〇―五一頁）。ウェーバーにとってはこれらの個別的な因果関係を示すことが問題であり、それこそが社会科学の仕事であった。しかしウェーバーが、そのような近代的な文化諸現象が、禁欲的プロテスタンティズムの合理主義によってもたらされたと考えていたことは疑いえないように思われる。聖礼典も教会ですら救いの助けとはならないとする徹底的な被造物神化の排斥、人間から隔絶した絶対的な神、かかる神との特殊な関係（二重予定説）によってもたらされる内面的孤立化の心理こそ、呪術や伝統、感覚的、感情的なものへのもたれかけを徹底的に排し、文化の諸領域における魔術からの世界解放を推し進めるものであったのである。それこそ、対象にたいして距離をおき、それを冷静に眺めつつ、合理的に整序していく主体の成立を可能ならしめるものであった。このようにして文化諸領域における伝統主義の克服が可能となったのである。

社会結合の仕方に関していうならば、それこそ、伝統的社会を所与のものとして受けとめ、それに無自覚的に服従してきた人間にかわって、それを対自化しつつ、それを一定の目的による意識的結合の所産とする方向への転換を可能ならしめるものであったともいえる。この点において象徴的なのが、一七世紀の政治理論の中心を占める社会契約説であった。もちろん、政治社会の起源を契約に求める考え方は、古代にも中世にもあった。とりわけ一六世紀は、君主と人民との関係をある種の契約とするいわゆる統治契約の全盛期ですらあった。

しかし、この点において社会契約説のもつ決定的な意味は、もはやそれがいかなる共同体をも所与の前提とすることなく、政治社会を完全に原子論的な個人の自然状態にまで解体しながら、かかる個人を唯一の究極の単位としつつ、政治社会を契約による人工的構成物としたことにあった。ホッブズに端的に示されているように、自然状態は道徳的、法的には無の状態であり、すべての規範も制度も一定の目的を実現するための合理的な計算の所産であった。

もちろん、単純に社会契約説を禁欲的プロテスタンティズムと結びつけることには無理があるかもしれない。しかし、それが伝統主義を解体し近代化を推し進めるうえにおいてある種の合理的精神を共有していたことは確かであろう。伝統主義の解体は、旧い秩序のもつ合理性の漸次的、量的な拡大によってよりも、むしろそれを根本的に否定し、再吟味する新たな合理的精神によって担われねばならなかったのである。

**合理化された社会と国家**

ここで、さきのプロテスタンティズムの倫理と資本主義の精神との関係にもどるならば、ウェーバーが禁欲的プロテスタンティズムによって意味したもののなかには、さきのカルヴィニズムのみならず、敬虔派、メソジスト派、再洗礼諸派が含まれていた。しかし、一七世紀の西ヨーロッパに伝播したカルヴィニズムをその典型と考えていたことは疑いえない。いずれにしてもウェーバーは、以上のところを要約してつぎのようにいっている。

「プロテスタンティズムの現世内禁欲は、それゆえ無頓着な所有の享楽に全力をもって反対し、消費、とくに奢侈的消費を圧殺した。その反面、この禁欲は心理的効果として財の獲得を伝統主義的倫理の障害から解放し、利潤の追求を合法化したのみでなく、これを（上述した意味で）直接神の意志にそうものと考えることによって、その桎梏を破砕してしまったのである」（同上書、二二二頁）。

このようにしてプロテスタンティズムの禁欲的合理主義は、まさに禁欲を通じて営利＝財の獲得を解放し、それを神の意志に沿うものとして正当化しつつ、生の合理的組織化を可能にしていった。このようにして資本主義の精神は準備され、それに促されて資本主義は発達していったとするのである。しかし、このようにして宗教を通じてその礎を与えられた資本主義も、やがて発展するや、このような礎を必要としなくなる。むしろかつての宗教のための営利が、営利のための営利となり、営利が自己目的化する。否、資本主義がさらに発展すると、かつては悪魔の誘惑として退けられた享楽や浪費ですら、時には需要を促すものとして美徳となる。このようにして禁欲の生みだした資本主義が禁欲を否定し、宗教をすら否定する精神傾向を生みだす。のみならず、このようにして自己目的化した営利活動によって促されつつ、資本主義がさらなる発展を遂げていったとき、それは技術革新による機械化と産業の組織化をともないつつ、巨大で「鋼鉄のように堅い外枠」として成立していく。ここに禁欲を通じて改造され、つくり上げられていった資本主義的な経済組織は、まさに人間の意識的コントロールを超え、逆に人間をそのなかの歯車装置のごとく組み込む外物となっていくのである。そしてウェーバーによれば、そのような巨大な組織のもとで禁欲を失った人びとを待ちうけているものは、「精神のない専門人」か「心情のない享楽人」のいずれかであった（同上書、二四五—四六頁）。

もともと禁欲的プロテスタンティズムが、救いの確証の場を信仰から職業労働へと移したとき、すでにそれ自身が世俗化の論理を含んでいたともいえるが、そこにおける禁欲的合理主義は、このようにして人間の精神とその社会の世俗化を積極的に推し進めるものであらざるをえなかったのである。そのような傾向は、さきにあげた文化的諸現象のいずれにもみられ、それが現代社会の精神的特徴を形づくっているのである。すなわち、近代科学が、人間の認識しうる範囲を経験的な世界に限定し、自然を機械論的、因果論的に理解していったとき、このような自然の背後にあってそれに秩序と意味を与えた聖なるものへの信仰が薄れていくのは当然であった。科学の合理主義が滲透すればするほど、宗教は非合理的な世界へと追いやられていったともいえる。同様に芸術においても、最初はそれがいかに神の賛美と結びつき禁欲に基礎づけられていようとも、やがてそれが固有の法則性をもって展開していったとき、それ自身が人間の生の要求に根ざすものとして自立化し、次第に宗教と疎遠な形になっていくのは当然であった。そしてまた政治の領域においても、近代国家は、最初はいかにそれが主体的な個人の目的意識に支えられていようとも、次第にそれが対内的・対外的な秩序維持と福祉のための権力の装置として自己発展し、それ自身が形式的な民主主義と官僚制によって担われていったとき、そこでは人間と人間との倫理的結合を破壊し、宗教とは疎遠な——あるいは緊張せざるをえない——ものとならざるをえなかったのである（前掲『宗教社会学論選』一〇九頁以下）。

われわれはそれをC・シュミットにならって、究極的価値の脱中心化としてとらえることができるかもしれない（カール・シュミット〔田中浩・原田武雄訳〕『合法性と正当性』未來社、一九八三年、一四三頁以下）。そこではそれぞれの文化的諸領域とその価値が中立化し、相互に緊張しつつ並存しているようにみえるかもしれない。価値の多様化はそこからの帰結であるようにもみえる。しかし、それを支える社会がすでに組織化された巨大な外枠として存在し、むしろ一定の生き方を強要していくかぎり、別の形における価値の画一化であり、少なくとも稀薄化であるともいえる。否、このような巨大な外枠は、それ自身の内部においても、外なる自然との関係においても、有機的な連関を欠いたひとつのカオスとして存在せざるをえないのであるから、このような世界の成立は必然的に存在の世界からの価値剥奪と生の意味喪失をもたらさざるをえないともいえる。たしかにその意味で、ウェーバーのいうように、およそ「文化」そのものが、「自然的生活の有機体的循環から人間が抜け出ていくことであって、まさしくそうであるがゆえに、一歩一歩破滅的な意味喪失へと導かれていく」（前掲『宗教社会学論選』一五六－五九頁）ものであるとしたならば、なかんずく近代の西欧文化は、その固有の意味においてそうであったのである。いまやいかなる宗教的・倫理的価値からも解放されたこのような近代文化が、ひとり西欧にとどまることなく、非西欧的世界にも滲透し、地球的規模においてそれを支配しようとしている。現代の精神的危機はこのことと無縁ではないであろう。ここでふたたび、存在の世界に秩序と意味を与える新しい宗教が甦るか否かは誰も知らない。だがその問題を考えるまえに、われわれは非西欧世界を少しみておかなければならない。

## 二　非西欧世界の近代化

### 非西欧世界の停滞性と宗教

このようにしてプロテスタンティズムの禁欲的合理主義によって生みだされた近代的文化諸現象は、やがて禁欲そのものを否定するような構造をもたらしていった。もちろん、ひとつの文明を生成、発展、成熟、頽廃と循環的にとらえる視点はすでにギリシアにもあったし、それは文明の辿るひとつのパターンであるといえるかもしれない。しかも、たとえばマキアヴェリはそれを、力《ヴィルトゥ》は繁栄を、繁栄は休息を、休息は安逸と怠惰をという形で、ある種の精神史の論理によって説明しようとしたのである（拙著『西洋政治理論史』早稲田大学出版部、一九八五年、二〇三頁参照）。しかし近代西欧の文化的諸現象は、そのような類型にしたがった予言を容れないほど巨大となり、まさに普遍的な意義と妥当性——その否定的な側面も含めて——をもっているようにすらみえる。

ところで、いずれにしても、このようにして西欧世界の近代化をもたらしていったものが、プロテスタンティズムの禁欲的合理主義であるとしたならば、逆にながいあいだ停滞的にとどまった非西欧世界には、このような近代化をもたらすエートスが欠如していたことにもなる。そして、これこそウェーバーのテーゼであった。ウェーバーによれば、現世を魔術から解放し、行動的な現世改造が可能となるためには、救済という目的にしたがって現世否定的でありながら、しかも救済の手段が徹底して現世のうちに求められなければならない。この点まさしく、予定説によってもたらされた内面的孤立化、唯一の救いの確証の場としての職業労働というプロテスタンティズムは、よくこのような条件を満たしうるものであったのである。これに較べるならば、たとえばヒンドゥー教のように、現世否定的であったとしても、その救済が現世逃避による神との神秘的合一に求められるかぎり、現世にたいしては受容的にならざるをえないであろう。同様に、儒教のように、現世にたいしては一応は能動的であったとしても、もともと現世肯定の立場にたつかぎり、鋭い緊張のうえにおける現世改造へは進みえないであろう。これにたいしてひとりプロテスタンティズムのばあいには、超越的な神による救済を求めつつ、しかもその救済のための自己確証の場は職業労働に求められることを通じて、まさしく禁欲をまもりつつの合理的な現世改造にいたりえたのである（カトリックのばあいには、なおも聖礼典が恩恵獲得の手段として重要な位置を占めていた）。

## 日本の近代化と宗教倫理

このようにして、ひとり西欧のみが自立的な近代化をもたらしていった。しかしやがて、かつては停滞的であった非西欧世界も、近代化し、あるいは近代化しつつある。もちろんそれは、西欧近代のインパクトのもとにそれを受けいれるという形でおこなわれたかもしれない。しかし、なおもそれを受けいれ急速な近代化をもたらしていった何らかのエートスを探ることは無駄ではないであろう。とりわけ、日本はここ一〇〇年余の間に、他に類をみない急速な近代化を遂げていった。

ウェーバーのテーゼを受けとめつつ、このような近代化を説明するためのさまざまな試みがなされてきた。ある人はそれを武士道に求めた。武士道のもつ忠義心、意志の堅固さ、質素と抑制、公平と思慮などが、急速な近代化のエートスとして説明されていったのである。しかしこの点において、これまでのところとくに注目すべきは、R・N・ベラーの仕事、とりわけ『日本近代化と宗教倫理』（一九六二年、原題は *Tokugawa Religion : The Values of Pre-industrial Japan*）であろう。

この書物においてベラーは、そのような急速な近代化のエートスを、むしろ伝統社会そのものが準備しつつあったとしながら、それを徳川期の宗教に求めた。それは、勤勉と倹約、質素、周到という徳を通じて、西欧と同じく、経済的な職業倫理を動機づけなかったわけではない。しかしそれは恩、義理、忠誠、そして勤勉と倹約というものを通じて、むしろ目標達成としての政治的価値を動機づけていった（ベラーはそれを、T・パーソンズの systems analysis の図式を用いて説明するが、ここではすべて省いた）。すなわち、ヨーロッパと異なり、日本の宗教倫理の特徴をなすものは、政治的価値の優位であり、一定の集団の目標達成のためには、すべてを犠牲にしてそれに自己献身できる精神的態度を基礎づけ、それが上からの急速な近代化を可能にしていったというのである。いわばここでは、ある種の禁欲的合理主義が、政治的な統合と目標達成を動機づけるものとして機能していったというのである。

このばあいベラーによれば、宗教とは、「究極的関心にかんする人間の態度と行為」（R・N・ベラー〔堀一郎・池田昭訳〕『日本近代化と宗教倫理』未來社、一九六二年、三三頁）を意味する。そしてそれは、「社会の中心価値に、一連の意味を賦与し、さらに、人間状況の究極的挫折から生ずる、この価値に対する脅威に対処する」（同上書、九六頁）という社会的機能をはたす。そして日本の宗教には、神についての二つの基礎概念があったとする。ひとつは、食物、戒め、愛などを与えてくれる慈悲深い超従属的〔人びとの上に立つ super-ordinate〕存在としての神の概念であり、いまひとつは、存在の根拠、もしくは実在の内的本質としての神の概念である（同上書、九八頁以下参照）。前者が、恩恵にたいする尊敬と感謝、恩にたいする報恩という心的傾向を生みだすことはいうまでもないであろう。これにたいして、後者は「大究極のもの」、もしくは「道」として認識された神との合一を遂げようという行為を生みだす。そしてそれには、個人の宗教的試練、世俗からの隠退を通じてなし遂げようとするものと、むしろ世俗の世界における倫理的行為、自己修養の蓄積によってなし遂げようとするものとが区別されるといいながら、日本においては後者が第一次的なものとされたというのである。これらの両者が、相互的に、利己心を抑え、さきに述べた政治的価値の優位という心的傾向を準備していったとするのはいうまでもないであろう。

このようにして、むしろ徳川時代に蓄積された一定の宗教倫理が、明治以降の急速な近代化を支えこれを可能にしていったとするのである。もちろん、日本の世界に類をみないほどの急速な近代化には、さまざまな要因や条件が求められなければならないであろう。それは何よりも、すでに存在した西欧の近代の受容と摂取による近代化であり、それゆえにそれは自然成長的であるよりも、目的意識的であった。制度や政策の変革と採用を支え、目的意識的な近代化を可能にしたエートスがあったとするのは、ひとつの説明として至当であろう。しかし、西欧と異なり、伝統主義を断ち切る新しい精神の成立によってよりも、むしろ伝統社会のエートスによって――そこにさまざまの変更や作為が加わったとしても――近代化がなし遂げられたというところに、日本近代化のひとつの歪みと問題点があったし、今日なおわれわれはそれと無縁であるとはいえないかもしれない。のみならず、追いつき追い越せという形で産業化を中心として進められてきた日本の近代化は、ある部面においては西欧諸国以上に進んでいる。そしてそれゆえにまた、われわれが前節の末尾でみた近代化の否定的な側面をより顕著な形で現出させているともいえる。しかしこの問題を考えるまえに、社会主義諸国における近代化の問題に触れておきたい。

**マルクス主義の近代化機能**

マルクス主義のうちに、ある種の宗教倫理をみるのはまったくの言語矛盾であるように思われるかもしれない。本書〔柴田敏夫編『政治と宗教のあいだ』〕五章で詳論されるように、マルクスにとって、宗教は「現実の不幸の表現」であり、「悩める者のため息、心なき世界の心情、精神なき状態の精神」であり、「民衆の阿片」であった。それゆえに、まさに民衆の幻想的幸福としての宗教の廃棄こそ、民衆の真の幸福を要求することでもあった（マルクス〔花田圭介訳〕「ヘーゲル法哲学批判序説」『マルクス＝エンゲルス全集1』、大月書店、一九五九年、四一五頁。もちろん、最終的にはこのような宗教を生みだしている現実世界そのものが問題であったとしても）。

かくて本来、マルクス主義は宗教にたいしては敵対的であった。マルクス主義のとらえた人間とは徹底的に現実主義的人間であり、そこではまさに自然主義こそ人間主義であった。

しかしにもかかわらず、二〇世紀において、二つの世界大戦を経験しつつ、ソ連、東欧諸国、中国その他の非西欧圏が社会主義化し、そのもとで急速な近代化を遂げつつあるとき、このような革命を準備し遂行するうえにおいても、はたまた革命後の国家建設においても、マルクス主義がそれを支えるある種のエートスを可能にしたとみるのはまったくの間違いとはいえないであろう。

ところで、宗教を否定するマルクス主義を宗教、わけてもキリスト教になぞらえる試みはさまざまになされてきた。たとえば、B・ラッセルは、『西洋哲学史』（一九四五年）において、マルクス主義とキリスト教の思想的類似性を指摘し、ヤーウェは弁証法的唯物論に、メシアはマルクスに、選民はプロレタリアートに、教会は共産党に、再臨は革命に、地獄は資本家の処罰に、そして千年王国は共産主義社会になぞらえうるとした（バートランド・ラッセル〔市井三郎訳〕『西洋哲学史Ⅱ』、みすず書房、一九五九年、二四八頁）。たしかにそれは問題をあまりにも図式的にとらえすぎているかもしれない。しかし、それが基本的な思惟様式において共通のものをもっていることは否めないであろう。マルクス主義にとって、共産主義は決してたんなる資本主義の倫理的糾弾にもとづく理想社会ではない。それは資本主義の胎内からその運動を通じて生みだされるものであり、それはプロレタリアートという特定の階層を担い手としている。しかもこのばあい、プロレタリアートの解放に全人類の解放が託されており、それゆえにまたプロレタリアートの苦難にはある種の神義論的意味づけが与えられている。それが新しい禁欲による世界改造を生みだす素地をもっていたことは当然うなずけよう。

そして実際にも、現実の社会主義にウェーバー的な新しい禁欲的合理主義のエートスをみようとするさまざまな試みもなされた。たとえば、かつて住谷一彦は、マルクス主義のうちに、虐げられ非特権化された社会層、とりわけパーリア的・プロレタリア的社会層を共鳴盤とし、かれらを社会変革の中核的主体として結集しうるような理念をみ、それは禁欲的エートスを体現しうるものとした。そして、その具体的な姿を毛沢東の中国革命の思想のうちにみたのである。すなわち、それはなおも資本主義化の遅れた中国において、都市のプロレタリアートよりも、むしろ地主の特権に対抗する貧農や中農下層の内的・心理的利害状況を共鳴盤とし、かれらの劣等感を払拭し、政治的自覚を促しつつ、人間変革を可能にし、「日常的にきわめて重要な生活態度の禁欲的陶冶」を可能にしたとしたのである。そこにいわば禁欲的エートスに担われたいまひとつの歴史変革の可能性をみたのである（住谷一彦『思想史としての現代』筑摩書房、一九七四年、六〇頁以下参照）。

もっとも住谷のこの分析は、少なからず文革的雰囲気のなかでおこなわれたものであった。そしてまたソ連や東欧の社会主義と同じく、中国のそれが、資本主義のもっとも進んだところよりも、むしろ封建的共同体が強く残存したところに成功したという事実（晩年のマルクスはその可能性を十分に認めていた）は、マルクス主義が伝統主義を破壊する新しい精神として登場しつつ、しかも伝統的な要素によって担われていき、それゆえにまた出来上がった体制もそれを色濃く残していった。しかもこうした体制のもとで急速な近代化＝産業化をなし遂げていったとき、他の近代化した西欧諸国と同じく、それがかつてのエートスを失いつつ、巨大な官僚組織として——それが生産手段の共有と計画経済を基本とするがゆえにより強い——屹立してくる危険性は十分にあるのである。ここには、すでに体制の相違をこえた近代化の論理が作用しているようにもみえる。

## 三　世俗化社会と宗教

### 合理化された社会と人間中心主義

もちろん、すでに述べたように、近代化の要因を探っていくならば、さまざまのものに突き当たらざるをえないであろう。したがって、以上はひとつの視点からする近代化の説明にすぎない。しかし、このような説明によって明らかになった部分は少なくないように思われる。

宗教との関連でいうならば、近代化は禁欲主義のエートスによって動機づけられながら、やがてそれによって生みだされた社会は、禁欲を否定するような構造と精神とを生みだしていった。否それは、宗教そのものを否定し、世俗化をもたらしていった。世俗化は、すでにカルヴィニズムが、救済の場と手段を世俗内の職業労働に求めたとき——それ自身はいかに強烈な信仰によって支えられようとも——それ自身のうちに含まれているものであったが、さらにそれが世俗の世界を改造し、合理化された社会を生みだしていったとき、それ自身の生みの親でもある宗教そのものを否定するところとなったのである。いまや人間の社会は、合理化され、人間の理性によって理解され、予測され、時にはコントロールされうるようにみえる。人間は聖なるもの、絶対的なるものへの信仰を失い、世俗の世界で生を享受しているようにみえる。そこでは宗教は、すでに人間と人間の社会にたいするコントロールを失い、せいぜい人間の内面の救済にかかわるひとつの価値観としてのみ存在しているようにみえる。もちろん、そのような世俗化のなかで、価値観の多様化がもたらされ、寛容がひとつの社会原理として確立されていった。国家と教会は分離され、限定されたそれぞれの領域にのみかかわるものとされていった。これらの意味は見失われてはならないであろう。

だがわれわれは、このような世俗化が、人間中心主義の確立であったことを忘れてはならない。人間主義(humanism)は人間の解放であったが、それは同時に人間中心主義(anthropocentricism)でもあった。いまや、人間は自然のなかに包まれ、その自然が一定の調和的秩序《コスモス》をもち、しかもこのような調和的秩序を可能にし運行する神という思考にかわって、人間が宇宙の中心となり、すべてのものは人間の眼によって理解され、人間のために存在するものとなっていったのである。否、そのような人間中心主義が、われわれのみた「内面的孤立化」の主体によって担われていったとき、それはすべてのものの合理的な整序を可能にするものではあったが、それはまた、すべての他者の客体化(objectification)をもたらさずにはおかないものであった。

しかしそのような人間中心主義は、同時に人間の存在喪失であり、意味喪失であった。もともとあらゆる存在が、ひとつの個として意味をもつのは、全体のうちにおけるおのれの位置が確認され、意味が付与されることによってである。しかしおのれが主体化し、すべてのものを客体化せずにはおかない人間中心主義、個人主義は、そのような全体との有機的連関を破壊することを通じて、自分自身の位置喪失、意味喪失を惹起せざるをえなかったのである。その意味では、まさにニヒリズムは近代精神そのものに内在するものであった。

のみならず、われわれがすでにみたように、このように自然を離脱しつつ、人間が自分自身でつくり出した社会が、巨大な組織として成立し、自立的な発展をしつつ——それは何よりも人間のすべての必要や価値をそれに従属させる経済のメカニズムのうちに示される——、すべての人を否応なしに歯車の一齣として巻き込む鋼鉄の外枠となっていったとき、ここでは人間がみずからつくり出した組織が逆に自由を抑圧するものとなっていくのである。ウェーバーのいうように、そこでは機械的化石化と精神喪失は不可避であった。

もちろん、このような生の実存的な危機という問題を別としても、普遍的意義と妥当性をもつとされた近代文化が、人間の生存そのものにかかわるさまざまな問題を露呈していったことは明らかである。近代自然科学が生みだした核兵器は、すでに地球のすべての生命を何回にもわたって破壊せずにはおかない規模で蓄積されている。産業社会の発展によってもたらされた公害や自然破壊、生態系の破壊は、この点でも生物学的生存そのものを脅かすものとなっている。*

＊　生態学的危機の根源をユダヤ＝キリスト教的伝統、とくにプロテスタンティズムに求める視点は、L. White, Jr., "The Historical Roots of Our Ecological Crisis," *Science* 155（March, 1967）以来さまざまにみられる。自然は人間とは別に人間の使用のために存在するという旧約聖書以来の思考が、科学とテクノロジーの無際限な発展を促し、今日の危機を招いたとするものである。これはウェーバーの合理化論の裏面史として読むこともできる。もちろんそれにたいしては、H. P. Santmire, *The Travail of Nature : The Ambiguous Ecological Promise of Christian Theology*（Philadelphia : Fortress Press, 1985）のように、逆に人間の責任が問われているとするものもある。

いまや人間中心主義の文化、人間のための科学や文化が、人間の生命を脅威にさらしているのである。もちろん、ひとたび南北問題に眼を転じるならば、かつての植民地化と産業の不均等の発展のなかで、北の国の繁栄が南の国の貧困と飢餓、差別を構造化するというような事態が続いている。

### 宗教の現代的意義

もちろん、〔『政治と宗教のあいだ』の〕のちの各章が説明するように、このような状態のなかで、時には旧い宗教が、時にはさまざまの新しい宗教が再生し、さまざまの対応を示している。解放の神学は、低開発国における差別と隷属を撤廃する運動として、にわかにクローズ・アップされつつある。産業社会の鬼子ともいえるファシズムにたいする抵抗を可能にしたひとつの勢力も、すべての地上的なるものを相対化しうるキリスト教によって担われていた。もちろん、宗教や宗派の相違を超え、さまざまの宗教団体が、平和と自然を擁護するためのさまざまの運動を展開しつつある。そしてまたさまざまの新宗教が、時には現世的な御利益にも訴えかけつつ、管理社会の疎外された精神に滲透しつつあるともいえる。

このようななかで、真の宗教と疑似宗教とを区別することは困難であり、安易にそうすることは危険でもあろう。だが、未曾有の人類史的窮状を前にして、寛容を守りつつ、しかも世俗化された人間の社会を相対化しつつ、自然と人間との関係においても、人間相互の関係においても、調和を旨とする、そしてそれを通じて生の意味を回復しうるような価値観のひとつの創造を宗教に期待するのは時代錯誤であろうか。もし可能であるとしたならば、それはかの世俗化と合理化を推し進めてきたそれとは別の、むしろウェーバーがそこには停滞の要因をみた非西欧圏の宗教にも十分な眼が開かれているものでなければならないであろう。

†初出　柴田敏夫編『政治と宗教のあいだ——比較政治論の視点から』有斐閣、一九八六年

■書評■

# R・J・バーンスタイン『客観主義と相対主義を超えて』
# R・バイナー『政治的判断力』

●Richard J. Bernstein, *Beyond Objectivism and Relativism : Science, Hermeneutics, and Praxis* (Oxford : Basil Blackwell, 1983), pp. xvi+284.
●Ronald Beiner, *Political Judgment* (London : Methuen, 1983), pp. xvi+199.

一

近代の科学革命以降、社会諸科学は自然科学をモデルとしてひたすらその科学化を求めてきた。そして政治学もまたその例外ではなかった。しかし最近、さまざまの形でそのような傾向にたいする反省があらわれている。いな自然科学においてすら、たとえばT・S・クーン『科学革命の構造』(*The Structure of Scientific Revolutions*, 1963)におけるように、その歴史を客観的真理の蓄積としてよりも、パラダイム転換としてとらえる傾向が強まっている。そしてそれは自然科学的認識においてすら、真理は観察者の一定の視座と無縁ではないこと、したがってそれはつねに実践的意味をもたざるをえないことが明らかにされたのであるから、まして社会科学においてそれが自覚されるのは当然であるといえる。R・J・バーンスタインとR・バイナーの本書はいちはやくそのような傾向を洞察し理論的に整理したものであるといえる。多少視点が異なるとはいえ、個人的にはほとんど接触のない両者が、ほとんど同じような問題意識で同じような対象を取り上げ、社会諸科学および政治学の新しい方向を示唆しているのも、まったくの偶然とはいえないであろう。

## 二

さて、バーンスタインの『客観主義と相対主義を超えて——科学・解釈学・実践』は、「客観主義と相対主義を超えて——概観」（Beyond Objectivism and Relativism：An Overview）、「科学・合理性・および通約不可能性」（Science, Rationality, and Incommensurability）、「解釈学から実践へ」（From Hermeneutics to Praxis）、「実践・実践的対話・および判断力」（Praxis, Practical Discourse, and Judgment）の四部よりなっている（これにH＝G・ガダマーからバーンスタイン宛の書簡が付されている）。

バーンスタインによるならば、このばあい「客観主義」によって意味しているのは、「われわれが、合理性、知識、真理、実在、善、正の本質を決定するにあたって、究極的に訴えることのできるなんらかの恒久的で、非歴史的なマトリックスまたはフレームワークが存在するしまた存在するに違いないという確信」（p. 8）である。これにたいして「相対主義」によって意味しているのは、「われわれが、哲学者たちがもっとも根本的なものとしてきたこれらの概念——合理性、真理、実在、正、善、規範のいずれであれ——の検討に向かうとき、われわれは、究極的にはすべてのそのような概念は、特定の概念図式、理論的フレームワーク、パラダイム、生活形態、社会または文化にたいして相対的なものとして理解されねばならないことを認めざるをえないという基本的な確信」（*Ibid.*）である。このようにして、一見したところ客観主義と相対主義はまったくの対極にあるようにみえる。一方は、超歴史的で客観的な真理や価値の存在を信じ、他方はそれらがつねに歴史や状況とともに変化し相対的であらざるをえないことを認めている。しかしバーンスタインによるならば、両者とも疑うべからざる知の拠点（アルキメデスの点）を求め、あるいは少なくともそれにとらわれているかぎり――バーンスタインはそれをデカルト的不安（the Cartesian anxiety）とよぶ――、なおも同根的な性格を免れない。そしてバーンスタインは、かかる客観主義と相対主義を超えた知のあり方として、脱経験主義的（postempiricist）、解釈学的（hermeneutical）なそれをあげるのである。それはひと言でいうならば、これまで近代思想を支配してきたデカルト主義と訣別し、知の相対化を認めながら、しかもP・ファイヤアーベント的な「何でもかまわない」（anything goes）や相対主義に陥ることなく、良き理論と悪しき理論の相違を認め、歴史の過程における「科学的探究の自己修正的性質のもつ合理性」（the rationality of the self-corrective nature of scientific inquiry）を認め評価しようとするものであるといえる。

このような新しい知の形態としてバーンスタインがまず取り上げているのは、T・S・クーンである。すでに述べたように、クーンは科学の歴史をパラダイム転換としてとらえた（もっともバーンスタインは、クーンにおけるパラダイム転換、すなわち古いパラダイムが新しいパラダイムによって置き換えられていく過程に「否定」しながら「保存」するという意味でのヘーゲルのAufhebungに似た理論をみる。Cf. p. 84）。クーンによれば、このばあいパラダイム転換を促すものは危機の意識であり、パラダイムの選択を最終的に決定するものは、専門家集団の同意以外になかった。このことはわれわれのパラダイム選択における合理的思慮や判断が、「当該の科学的共同体の社会的慣行（social practices）」（p. 54）によって形成され、変化することを意味し、いわば自然科学的な知ですらアリストテレス的な賢慮＝実践知（phronēsis）的な性格をもたざるをえないことを意味する。もちろんこのことは、異なった伝統に属する知や文化はincompatibleでincommensurableであっても、なおもcomparable（incomparableでない）ことを意味し、かくて異なった歴史や伝統の理解が、われわれ自身のそれの批判的吟味を可能にし、弁証術的な対話を可能にすることを意味する。

ついで、このような解釈学的知を代表するものとしてバーンスタインが取り上げているのは、H＝G・ガダマーである。ガダマーによれば、われわれが客観主義と相対主義という二元的な概念にとらわれているかぎり、われわれの世界内存在性を歪めることになる。そしてガダマーは、デカルト的――啓蒙哲学的な理性と伝統、理性と権威、理性と先入見（Vorurteil, prejudice）の対比と後者の排撃に反対して、むしろ合理性を成立せしめるうえにおける伝統、権威、先入見の役割を重視する。すべての理性は伝統のなかで作用する。われわれが盲目の先入見（blind prejudice）と有効な先入見（enabling prejudice）とを区別しうるのは、伝統を通じてである。「ガダマーにとっては、われわれの先入見のうちどれが盲目であり、どれが有効であるかをわれわれが発見しうるのは、芸術作品、テキスト、より一般的にいうならば伝統を通じて、われわれに引き渡されてきたものとの出会いにおいてでありまたそれを通じてである」（p. 128）。われわれは、伝統がわれわれに帰属するまえに、伝統に帰属している。もちろん、このような伝統への帰属の自覚を通じて、歴史への帰属が自覚せしめられ、われわれ自身の地平が拡大され豊かにされていく（この意味では伝統もかかる自覚を通じて絶えざる再構築の過程にあることになる）。そしてこのような地平の融合とその相互修正の過程のなかで真理が姿をあらわしていくことになる。このことは解釈学がアリストテレス的な賢慮＝実践知（phronēsis）の伝統と繋がることを意味し、近代的な科学的知や技術知の批判を含意していることを意味する。「ガダマーにとっては、哲学的解釈学の『主要な仕事』は、『近代的意識のもつ特別の虚偽性をただし』、『科学にもとづくテクノロジーの支配にたいして実践的、政治的理性を擁護すること』である……」（p. 150）。

このことは、ガダマーが人間の本質を対話的、弁証術的（dialogical）なものとみなしていた――その意味では、解釈学的知はプラトンの dialogue とアリストテレスの phronēsis の結合であるとも、ヘーゲル弁証法から finality を除いたものであるともいう――ことを意味するが、これは当然バーンスタインの H・アレントおよび J・ハーバーマス評価とも結びつく。人間の数多性を前提とし、対話のうちに人間の本質をみながら、共通感覚（sensus communis）に支えられた公的空間の回復を志向したアレント、支配も抑圧もなき歪められざるコミュニケーション過程のうちに合理性の表現をみたハーバーマスが同様な思考の延長線上に位置づけられるのは当然であるといいえる。

## 三

R・バイナー『政治的判断力』は、「政治的判断力とはなにか」（what is political judgment）、「ありうる研究の道」（possible avenues of inquiry）、「カントの趣味概念」（Kant's concept of taste）、「アリストテレスの賢慮概念」（Aristotle's concept of prudence）、「判断力とレトリック」（judgment and rhetoric）、「共感と距離――包括的視座の地平」（with sympathy and detachment : horizons of a comprehensive perspective）、「政治的判断力の理論に向けて」（toward a theory of political judgment）、「結論」（closing reflections）という八つの章よりなっている。序文の冒頭で、バイナーはここでいう政治的判断力および政治哲学の本質に関連してつぎのように述べる。「ここで表現しようとしている政治哲学は、政治的なるものの本質を権力、利害、支配、もしくは現今の政治生活を支配している他の大多数の関心事の現象のうちにみるのではなく、むしろ政治の本質を言語、協議、および判断力のうちに位置づける。世界における特殊な存在様態としての政治的経験は、言語、すなわち共有されておりかくて間主観的判断力の対象たるものをめぐりコミュニケーション、会話、および話し合いを通じて世界を人間的なものとする人間の能力によって構成されている。このような理論的視点は、判断力という概念の究明によって展開される」(p. xiv.)。

政治的なるものの本質および政治哲学についてのこのような理解が、いわゆる科学的な政治学にたいする批判を含意し、H・アレント、H＝G・ガダマー、J・ハーバーマスらの評価に繋がってくることはいうまでもないであろう。それゆえ第二章において、ここでもかれらが取り上げられている。そしてそれはアレントとガダマーに関していうならば、とくにカントの判断力批判との関係で論じられている。すなわち、アレントによるならば、判断力こそ人間の精神的能力のうちでもっとも政治的なものである。(アレントによれば、政治的行為とは集団的自己開示の活動であり、人間が自由を経験しうるのは、言葉と行動を通じてである。) しかしカントは、判断力を美的判断力に局限することを通じて政治的判断力を排除してしまった。これにたいしてアレントは、「他者の立場において考え」、「他者との潜在的合意」の可能性をもち、「他者との非主観的、客観的世界」としての共通感覚 (sensus communis) を成立せしめる判断力のうちに、政治的空間の再生――近代の徹底的な私人化、世界疎外的主観化に抗して――をみるのである。もちろんこのことは、論証的真理を主張し、同意を強要する近代の科学的知にたいして、説得的な同意への道としての対話の回復を意味する。

アレントがカント的判断力のうちに政治的判断力の成立の可能性をみるのにたいして、ガダマーはむしろカントが判断力からその古い概念のもっていた政治的、道徳的含意を奪い取り、sensus communis を非政治化してしまったことを批判する。そしてむしろアリストテレス的な phronēsis のうちに政治的判断力の再生をみるのである。一方、ハーバーマスは現代の正統性の危機にたいして、自然法の復権――アリストテレス的それも含めて――は不必要であるという。そして今日もはや哲学は世界観の源たりえない (倫理のための形而上学的基礎は存在しない）という前提に立ちつつ、主観的解釈から切り離され形式化されたコミュニケーションの倫理、すなわち会話の形式的条件のうちに新しい合理性の基準をみるのである。制約も欺瞞もない理想的な発話状態において達せられる合意のうちに、合理的意志の表現をみ、普遍化の原理をみるのである。

第三章以下は、以上の議論を受けた形でのバイナー自身の理論の展開である。第三章においては、ガダマーに近い形でカントの判断力の問題が論じられる。すなわち、カントは反省的判断力（reflective judgment）を美的判断力と目的論的判断力に局限し、さらに善と正（権利）を区別することを通じて、道徳を定言命法、政治を絶対的普遍的法則への普遍的服従としてしまったという。かくて古代の道徳哲学は破壊され、political judgment は排除されていったというのである。かくて第四章においては、アリストテレスの prudence（phronēsis）の概念の再検討がおこなわれる。アリストテレスにとっては、phronēsis はたんに諸徳のうちのひとつではなく、他のすべての徳を包括し秩序づけ、具体的に適用（作用）せしめる master virtue である。そしてこのばあい、「判断すること」は「理解すること」、「理解すること」は「共感すること」、「共感すること」は「許しうること」であるとして、ここに他者とともに判断する政治の場の成立をみる。かくして第五章においては、かかる政治との関係においてレトリックの問題が論じられ、第六章においては、かかる政治的判断の成立に必要な共感と距離をおいた視点、さらに友愛（philia）の問題が論じられていくのである。そして最後の第七章において、改めて政治的判断力の問題が総括されるのである。

## 四

両書とも、精彩をはなっているのは、自分自身の理論を展開している部分よりも、アレント、ガダマー、ハーバーマスらを論じている部分である。しかしこれらの脱経験主義的、解釈学的哲学の根底を流れる共通の傾向を剔抉し、学の新しい方向と政治哲学の可能性を提示している問題提起的意義は少なくないように思われる。すでにわたくし自身しばしば論じてきたように（たとえば「政治理論と実践哲学の復権」『思想』、一九八一年六月号参照）、近代の科学・哲学革命の結果、自然科学をモデルとした論証知だけが唯一の学的知とされたとき、蓋然性が学的知から排除され、アリストテレス的な実践 praxis に固有な知としての phronēsis が排除されていった。そしてそれとともに sensus communis とそれに基づく公的・政治的空間が解体されていったのである。ここから政治の領域が権力、利害、支配の領域として表象され概念化されていったのも当然のことといえる（ここでは討論による政治としてのデモクラシーが討論を拒否する論理によって支えられているというパラドキシカルな現象が生じているともいえる）。それゆえにバーンスタインのいう客観主義と相対主義を超えた新しい知の形態、phronēsis とそれによる sensus communis の回復は、真の政治的空間の回復に繋がっているのである。

しかし phronēsis 的な知の回復のもつ歴史的意味は、たんにそれが政治的判断力と政治的空間の再生に繋がっているというにとどまらない。むしろクーンやガダマーの指摘にも含意されているように、自然科学的知の転換、その phronēsis 化に繋がっているともいえる。すなわち、自然科学的知ですら観察者の意識とは独立に客観的に自然にそのまま存在しているものであるよりも、一定の視座（公理系）による自然解釈であるとしたならば、たしかにそれは最終的には人びとの同意に基礎を置かざるをえないことになり、phronēsis 的性格をもたざるをえないことになるのである。ここではそれはかつてのイデオロギー的意味を超えて、認識論的にも実践的意味をもたざるをえないことを意味する。ここから現代の生態学的危機に対応した自然科学の目的論的な方向付けを結論するのは性急であろうか。

†初出　『早稲田政治経済学雑誌』二七九号、早稲田政治経済学会、一九八四年

■書評■

# デイヴィッド・ミラー『市場、国家、共同体——市場社会主義の理論的基礎』

●David Miller, *Market, State and Community: Theoretical Foundations of Market Socialism* (Oxford: The Clarendon Press, 1989), pp. xi+359.

## 一

一九八〇年代を代表する政治思想上のひとつの論争は、リバータリアンとコミュニタリアン、あるいはリバータリアニズムとコミュニタリアニズムとの間のものであった。そして本書もまた、広い意味でのコミュニタリアンの側からの応答である。しかし本書は、たんなるそのような理論上の応答を超えて、実践的意味をもっている。このことは、「序論」冒頭の一節によってすでに明らかであるといえる。

「本書におけるわたくしの目的は、民主的社会主義の政治理論を作り上げることであり、とくに新右翼の新自由主義の思想家たちによって提起された挑戦にたいし、わたくしが市場社会主義とよぶある種の社会主義を擁護することである」。

かくして著者は、まず第一部においてリバータリアニズムの基本的な主張を批判する。ついで第二部においては逆に左翼からの批判に応えて市場を擁護する。そして第三部においてみずからの民主的社会主義の政治理論を示そうとする。この意味で、副題の示すように、本書は「市場社会主義」の理論的基礎を提供しようとするものである。

ここであらかじめ、市場社会主義という概念について説明を加えておくならば、その中心観念は「市場のメカニズムが、大多数の財やサーヴィスを提供する手段としては保持されながら、資本の所有が社会化されている」(p. 10) ということにある。もう少し具体的にいうならば、すべての生産企業は、外部の投資機関より運用のための資本を借り入れながら、労働者の協同組合 (workers' co-operatives) によって構成されている。それぞれの企業は、生産物、生産方法、価格等々について自分自身で決定しながら、顧客を求めて市場で競争する。労働者の賃金は、この企業の利益から支払われるが、その企業そのものは労働者の参加によって運営されている。以上がこの市場社会主義の基本的な構図である。

## 二

第一部のリバータリアニズム批判は、まず自由概念の検討より始められる。ミラーによれば、I・バーリン的にいわゆる消極的自由と積極的自由、すなわち「個人の行動にたいしての外的制約の欠如」と、「行為の源が行為者個人の選択にあること」つまり自己決定とが区別されたとしても、それらは本来相互補完的なものでなければならない。しかしリバータリアンは、このうちもっぱら前者のみを自由の本質にかかわるものと考え、法や私的な強制によって拘束されていないとき自由であるとする。しかしこれは自由をあまりにも狭くとり過ぎており、経済制度や社会慣習が自由への障害になるという事実に眼を向けない。このことは個人の道徳的責任のあり方にもかかわる。すなわち、リバータリアンは、個人は他人に意図的に代価を課したときにのみ責任を負うと考える。しかしたとえば、失業という事実を考えたとき、それは特定の個人によって意図的に課せられた障害の結果であるよりも、市場社会という経済環境の所産であり、われわれはそれにたいしても道徳的責任を負わなければならない。この点、市場社会主義のシステムは、力も経済的資源も、労働の協同組合による組織化や資本投資の公的規制を通じて、資本主義よりも多く平等な分配を可能にし、実質的な自由を保障する可能性がつよいというのである。

つぎに検討されるのが正義の概念である。リバータリアンは、以上のような自由のみならず正義や効率も、自由市場と最小国家によってもっとも実現されると考えるが、このばあい正義を、そこに得られた一定の社会的結果によってよりも、結果に到達するための手続きに求める。手続きが正しければ結果も正しいとするのである。かくしてノズィックは、（1）取得の原理、（2）移転の原理、（3）匡正の原理、という三つが満たされるならば、そこに得られる結果としての所有権は正義にかなっているとした。これにたいして、ハイエクは正義と所有権の間の概念的結びつきを放棄する。正義の規則が人間行動を規制することをよしとしない。むしろ社会秩序は、多くの個人の行為の意図せざる結果であり、その意味で自生的である。ここでハイエクは自生的秩序と組織とを区別し、特定の目的のために特定の人間機関によって導かれる組織の原理が、社会そのものの秩序原理となることに強力に反対する。自生的秩序といえども、一定の規則によって保護されなければならないとしても、その規則は形式において一般的（general）、内容において消極的（negative）でなければならないという。かくして結果によって判断されるべき正義の基準を示さないという点では、ノズィックもハイエクも共通する。しかしミラーによれば、そのような手続き的正義の観念は、仮に多くの人に目標達成の適切な機会を保障したとしても、その機会がきわめて制限されている少数者に眼を向けることなく、かつ個人の目的は所与のものではなく、実際にはそこにおける支配的な法制度やその環境によって形造られているという事実に眼を向けないという難点をもつ。かくしてミラーは、善き規則の適用は、「たんなる自発的な模倣の問題ではありえず、集団の一般的利益への意識的省察を要求する」（p. 66）ことになり、そのためにはそれによって結果も判断しうる社会正義の基準が必要であるとするのである。

さらに、ここでは中立性（neutrality）とくに市場の中立性と、利他主義（altruism）と福祉の問題が論じられているが、それがほぼ以上の論理の延長線上にあることはいうまでもないであろう。善の観念の多様性を前提としつつ、社会制度の中立性を主張したとしても、それは決して結果における公平さを保障しない。しかしかといってミラーは、必ずしも利他主義にもとづく福祉国家を主張するわけではない。それがお節介な干渉主義に堕する危険を考慮に入れつつ、各人の権利の問題として考えていくのである。

## 三

以上のようなリバータリアニズムの批判は、多くの社会主義者も共有しうるであろう。しかし第二部においては一転し、左翼社会主義者の攻撃にたいして市場を擁護する。そして市場社会主義は、「リバータリアンの理想のみならず、社会主義の伝統のもつ人道主義的目標とも両立しうる」（p. 128）ことを解き明かそうとする。たとえば環境保全や公共財のようなものは市場の論理に委ねることはできないとしながらも、なおも市場が消費者の利益のために経済生活を組織する有効な方法であり、消費者をして「かれらの欲するものを得さしめる最善の手段である」とする消費者主権の主張、個人の功績（desert）による資源の配分という正義の観念は、市場のもたらす均衡価格——市場経済を規制する適切な枠組みをともないながらも——のうちに示されるという配分的正義の主張も、それぞれに興味ある論点を含んでいる。また、雇傭者と労働者が二元的に分かれている資本主義とは異なって、企業そのものが労働者の協同組合方法によって所有され運用される市場社会主義のもとにおいては、制度の構造にもとづく体系的搾取は避けられうるという主張も興味深いものを含んでいるが、しかしここでは、疎外（alienation）をめぐるミラーの主張に焦点をしぼりたい。

ミラーにとっても、マルクスにおける資本主義批判の主要な範疇をなすものは、搾取と疎外であるが、このうちマルクスは資本主義のもとにおける疎外を五つの視点に要約している。まず第一は、労働生産物の疎外である。第二は、生産者の生産活動そのものにおける疎外である。第三は、同じく生産者の人間本質からの疎外である。マルクスによれば、人間の生産の本質は、意識的・創造的であり、しかもそれが他人の欲求を充足させるという意味で類的（communal）であるが、このような本質から疎外される。第四は、各人の各人からの疎外であり、相互に他者を手段としてみるにいたる。そして第五は、人間活動の集合的結果が、包括できない疎遠な形態をとり、人間の手を離れてそれ自身の法則によって動くようになる。いわゆる物神崇拝の問題がこれにあたる。このようにみてくるならば、これらのうち最初の四つの疎外は、明らかに『経済学・哲学草稿』における「疎外された労働」の部分の説明である。これにたいして最後の疎外は、『ドイツ・イデオロギー』における唯物史観の成立以降顕著な形をとってあらわれたものである。

ミラーが、このように疎外をあえて五つに分けて論じているのは、このことを通じて、むしろ市場社会主義下における疎外の問題を明らかにしようとするからである。ミラーによれば、企業が協同組合的に組織され、すべての成員がその運営に参加しつつ、その利益がすべての成員に分配されていくかぎり、市場社会主義のもとにおいては、労働者の労働生産物からの疎外もなくなるし、労働が物理的に不快なものという性格もなくなる。しかし疎外の他の側面は、市場経済そのものに内在したものとして、残存せざるをえないとしそれに三つのものをあげる。まず第一に、すべての市場経済のもとにおいては、財は商品という形をとり、生産は交換価値によって導かれる。いわば他人の直接的必要を満たすよりも、交換価値の最大化が生産を方向づけることになる。第二に、市場は、たんに財の間の関係だけでなく、人間と人間との関係をも条件づけていく。人びとは相互に他者の利益には無関心のまま、時には他者の犠牲において自己の利益を得ようとし、その結果人間相互の関係は競争的で、時には懐疑的になる。第三に、人間活動の集合的結果からの疎外は、すべての市場経済の特徴であり、市場社会主義といえどもこれを避けることはできない。マルクスの用語をそのまま用いるならば、人間は「疎遠な力のおもちゃ」(the play thing of alien power) に転ずる危険性をもつ。

もちろん、共産主義のもとにおいては、すべての経済活動が人間の支配下におかれ、人間の社会関係が透明なものとなるかぎり、すべての疎外はなくなるとマルクスが考えていたことをミラーはつけ加える。そのかぎりにおいてマルクスは市場社会主義には反対するであろうという。しかし他方でミラーは、マルクスの理念のあるものは共産主義よりもむしろ市場社会主義のもとで実現されるであろうという。しかし私有財産、賃労働、商品生産、市場が否定され、生産が社会的に決定されていく共産主義下における疎外の問題が論じられていないのは残念というほかない。

## 四

疎外とともに興味ある分析が示されているのは、共産主義においても継承され保存されるべき資本主義の成果の問題である。ミラーによっても、資本主義の達成物のすべてが共産主義のもとで拒否されるとマルクスは考えていたわけではない。では何が継承され保存されるべきと考えられていたであろうか。『経済学批判要綱』を中心とするミラーの分析の要点はつぎのようなところにある。

まず第一に、資本主義の達成した高い生産力は継承される。機械、生産技術、科学的知識、労働の協同的組織化、等々はそのまま継承される。第二は、発展せる個人（developed individuals）の継承であり、問題はむしろここにある。マルクスによれば、前資本主義社会においては、人びとは物質的必要や慣習によって、一定の機能を割り当てられ、かれらはそれを自然的なものとして受けとめていた。自然的に共同体に結びつけられていたのである。そしてこのような分業の自然的形態を打ち破ったものこそ、交換経済の一般化であった。共同体は姿を消し、個人を導き結びつける唯一の力はお金の関係となっていった。そこにおいて個人は、なおも市場の法則に拘束されているかぎり、完全に自由で個性を発展させうるわけではない。しかしたとえば、職業選択の自由において明らかなように、一定程度の消極的な自由、自立を享受しうるのであり、同様に交換価値の担い手として一定の形式的平等を享受しうる。そのかぎりにおいてそれは、歴史の一歩前進である。のみならず、マルクスによれば、資本主義は、消費者をたえず誘い込みつつ新しい必要を創り出し、欲望の多様化と多元化をもたらしていく。そのような多様化し多元化した欲望が、さらに生産の拡大を促すという形で、交換価値の生産は際限なく続けられ拡大していくというのである。

初期マルクスは別として、成熟期のマルクスは、資本主義のこれらの成果、発展せる個性は、共産主義において継承され高められていくという。しかしミラーはこの点に疑問をはさむ。まず第一に、個性の発展は不可避的な傾向であるとしても、共産主義のもとにおいては、資本主義のもとにおいてそのような個性の発展をもたらした契約――それは選択における自己意識を高める――を基礎とした生産関係を欠いている。第二に、共産主義のもとにおける自由な個人という理想を実現するための諸制度、すなわち、人びとの必要を満たすための生産の集団的計画化、自発的労働、仕事の輪番制、生産と使用価値の直接的結合というようなものも、必ずしもその通りには機能しない。最初に意識的選択であったものが固定化し、もはや別の選択の可能性を残さなくなるかもしれない。仕事の輪番制は、専門化の妨げとなるのみならず、それ自身強制的な性格をもつようになるかもしれない。そして何よりも市場という交換制度の欠如のもとにおいては、各人の労働の貢献を測定するための価値の基準を欠いている。かくしてこの点に関しミラーはつぎのようにいう。

「この点からするならば、市場制度の利点は、人びとがかれらの異なった仕事においてなす相対的な貢献を測定することを可能にし、かれらの社会的貢献をかれらの個人的必要に均衡せしめていくことにある」(p. 217)。

これにたいして共産主義のもとにおいては、生産は人びとの直接的必要を満たすためにおこなわれるゆえ、むしろ現在の必要に拘束され、冒険がしにくくなる。新しい必要を促す刺激に乏しく、それがまた新しい才能や技能の自由な発展の妨げともなっていく。このように共産主義は逆に停滞し無気力な社会となる危険性をもち、資本主義の革命的性格を失うことにもなるというのである。

もちろん、市場社会主義において、生産が交換価値の最大化を目ざしておこなわれるかぎり、労働の集合的結果が人間の手から離れ疎外されていく危険性をともなう。そこで、ここでの重要な問題は、このような社会における集団的な意志決定のメカニズムということになり、これが第三部における「民主的社会主義の政治」に繋がっていく。

## 五

市場社会主義下において、消費者の欲望が有効に満たされ、配分的正義が実現し、搾取や疎外が克服されるためには、市場とともにそこにおける全体としての社会とその意志決定のメカニズムが正しく組織されていなければならない。それゆえこの部分もいくつかの重要な分析を含んでいる。しかしそれを詳論するだけの余白は与えられていない。ただここで、個人の帰属の単位としての共同体、とくに国民としてのそれが強調されていること、たんなる利益集約的な政治概念を超えて、「対話としての政治」——しかもH・アレント的なそれ自身としての対話ではなく、目標達成のプロセスとしての対話としての政治——が再評価されていること、寛容に関して公的領域と私的領域を区分しつつも、私的領域の公的領域へのインパクトは十分に考慮が払われるべきことが強調されていること、そして最後に市場社会主義の国家の機能について具体的に言及されていることを指摘するにとどめ、ここで本書にたいする若干の疑問を提示しておきたい。

本書は、一九八九年の出版であるから、基本的にはソ連や東欧の社会主義体制の崩壊前に書かれたことになる。にもかかわらずそれはむしろ崩壊後にこそ妥当すべきいくつかの論理を含んでいる。しかし同時に本書が一定の制約を含んでいることもたしかである。著者は、環境問題や南北問題には殆ど触れていない。触れたとしても、それは市場社会主義の論理のなかに包摂されそこで解決されうるものと考えている。しかし環境問題が、もはや欲望の有効な充足、配分的正義、搾取と疎外という古い問題群を超え、むしろそれとは対立する要素を含んでいることはたしかであろう。同様に、南北問題は、明らかに共同体としての国民性とは対立する要素を含んでいるのであり、配分的正義とその決定機構の国際的な拡がりを要求しているのである。

このことは、第二の問題に関係する。著者が発展せる個性の継承をいうとき、そこに典型的にあらわれているように、本書は近代的人間観をそのまま継承している。それは個人の自然的欲望を是とし、他者関係を基本的に手段の体系として考えているそれである。それゆえに、著者はみずからがコミュニタリアンと呼ばれることに躊躇を示さないとしながらも、なおもコミュニタリアンと呼ぶに相応しい人間類型への洞察を欠く。C・テイラー『自我の源泉』(*Sources of the Self*, 1990) にみられるような、近代的人間類型への根本的な反省なしには、コミュニタリアニズムはたんなる批判の域を出ないというのはいいすぎであろうか。

もっともこれは、哲学者であるよりも政治学者である著者への無いものねだりにすぎないかもしれない。著者は、本書の末尾において、みずからの立場を「リバータリアニズムとソーシァリズムからいくつかの要素をひき出しつつ、それらを新しい根底的な総合において結合していく、第三の選択肢 a third alternative」(p. 338) とよぶ。失敗や批判を恐れず、各人がその冒険に挑むべき時であるかもしれない。

†初出　『早稲田政治経済学雑誌』三一三号、早稲田政治経済学会、一九九三年

# 政治哲学の現況

## 一

P・ラスレット編『哲学・政治・社会』(*Philosophy, Politics, and Society*)といえば、戦後のアングロ・サクソン圏における政治哲学にかかわる主要な論文を掲載し、その都度さまざまの問題を投げかけてきたものとして有名であるが、その第一巻(一九五六年)から第五巻(一九七九年)にいたるラスレットの「序文」をみれば、その間における政治哲学の推移をかなりはっきりと読みとることができる。すなわち、その第一巻において、あらゆる思想を相対化せざるをえないマルクス主義と知識社会学、さらにはいわゆる分析哲学と行動科学の挟撃のなかで、「いずれにせよ、いまや、政治哲学は死滅した」(for the moment, anyway, political philosophy is dead)[1]といわざるをえなかったラスレットは、すでに第二巻(一九六二年)においては風向きの変化を告げ、第三巻(一九六七年)においては、むしろ控え目ながら政治哲学の再生を告げていた。そして第四巻(一九七二年)においては、「政治哲学の死滅」がいささか早計な判断にしかすぎなかったことをいいつつ、第五巻においては、むしろ積極的な政治哲学の再生をうたっていたのである。

それでは、再生した政治哲学とはいかなるものであろうか、またそれはいかなる問題性を含んでいるであろうか。

## 二

ここでいう再生した政治哲学には、実質政治哲学から方法論的吟味にいたるまで、さまざまのものが含まれている。しかしその最たるものが、J・ロールズ、R・ノズィック、R・ドゥオーキン、B・A・アッカーマンらに代表されるそれであることは、すでに改めていうまでもないであろう。そしてそれは、どちらかというと、古代ギリシアの政治哲学に範を求めた一世代前の政治哲学者たち（たとえば、L・シュトラウス、E・フェーゲリン、H・アレントら——かれらは概ね大陸からの亡命者であった）と異なって、むしろ近代の自然権ないし契約論的思考に注目し、それを通じて自由主義に新たな哲学的基礎を提供しようとしているところにその特徴があるといえる。それゆえにそれは、価値観としての功利主義と方法としての実証主義（法理論としては法実証主義）を何よりもその克服の対象としている。

すなわち、その著『正義の理論』（*A Theory of Justice*, 1971）によって一躍有名になったロールズによれば、正義の原理は、各人の有する社会的地位や所得、自然的資質や能力の分配、等々およそ個人の公平な判断を曇らせるいっさいのものが捨象され、「無知のヴェール」に覆われた原初状態（the original position）から、各人の同意の結果として導出される。それが、（一）各人は、すべての人にとっての同様な自由の体系と両立しうる平等な基本的諸自由の最大限の体系への平等な権利をもつべきである（平等な自由原理）、（二）社会的、経済的不平等は、(a)正しい貯蓄原理と両立しつつ、もっとも不利な立場にある人びとの利益となるよう（格差原理）、(b)機会の公正な平等という条件のもとで、すべての人に開かれている職務や地位にのみともなうよう（機会均等原理）、配置さるべきである、という二つの原理からなることは、改めて指摘するまでもないであろう。

社会はこのような原理に基づいて組織さるべきであり、これこそあらゆる政治的、社会的判断の基準とならなければならない。第二原理、とりわけ格差原理は、社会的に恵まれていない人びとへの積極的な救済を要求する（それゆえそれはいわゆる“affirmative action”へのひとつの基礎づけともなる）。しかし二つの原理が衝突したばあいには、第一原理を優先させているところに、その立論にあたって目的論的《テレオロジカル》な思考を排し、義務論的《デオントロジカル》な思考を採ったという前提と相まって、ロールズ正義論の自由主義的性格が現われているといえる（ロールズ自身は、正義の原理はまったく異なったタイプの体制《レジーム》と両立しうるといっているとはいえ[2]）。

古典的な自由主義への回帰を、もっと積極的に推し進めているのが、『アナーキー・国家・ユートピア』（*Anarchy, State, and Utopia*, 1974）の著者R・ノズィックである。すなわちロック的な自然状態の概念を説明原理として積極的に援用しつつ、個人は何びとによっても侵害されない一定の権利――その身体を傷つけられず、自由を制限されず、同意なしにはいかなる財産も取り上げられない権利、等々――を本来的にもつとしながら、これらの権利が侵害されないために、国家の機能を暴力、窃盗、詐欺にたいする保護、契約の履行という最小限のものにとどめようとするのである。このようにして、ノズィックは福祉国家を批判し、ある種の夜警国家に帰ることになるが、近著『哲学的説明』（*Philosophical Explanation*, 1981）においては、懐疑主義や哲学的多元主義という形で、それへの哲学的基礎づけが与えられている。

ノズィックが平等（配分的正義）の実現のために、個人のアイデンティティが損われ、自由が侵害される危険に極度の警戒を示しているとしたならば、逆にこの平等を中心的価値として掲げるのが、R・ドゥオーキンである。「わたくしの試みたことは、経済的平等と周知の個人の諸権利とは、独立のものとしての平等という同じ根本的な概念に由来するものであり、かくして平等こそが自由主義の推進力であり、自由主義のあらゆる弁護は平等の弁護であるということを示すことでした(3)」。もちろん、ドゥオーキンにとって、かかる平等は、たんなる形式的な平等や格差の是正を意味しない。むしろ、異なった選好をもてるすべての個人の「平等な配慮と尊敬への権利」(the right to equal concern and respect)を意味し、このために実質的な機会の均等を意味する。

『自由国家における社会的正義』(*Social Justice in the Liberal State*)の著者B・A・アッカーマンもまた、他人の同様な権利を侵害することなしに、自分自身の判断にしたがっておのれの生活を営み、自由を実現する社会を求める。しかしかれはこのばあい、もはや特定の権利や社会契約に訴えることなしに、むしろ古典的な対話《ディアローグ》の復活を求める(この書物そのものが対話の形式を採り入れている)。つまり各人の価値判断を各人に委ねつつ――したがって、ある人の理想が他の人の理想より善いとはいえないという――、かかる中立性《ニュートラリティ》を前提とし、かつ理想としながら、そのうえに成立する対話の形式に自由社会における正義の基準を求めていくのである。

三

これらの思想家は、それぞれがまさに政治哲学とよぶに相応しい論理的な密度と背景とをもっている。そして個別的な点においては、かれらの間に重要な相違がないわけではない。しかしすでに述べたように、功利主義と実証主義を批判し、実定法体系を超えた積極的な判断基準を求め、規範理論をうち立てようとしている点においてかれらは共通する。しかしまたかれらは、目的論的な立論を排し義務論的な立論をしているという点においても共通しているのであり、(4) むしろ究極的な価値（善）の選択をあくまでも各人に委ねつつ、それを調整する外的な枠組みとして正義の問題をとらえているところに、かれらの理論の自由主義的な性格が——かれらにとってはそれが自由主義の要諦である——現われているといえる。

これに較べるならば、ドイツにおける実践哲学復権の運動には、近代の科学主義的な思惟の生みだした法と倫理、内面と外面の分離を克服し、それを通じて内面のアナーキーを克服していこうという志向がみられる。すなわち、二巻本『実践哲学の復権』(*Rehabilitierung der praktischen Philosophie*, 1972-74) の編者M・リーデルのいうように、それは人間行動の規範の妥当性（「われわれは何をなすべきか」）および人間の行為目標の考量と選択（「われわれはいかに生きうるか」）を基礎づけ、それを通じて価値中立的な社会科学の限界を克服していこうとするものである。(5) したがって、それは規範理論のたんなる倫理学への歪曲にも反対し、むしろ政治学（政治）と倫理学（倫理）の内的結合を回復しようとするものであり、その意味ではたしかにアリストテレス的な実践学の伝統に繋がっている。したがってそれは、すでにこの分野における古典とも目されうるW・ヘニース『政治と実践哲学』(*Politik und praktische Philosophie*, 1960) にも明らかなように、因果的な知のみを唯一の学的知とし、力による対象の技術的操作をその唯一の目的とする科学的な知のあり方を批判し、アリストテレス的な実践知＝賢慮（phronēsis）と、それを支えるトピカ＝レトリック的、あるいは弁証術的方法を回復せしめんという意味をもっている（この点においてそれは、自然科学的知ですら、必ずしも必然的かつ客観的ではなく、共通の了解——アリストテレス的な通念endoxa——に基づくいわゆるパラダイムとしてとらえる、たとえばT・S・クーン的な問題提起にも繋がる意味をもっている）。したがってそれはまた、政治を目的から切り離し、たんなる権力現象として（ウェーバー的に）とらえる現代政治学や国家論の趨勢に反対し、むしろ政治を目的に基礎づけるという意味をもっている。「国家権力は、たしかに現実国家の必須の契機であるが、国家を国家たらしめるものはもはやたんなる国家権力より以上のものである。それは、何よりもまず、ひとり国家のみがなしうる課題、その命令のもとに国家があるところの目的 das Telos である」(6)。いわばこのようにして、たんなる合法性を超えて目的そのものによる正当性を求めていくのである。

その意味でそれは、すでに述べたように、たんに現代の社会科学のみならず、近代の科学・哲学革命によって生みだされた近代的知そのものの批判と克服という課題を負わされているように思われる。わたくし自身基本的姿勢において賛成するところが少なくない。しかし、これほどまでに規範理論の回復をいい、目的論の復活をいいながら、基本的にはなお、問題提起とせいぜい方法論的可能性の吟味にとどまっている――その意味ではメタ理論的色彩は払拭しがたい――のはどのように解釈したらよいであろうか。おそらく、それは知の客観性と普遍妥当性という呪縛になおとらわれすぎているからともいえようが、それ以上にある種のイデオロギー的タブーを余儀なくされている西ドイツの政治状態と無縁ではないかもしれない。そしてこの点では、フランクフルト学派の第二世代に属し、批判理論をポジティヴな形で組み換えようとしているJ・ハーバーマスにも共通するように思われる。ハーバーマスが近代の科学的知の道具性に反対し、実践知の回復を訴えるとき、それが実践哲学復興の運動と重なる意味をもっていることは、すでに『理論と実践』（*Theorie und Praxis*, 1963）において明らかであるといえる。しかし自然の必然に支配されかつ道具的な強制連関を余儀なくされる労働を超えて相互行為をいい、最新作『コミュニケーション行為の理論』（*Theorie des kommunikativen Handelns*, 1981）において、ウェーバー的目的合理的行為（成果志向型行為）を超えて相互了解志向型行為をいうとき、かかる意志疎通の形式（理想的発話状態）が規範の内容をなし、むしろかかる形式を通じて実現さるべき究極の価値や目的の理論が背後に退いてしまっているように思われる。

市民社会化がますます進み、価値観が多様化した現代社会においては、もはやそれ自体としての目的や価値の理論を根底においた規範理論は不可能であろうか。その点ではむしろ、アメリカにおけるいわゆるポスト・ビヘイヴィオラリズムの運動に少なからざる影響を与え、またその問題提起を受けたC・ベイらの所説にも、少なからざる注目をしておかなければならない。(7) すなわち、ハイエクやノズィックのごとき古典的自由主義への回帰が、むしろ弱肉強食の個人主義的競争社会の正当化にすぎないことをいいつつ、人間の自由や必要に一定のヒエラルヒーを設定し、それに基づいて社会をよりよき生活に向けて組織化していくことを主張しているのである（したがってそこでは、権力中心的な政治観が批判され、「自由、正義、もしくはなんらかの種類のよりよき社会へのヴィジョン」(8) が政治の本質的契機として強調される）。しかしもちろん、すでに今日われわれを取りまいているエコロジカルな危機をも考慮の対象に入れるならば、自由や必要のヒエラルヒーはもはや人間相互の関係に限定されることなく、むしろ全体としての自然との関係において考えられなければならないのであり、その意味では人間を社会的・自然的連関のなかでとらえる新しい主体の理論を必要とするかもしれないし、そのためにはエコロジーと現象学の結合あたりに新しい可能性が開かれてくるかもしれない。(9) そしてこの点においても政治哲学の復権は急務であるといわなければならない。

## 四

最後に、政治思想史における新しい傾向について若干触れておきたい。すでに少しく述べたように、L・シュトラウス、E・フェーゲリン、H・アレントらに代表される戦後の一時期の政治哲学者は、同時に政治哲学史家であった。かれらは、過去の偉大な思想に即して現代の状況を理解し、また偉大なテクストを教養＝人間形成（culture, Bildung）のために用いた。しかしそれゆえにまた、かれらのばあいには、しばしば（科学的、分析哲学的基準からするならば）その論理の展開に曖昧な部分を残しているようにもみえたし、またそのテクストをそれぞれの時代の全体的な知的、社会的背景において理解していくことも少なかった。Q・スキナー、J・ダン、J・G・A・ポコックらいわゆる "the history of ideas" の人びとが、このような方法への反省に出発し、政治思想史をできるだけ客観的にかつ科学的批判に耐えうるものとして構成しようとしていることは明らかであろう。

すなわち、二巻本の大著『近代政治思想の基礎』（*The Foundations of Modern Political Thought*, 1978）においてスキナーの意図したところは、伝統的なテクスト中心主義を批判し、政治思想の真の歴史を描き出すことであったが、そのためにスキナーは、必ずしも過去の指導的な思想家にのみ焦点を合せるのではなく、むしろあらゆるテクストをそれを生みだしたより広い社会的、知的基盤との関係において理解し再構成しようとした。そのためにまた政治理論と現実の政治生活との関連——政治生活が、一定の問題をその争点たらしめ、政治理論家の解決すべき主題を設定していく——において理解しようとした。同様に、J・G・A・ポコックもまた、伝統的なテクスト中心主義的な政治理論史を、それは古典的なテクストを哲学的タームにおいて扱うが、真に歴史的には扱わないと批判しむしろ過去の政治理論の現代的意義に関心が集中しているという。かくしてポコックもまた政治思想現象をあくまでも歴史的現象として扱い、とりわけその時に支配している全体としてのコミュニケーションの言語体系との関係において理解しようとするのである。[10]

これらの人びとによって政治思想史の新しい方法が開拓されつつあることはたしかであろう。しかし、すでにJ・G・ガヌルも指摘しているように、過去の政治思想の科学的把握への方法論的関心（methodological concerns）が深まれば深まるほど、実践的関心（practical concerns）が後退し、規範性が薄れていくという事実をわれわれはどのように解釈したらよいであろうか。[11] そこには、ウェーバー的表現を用いるならば、魔術からの解放が進み、主知化が行なわれれば行なわれるほど、対象世界から意味（価値）が剝奪されていくという近代的知のパラドックスが働いているように思われる。そして今日、政治哲学に求められているものは、むしろかかるパラドックスの克服であるようにも思われるのである。

### 注

（1）Sir Isaiah Berlin, "Does Political Theory still Exist?" が掲載されたのは、この第二巻である。

（2）Cf. John Rawls, *A Theory of Justice* (Cambridge, Massachusetts : Harvard University Press, 1971), p. 282. なお、ロールズ、ノズィック、ドゥオーキンについてのより詳しい紹介は、拙著『政治哲学の復権――新しい規範理論を求めて』（新評論、一九七九年）、一三頁以下参照。

（3）Bryan Magee, *Men of Ideas : Some Creators of Contemporary Philosophy* (London : British Broadcasting Corporation, 1978), pp. 255-56. なお本書の邦訳が、磯野友彦監訳『哲学の現在』(河出書房新社、一九八三年)である。

(4) ここでいう目的論 (teleology) とは、まず善 (good) を定義し、それを極大化する条件を正 (right) としてとらえる理論を意味し、義務論 (deontology) とは、まず正を定義し、その枠のなかで善を実現せしめようとする理論を意味する。

(5) Cf. Manfred Riedel (hrsg.), *Rehabilitierung der praktischen Philosophie*, Bd. I (Freiburg : Rombach, 1972), S. 11.

(6) Wilhelm Hennis, *Politik und praktische Philosophie* (Stuttgart : Klett-Cotte, 1977), S. 75.

(7) C・ベイについては、佐々木毅「ポスト・ビヘイヴィオラリズムその後」(『国家学会雑誌』第九六巻第五・六号、一九八三年六月) 参照。ここで佐々木氏はとくに、Christian Bay, J. G. Gunnell, W. E. Connolly の三人を取り上げている。

(8) Christian Bay, *Strategies of Political Emancipation* (Notre Dame, Indiana : University of Notre Dame Press, 1981), p. 3.

(9) 具体的にどのようなものが現われているかは寡聞にして知らない。しかし、現象学的なものを基礎として政治理論を組み立てようとしている積極的な試みとして、Fred R. Dallmayr, Hwa Yol Jung らのものがある。たとえば、*Beyond Dogma and Despair : Toward a Critical Phenomenology* (Notre Dame, Indiana : University of Notre Dame Press, 1981) および *Twilight of Subjectivity : Contributions to a Post-Individualist Theory of Politics* (Amherst : The University of Massachusetts Press, 1981) の著者 Fred R. Dallmayr は、近代の主観性 (主体性) 哲学——認識論的には、対象世界から分離された「思惟実体」を超越論的に措定し、それによって対象世界を構成せしめ、政治理論的にも、社会的連関から切り離された無制約的主体を措定し、そこから機械論的に社会を構成せしめる——を批判しつつ、むしろ現象学的な相互主観性の問題を基礎として、新しい政治的共同体の理論を構築しようとするのである。そこには近代の所有的個人主義 (possessive individualism) を克服しようという積極的な姿勢がみられる。

(10) スキナーとポコックの方法についての簡単な紹介は、拙稿「政治理論史の方法とその現代的課題」(『早稲田政治経済学雑誌』第二七〇・二七一・二七二合併号、一九八二年一〇月)、六八頁以下参照。

(11) Cf. J. G. Gunnell, *Political Theory : Tradition and Interpretation* (Cambridge, Massachusetts : Winthrop Publishers, Inc., 1979), p. 96.

†初出　『理想』六〇八号、理想社、一九八四年一月

# 解説

齋藤純一
谷澤正嗣

本書には、故藤原保信の一四の論考と二つの書評を収めた。いずれも、これまで藤原が公にした単著には収録されていない。各論考の執筆時期は、一九七七年から逝去の前年にわたるが、「ロックの契約論と革命権」と「大陸自然法とその展開」(いずれも一九七七年)の二つを除き、すべて生前の最後の一〇年余に書かれたものである。

藤原の研究は、その関心の対象からごく大づかみにとらえるなら、つぎの四つの時期に分けることができるのではないかと思う(巻末に付した「著作目録」と「年譜」ならびに藤原保信『学問へのひとつの道』[私家版、一九九五年]を参照)。藤原の新しい読者にも配慮し、まずはじめに、その研究の流れを簡単に辿っておくことにしたい。

**研究の概観**

早稲田大学(大学院)の院生・助手・講師として政治思想の研究に取り組んだ一九六〇年代について見れば、藤原の関心は、修士論文として執筆された大山郁夫/吉野作造論を除けば、主として、H・ラスキ、E・バーカー、T・H・グリーンらのイギリスの理想主義・多元主義の政治哲学にあった。後述するように、とりわけグリーンへの深い関心はその後も失われることなく、本書にも彼の自由概念や所有観などをあらためて評価したいくつかの重要な論文が含まれている。

次いで藤原は、近代のいわば「グランド・セオリー」にあたる政治思想を理解する必要があるという問題意識のもとに、シカゴ大学での在外研究(一九六九年~七一年)の機会も活かしながらホッブズの研究に精力を傾けることになった。ホッブズの社会観はその自然観によって根本的に規定されているという見方を導きの糸とした研究の成果は、『近代政治哲学の形成――ホッブズの政治哲学』（一九七四年）として公刊された。

ホッブズの自然哲学／政治哲学に近代的世界観への転換と「ゾーン・ポリティコン」（政治的動物）の観念の解体を読み取った藤原は、七〇年代の後半から八〇年代の初めにかけてヘーゲルの研究に取り組んでいった。ヘーゲルの哲学のうちに、ホッブズ的な世界観（機械論的自然観・原子論的社会観）を再び転換していくための基本的な示唆が探られたのである。藤原の主著の一つ、『ヘーゲル政治哲学講義――人倫の再興』（一九八二年）はその研究の成果であり、反近代のスタンスに立つことなく近代を問題化し、それを克服するための基本的な構想がそこに示された。この時期にはまたオックスフォード大学での在外研究（一九七八〜七九年）が、藤原にとって、西洋政治思想史の研究から規範的な政治理論の積極的な構想へと重心を移す一つの転機となり、J・ロールズやC・テイラーらの同時代の新しい政治理論を摂取しながら、自らの問題意識を率直に示した『政治哲学の復権――新しい規範理論を求めて』（一九七九年）が世に問われることになった。

一九八〇年代前半からの一〇年間には、いくつかの仕事が並行しておこなわれたと見てよいだろう。その一つは、それまで断続的に取り組んできたテーマに関する研究をまとめる仕事であり、プラトン、アリストテレスからK・マルクス、M・ウェーバーにいたる政治理論を通史としてまとめた『西洋政治理論史』（一九八五年）、『大山郁夫著作集』の編集に携わりながら、修士論文の着想を大幅に展開して執筆された『大山郁夫と大正デモクラシー』（一九八九年）、二〇世紀に大きな思想的影響力を放った政治学者や哲学者らの仕事を包括的に取り上げ――藤原が他の著書ではほとんど言及することのないC・シュミット、K・マンハイム、D・イーストン、M・フーコーらについてのまとまった考察も含まれている――、それらに批判的な検討を加えた『二〇世紀の政治理論』（一九九一年）が相次いで上梓された。二つめは、再生されるべき自然観や政治社会観の構想を積極的に試みるプロジェクトであり、その一環として、『政治理論のパラダイム転換――世界観と政治』（一九八五年）および『自然観の構造と環境倫理学』（一九九一年）が出版された。この時期の最後に、藤原は、J・ロックやA・スミスらの近代自由主義思想の特性を明らかにしたうえで、テイラーを中心とする共同体主義《コミュニタリアニズム》に関する政治理論をまとめることを次の研究課題として考えていたようである。共同体主義の政治理論の全体像を示すという仕事はついに果たされることはなかったが、近代の市民社会を支えてきたイデオロギーをもう一度正確にとらえ直す仕事については、『自由主義の再検討』（一九九三年）をはじめとしていくつかの論考が遺されることになった（藤原の自由主義論については、本著作集第九巻をご覧いただきたい）。

本書が収録した論考のほとんどはこの最後の時期に書かれたものであり、この頃の藤原の問題関心がどこにあったか、かれが自らの規範的な政治理論をどのように構想しようとしていたかを伝えるものである。以下、この時期の藤原の最も基本的な問題関心を近代への批判という文脈に即して明らかにしながら、かれの規範的政治理論の特徴を「公共性の再構築」という本書のテーマに照らしながら理解することにしたい。

## 近代への批判

さて、本書の各論考が書かれた一九七〇年代後半から九〇年代初めにかけては、近代への批判というモティーフが多くの思想家、理論家に広く共有された時代だったと言えるだろう。この時期には、マルクス主義の思想が後退するのと並行して、たとえば、歴史に何らかの「大きな物語」を読み込もうとする姿勢を批判し、同一性に回収されない差異化の動態を強調するポスト・モダニズムの思想、先行世代の道具的理性批判を受けて、理性を主観中心的なものから間主観的なものへと組み換えようとするフランクフルト学派の思想、近代の社会秩序を支えてきた権力関係の自明性を個々の領域において問い返そうとするフェミニズムなどの思想、公害や自然破壊の現実に近代文明の荒廃を看取し、大量生産―大量消費―大量廃棄のシステムを根本から見直し、エコロジカルな均衡の回復を提唱する思想、さらには、南と北との間の構造的格差がどのようにしてつくられ、それがいかに拡がりつつあるかに注意を喚起する思想などがあらわれ、しかも広く受容されていった。

狭義の政治思想／政治哲学の領域に眼を転じても、この時期には、ロールズの『正義の理論』（一九七一年）の影響のもと、一方ではR・ドゥオーキンやR・ノズィックらの仕事によって自由主義（自由至上主義《リバータリアニズム》を含む）の思想が再び活況を呈するとともに、他方では、自由主義の思想前提を問い返しながら、文化や宗教の伝統を背景とする「共同体」の再生を提唱するテイラー、M・サンデル、A・マッキンタイアーらの共同体主義の思想が台頭し、両者の間で活発な論争が交わされた。近代への批判という文脈で言えば、共同体主義の論者たちは、自由主義が正当化する秩序のもとで人びとの関心が私的領域に跼蹐《きょくせき》し、そのことによって、他者との連帯が失われ、社会が荒廃し、政治的な帰属意識が失われることだけを批判したわけではなかった。かれらは、他者との具体的な関係から切り離された諸個人を秩序形成の起点に据え、政治的共同体をそうした諸個人にとって外在的なものとして位置づける原子論《アトミズム》の枠組みそのものをも問題化した。実際、藤原は、サンデルのロールズ批判——人間は諸関係の「負荷をおわない」ものとしてあるのではなく、それらのうちに「位置づけられた」ものとしてある——に賛意を表明し、とりわけテイラー——ヘーゲル研究という藤原と共通の思想的基盤をもつ——による原子論的《アトミスティック》な存在理解に対する批判と全体論的《ホーリスティック》な存在論の提示に強い共感を示した。

この時期の藤原が、同時代のこのような思潮にも応じながら、自らの近代批判を積極的に展開しようという意欲をもっていたことは疑いない。ただし、藤原は、自らの時代が「人類史的危機」——自然環境の破壊、核戦争の脅威、構造的格差の拡大、アイデンティティ喪失などがその諸側面として挙げられる——に直面していると見なしており、その構造化された危機を克服するためには、近代批判を限られた問題領域における部分的な解決や部分的な軌道修正に終わらせてはならないとも感じていた。かれが、エコロジズムや共同体主義を除いて、他の近代批判のスタンスから多かれ少なかれ意識的に距離をとったのはそのためである。

藤原の近代批判は、ポスト・モダニズムのように同一性や統合に対する差異（化）の強調に向かったわけでもなく、フェミニズムのように近代の社会秩序を支えてきた権力関係の批判に直接向かったわけでもない。かれが批判した近代とは、早くも一七世紀にその骨格を露わにした近代、科学・哲学革命の影響のもとで形成された世界観をもつ近代である。藤原は、自然・他者・内的自然を客体化し、それらをもっぱら自らの目的追求の手段と見なす主体のあり方はホッブズ的な世界観のもとで正当化されてきたと考える。したがって、「人類史的危機」を克服していくためには、近代批判はその自然観・社会観・人間観をトータルに問い直すものでなければならず、たとえば、ロールズのような人間と人間との間における正義を問い返そうとする営為も、それが人間と自然との関係を射程に含むことがないならば、なおも部分的な問題解決にとどまらざるをえないと見るのである。

近代の世界観が浸透することによって失われたのは、藤原によれば、人間の生のみならず諸々の生は互いに分かちがたく連関しあっているということの認識である。それぞれ「部分」としてあるほかない生が、他の諸々の「部分」や「全体」との連関を見失ったことこそが、かれにとって、近代という時代の根本的な問題なのである。このような生相互の有機的な連関・連動というパースペクティブから見れば、近代は「部分」にすぎないものが「全体」を僭称し自らを中心化していった時代であり、その危機を脱していくためには、そうした主観（人間）中心的な理性のあり方からの脱却がはかられなければならない。

興味深いのは、そのような「部分」の中心性の相対化を――たとえばJ・ハーバーマスのように――人びとの間のコミュニケーション領域（間主観性の領域）にのみ委ねることに対して藤原が一貫して批判的だったということである。かれは、コミュニケーションの参加者が支配的な価値観を問題化しえず、コミュニケーションが部分的な問題領域に限定されることを恐れたのである。「部分」と「部分」の間のコミュニケーションはたしかに一定の相対化を可能にするとしても、そうした反省はなおもある「部分」のなかに――たとえば人間中心主義の圏域や先進国の「城内平和」に――とどまる危険性がある。藤原が誤解を招きかねない「部分」と「全体」という用語に固執したのも、原子論に代わるべき存在論として全体論《ホーリズム》を描くことへの意欲をもっていたことを措けば、かれが、人びとの間での反省は「全体」への方向づけを先取りすることがなければつねに部分的なそれに終わる危険性を免れえないという判断をもっていたためであろう。

ここで、藤原が一七世紀にほぼ確立されたと見る近代の世界観の特徴をあらためて確認しておくことにしたい。第一に、それは、所与の全体を諸部分へと解体し、その諸部分（個物）から全体を人為的に構成し直すという論理をとる。この場合、再構成された全体は――自然という次元においても政治社会という次元においても――等質な諸部分の量的な総和としてあらわれざるをえない（「機械論」）。第二に、この世界観においては、実在するのは個々の諸部分のみであり、再構成された全体は、そうした諸部分にとっては、外在する、それ自体としては実在性をもたない抽象としての位置をもつにとどまる（「ノミナリズム」、「抽象的・外的普遍」）。第三に、それぞれの部分が、自らを中心化し、他の諸部分や全体をもっぱら外的な対象と見なしていくとき、そこからは、それらをもっぱら自らの手段として位置づけようとする支配の関係がもたらされざるをえない（「人間中心主義」、「個人主義」）。

近代の世界観に内在する問題性をこのようにとらえるとき、規範的な政治理論にとって課題となるのは次の二つであろう。一つは、機械論的世界観に取って代わるべき世界観を明らかにし、あるべき「部分」と「全体」との関係性を示すことであり、藤原は、これを「存在論」あるいは「自然観」にかかわる課題としてとらえていった。もう一つは、そうした「全体」の姿が与えられるとして、「部分」それ自身が自らと「全体」との関係を（再）認識することはいかにして可能になるかを明らかにすることであり、後に触れるように藤原は、この問いを「実践知」ないし「教養形成」にかかわる課題としてとらえていった。

藤原が人間と自然との関係をどのように再考し、併せてどのような存在論を展望していったかについての検討は他の巻に譲り、ここでは「公共性の再構築」という本書の主要なテーマに即して、藤原が公共性ないしは政治的共同体をどのようにとらえたかに焦点をあわせることにしよう。

## 公共性の再構築と人倫

藤原は、「公共性の再構築」という問いを、明らかに次のような見通しに沿って考えていたように思われる。つまり、アリストテレス的な目的論（有機体論）的自然観の没落がホッブズ的な機械論的自然観の制覇によってもたらされたとすれば、近代的自然観を再び転換するための示唆は——部分的にではあれ——ヘーゲルの有機体論的な自然観のうちに探ることができる。同じように、アリストテレスの「ゾーン・ポリティコン」の観念がホッブズの原子論によって解体されたとすれば、それを回復するための示唆はやはり個（特殊）を全体（普遍）との有機的連関のうちに位置づけるヘーゲルの「人倫」（Sittlichkeit）概念から得ることができるという展望である。

ホッブズやロックらの一七世紀の社会契約説は、「原子論的主体とそれによる人工的社会構成の論理」（一二〇頁）にもとづくものであり、政治的共同体は、個人の自己保存やプロパティの保全をより実効的に実現するための外的な枠組みとして位置づけられる。藤原によれば、個人（私）を政治的共同体（公）に対して先行させ、公共的なものを諸個人それぞれの私的な目的追求にとっての手段として見るこのような原子論的な社会観は、それ以降、近代社会の主要なイデオロギーである自由主義に定着し、ロールズらの思想にまで引き継がれることになった。

このような原子論的な社会観に、藤原は、アリストテレスの「ゾーン・ポリティコン」の観念を対置し、それを、消極的には、政治的共同体（公共的領域）が外的なもの・手段的なものとして個人の生から切り離されていない関係のあり方、より積極的には、人びとが「それぞれ善く生きる」ための手段的な枠組みをこえて、「共に善く生きる」ことを可能にする政治的共同体のあり方を意味するものとして理解した。同じように、ヘーゲルの「人倫」の概念も、私的な目的の追求と公共的なそれとが分離せず、人びとが公共の善を同時に自らのものとして生きることを可能にする共同性として理解されたが、藤原にとって、その意義は「ゾーン・ポリティコン」にもまして大きい。「人倫」の概念は、「特殊と普遍の相互滲透」、言いかえれば、公共性がそのなかに生きる個人によって自覚的に担われる——それゆえ、個（部分）が共同体（全体）のうちに無自覚のうちに埋め込まれるような関係とは異なる——関係性を表すからである（人倫的な関係性においては、普遍は抽象的普遍として疎外されるのではなく、その成員自身の意識によって媒介された具体的普遍としてある）。

このように藤原においては、「公共性の再構築」という課題は、もっぱら、「ゾーン・ポリティコン」ないし「人倫」の新たな再生という線に沿って展望されており、公共性は、たとえば、H・アレントのように、異なる価値の現われが人びとによって互いに享受されるような複数性《プルーラリティ》の空間としてとらえられたわけでもないし、あるいはまた、ハーバーマスのように、徹底した公開性のもとで支配のない意思形成・意思決定がおこなわれる討議の空間として理解されたのでもない。公共性は、人びとが私的に善く生きることではなく、共に善く生きることを可能にする空間として把握されたのである。

**公共的な価値の位置づけと共通善**

こうして善の「私化」を批判する藤原は、諸個人がそれぞれ善く生きるための枠組み——各人による「善の構想」の追求を等しく制約する正しいルール——に公共性の観念を限定する、同時代の自由主義《リベラリズム》からも明確な距離をとることになる。近代の価値観を批判するとき、藤原は、ホッブズが、善－悪を欲求－嫌悪（の対象）に等置し、それらを主観化・相対化したことを重視する。というのも、それによって人びとによって共有されうる「共通善」（common good）の観念が否定されることになるからである（藤原は "common good" に「共通善」、「共通の善」もしくは「共同善」という言葉をあてている）。人びとが共有しうるのはせいぜいのところ「共通悪」——ホッブズの場合には「最高悪」としての暴力死がそれである——にとどまり、人びとがそれぞれ抱く「善の構想」はあくまでも共約不可能な（同一の尺度では比較しえない）ものであるとする自由主義の考え方に抗して、藤原は、コミュニタリアンとともに「共通善」の観念が成り立ちうることを主張する。すなわち、公共的な価値は、各人が自らの「善の構想」を追求するうえで等しく価値を認める一群の財（善）——たとえばロールズのいう「基本的な社会財」はそれに当たる——に還元されるべきものではなく、「善の構想」そのものが人びとによって共有されうるものであることを強調する。藤原においては、公共的価値は、いま述べた意味での「共通善」の次元を明らかに含んでいる。

ただし、興味深いことに、藤原の場合には、「共通善」の観念が妥当する範囲は、多くのコミュニタリアンとも異なって、宗教や文化的伝統の共有によって画される個々の共同体に必ずしも限定されるものではなかった。言いかえれば、かれは、ありうべき「共通善」を、それぞれの共同体に固有の、したがって排他性を帯びた価値としてではなく、人類全体にまで拡がりうるものとして、また拡がるべきものとしてとらえた。藤原が、公共的空間を同時に「道徳的空間（moral space）」――共有されるべき「善の構想」をめぐって積極的な討議が繰り広げられる空間――として描き、「目的論の復権」という言葉を用いながら、歴史を「共通善」の実現の過程と見ようとするヘーゲルやグリーンの見方に共感を隠さなかったのも、こうした理由のためであるように思われる。

たしかに、藤原も、そのような「共通善」の設定が、価値の多元性、多元化にとって抑圧的に作用するのではないかという危惧を抱かないわけではなかった。「規範主義と価値の多元性、個人の自律、思想的寛容とをどのようにして両立させるか」（二三二頁）は、最後までかれを悩ませた問いでもある。しかし、端的に言えば、藤原は人びとがそれぞれ抱く「善の構想」に関して一定の多元性を認めながらも、それらがあくまでも「共通善」＝「共に善く生きること」によって方向づけられたものであることを求めたように思われる。藤原においては、「善の構想」の多元性に対する肯定はけっして全面的なものではなく、その多元性は価値や目的の「普遍化」という目的論によって制約されているのである。価値相対主義はもとよりとして、「善の構想」とそれに即した生き方は一定方向には収斂しないと考えるI・バーリンらの価値多元主義とも藤原は立場を異にしている。

**公共的な意思形成と実践知**

善（good）と正（right）の分離に抗しようとするこのようなスタンスは、公共的な意思形成についても、ハーバーマスらとは異なった見方を藤原にとらせることになる。ハーバーマスの「コミュニケーション倫理」（「討議倫理」）は、どのような規範の内容が論議の対象として主題化されるのであれ、そこで形成される合意を正当化しうるコミュニケーションの条件を問うものである。それは、藤原の見るように、意思形成の手続きにかかわる形式倫理であり、規範の内容そのものの正しさを問う実質倫理ではない。

藤原は、実質倫理を排する手続き主義と呼ばれる立場に次のような難点を見出した。合理的なコミュニケーションは、それがいかに権力的に中立的であるとしても、ある種の人びとの参加を実質的に締めだし、ある種の問題領域を無自覚に排除したままおこなわれる可能性、したがって、公共的な意思形成が「構造的危機」にまったく触れないままおこなわれる可能性を払拭できない。かれによれば、「経験的正当性」——討議参加者の合意によって与えられる正当性——は、必ずしもその「規範的正当性」を含意しないのである（二二八頁参照）。

このような批判にたって、藤原は、規範的な政治理論は、たんにそこから得られる合意を正当化しうるコミュニケーションの条件の探求にとどまるべきではなく、自ら自身の批判の基準、規範の尺度を明らかにすべきであると考え、正当化されるべき規範の実質的内容を積極的に提示することを自らの課題としていった。規範の提示がもちうる抑圧性を恐れ、批判の尺度を示すことを拒みつづけるならば、「構造の不正」の温存に手を貸すことにもなりかねないと見るわけである。

たしかに、藤原も討議のプロセスを通じて、参加者の間で選好や価値にかかわる相互修正が生じることを認めないわけではない。しかし、つねに限定された他者との間で交わされるほかないコミュニケーションは、先に触れた「部分」の中心性を徹底的に相対化するうえでは十分ではなく、なおも特定の他者の視点からの相対化にとどまらざるをえない。人びとの間のコミュニケーション（討議）が限られた領域内の私人間の行為調整に終始せず、それがもたらす合意が利害調停のための暫定協定に終わらないためには、討議参加者自身が、「全体」を先取りしながら、自らの目的や価値を普遍化するという志向性をあらかじめそなえている必要がある（ついでに言えば、藤原は、価値諸領域の分化、専門知と日常知の分化を近代の「宿命」と見なしたウェーバーやハーバーマスの見方に対しても批判的であり、専門知といえども自らの領域以外への視野をそなえ、他の諸領域を顧慮することによって自らを制御しなければならないと主張した）。コミュニケーションは、それが同時に人びとを普遍化しうる「教養形成」としての側面をもつときはじめて公共的なものでありうるというのが藤原の確信であった。

『政治哲学の復権』が書かれた頃から、藤原は、M・リーデルらによる「実践哲学の復権」の提唱にも呼応しながら、アリストテレスの「プロネーシス」（実践知）――賢慮または慎慮とも訳される――の概念に注目し、自然科学をモデルとする論証的な知が社会科学においても唯一確実な知とされてきた経緯を批判的に振り返り、むしろ、自然科学そのものの領域においても、蓋然性・可謬性を含む知のあり方がとられるべきであると主張するようになる。藤原が実践知の意義、そしてそれと理論知との関係をどのようにとらえたかについての解説は別の巻に委ねるが、かれが公共的領域における実践知として重視したのは、「プロネーシス」の概念というよりもむしろ、ヘーゲルが『精神現象学』（一八〇七年）において描いた「教養形成」の概念であったように思われる（より正確に言えば、多元的な価値の間でそれらの調和を考慮しつつ選択をおこなう「プロネーシス」と自らの価値の特殊性をより普遍的なものへと向けて乗り超えてゆく「教養形成」とは、藤原において不可分のものとしてとらえられていたようである）。

もとより藤原は、テロス（目的＝終わり）に向かって必然的な行程を歩んでいくヘーゲル的な「意識の経験」をそのまま肯定したわけではない。藤原にとっての「教養形成」は、弁証法的というよりもむしろ人びとの間の価値の相互修正に開かれたより可謬主義的なものであり、同時に、認識（知）の普遍化というよりもむしろ人びとの価値観／生き方にかかわるより卓越主義的なものであった。藤原のいう「教養形成」においては、人びとが自らの見方に対して謙虚であることと、自ら自身が価値や目的の普遍化の過程を担っていることへの自覚と自負を抱くことが共に求められる。

藤原の描く公共的空間は、人びとの「善の構想」の追求の仕方を等しく制約するルールを形成する意思形成・意思決定のための空間にはとどまらなかった。それは、人びとの間で「共通善」の定義／再定義が積極的に試みられる政治的空間であるとともに、人びとの自己反省／自己形成としての「教養形成」が互いに互いの価値や生き方の普遍化を触発するような倫理的空間でもあった。［齋藤　記］

## 公共性論の背景——自由主義批判との関連

これまで、藤原の思想形成を時間的に辿り、近代批判という藤原の思想の中心的なモティーフとの関連で、本書の公共性論に与えられるべき位置づけについて述べてきた。以下では、本書の第Ⅰ部、第Ⅲ部、第Ⅳ部に収録された論考を中心に、藤原が一九八〇年代から九〇年代にかけて公にした、「公共性」や「市民社会」（後に詳述するが、自由市場と私的所有を含む）についての議論を概観し、いくつかの中心的な論点の抽出をはかる。この時期、藤原は年齢的には四〇代の終わりから五〇代であって、研究者として「働き盛り」であったと推察される。他方、藤原が一九九四年に五八歳の若さで死去した事実から見ると、この時期は藤原にとって早すぎた「晩年」でもある。いずれにせよ、これらの論考は、そこで論じられている問題についての藤原のもっとも練り上げられた思考を含むと判断してよいであろう。

最初に論文の時代背景を確認しておきたい。巻頭論文の「公共性の再構築に向けて」（一九九三年、以下「公共性」）とそれに続く「所有権論考」（一九九一年、以下「所有権」）は、いずれも九〇年代に入ってから書かれたもので、本文中にも言及があるとおり（たとえば四〇頁）、八九年以降の東欧とロシアにおける市民革命以後の時代の雰囲気を反映している。第Ⅰ部のもう一つの論文、「政治理論史における『公』と『私』」（一九八九年、以下「『公』と『私』」）に、この雰囲気を先取りするかのような記述が見られることも興味深い。この論文の注30（八八頁）で言及されているペルチンスキー氏とパブロビッチ氏の早稲田大学での講演は、それぞれ八五年と八八年のことである。藤原の市民社会論への関心の発端は、八〇年代半ばまでさかのぼるのかもしれない。

九〇年代初めの思想的雰囲気を一言で表現するならば、社会主義の崩壊ないし終焉を指摘しつつ、市民的な自由を、あるいは端的に「自由主義の勝利」を謳歌する雰囲気であったといってよいだろう。藤原も、市民社会における自由の復活、国家による独占からの公共性の奪還という東欧革命の成果に対しては一貫して好意的である。後に見るように、藤原のこの姿勢は、社会主義に共感しながらもマルクス主義ではなくてグリーン的な社会民主主義を支持するかれの理論的立場と整合している。

しかし、自由主義の勝利に対しては、藤原がいくつかの側面で重要な懐疑あるいは留保をつけていたことは、藤原の生前最後の著作となった『自由主義の再検討』の読者には周知のことである。藤原の自由主義批判の詳細は、『自由主義の再検討』および『自由主義の政治理論』（一九九七年）を収録する本著作集の第九巻で明らかになるであろう。では、『自由主義の再検討』に先立つ数年の間に書かれた、本書収録のこれらの論考もまた、自由主義批判という企図を共有しているのか。実は、自由主義ないしリベラリズムという言葉自体は、「公共性」論文にも『公』と『私』」論文にも登場しない。「所有権」論文での自由主義への言及は、批判的というよりは肯定的である。にもかかわらず、藤原の自由主義批判の論点のいくつかが、本書に収録された論文のなかにも登場していると見ることはできる——いいかえれば、藤原の公共性論、市民社会論が、自由主義批判としても理解できるかもしれないことは、後にやや詳しく述べてみたい。

**公共性の思想史**

まずは、第Ⅰ部の三つの論文における藤原の議論を追ってみよう。「公共性」論文は、アレントを参照しつつ古代のポリスにおける「公」と「私」の区分から出発して、アリストテレス、T・アクィナス、ホッブズ、ロック、ヘーゲル、マルクスらを経由しながら、ロールズ、ハーバーマス、フーコー、そしてテイラーにいたる理論家たちを辿る。「『公』と『私』」論文では、ルソーやウェーバーへの言及が見られるが、議論の流れはかなりの部分「公共性」論文と重なっている。いずれの論文も、「再構築に向けて」という表現から予想されるとおり、私的、個人的なものに対する、公共的なものの復権を意図していることは明らかである。具体的には、藤原の結論は、先にも述べたように、個人が公共性を「内面化」することの必要性にある。いいかえれば、個人がみずからの自由を、道徳的存在論に支えられた「共通善」を達成するための自由と考え、私的な行為においてすらつねにその行為の公共的な意味を「先取り」することによって、公共性は再構築されうると藤原は考えた。

他方、「所有権」論文は、私的所有の是非をめぐるプラトンとアリストテレスの対比から出発して、アクィナス、ロック、スミスにいたる理論家の所有権論を辿っている。論文の冒頭と末尾での「東欧社会主義の崩壊」への言及箇所が示すように、「一定の目的に沿って」規制されるかぎりでの私的所有と市場経済を擁護することが論旨である。その「目的」がほかでもない存在論的な基盤をもった「共通善」に求められる点で、この論文も公共性論の一部に位置づけられるだろう。後に見るように、「公共性」論文と「所有権」論文において、ともに結論部でグリーンのいわゆる「積極的自由」と共通善の観念が共感をもって紹介され、藤原自身の結論の支えとして用いられていることは、重要な意味をもつ。

以上の概観から明らかなように、本書での藤原の公共性論はきわめてオーソドックスな思想史の議論である（公共性の思想史にとくに関心のある読者は、R・ゴイス『公と私の系譜学』［岩波書店、二〇〇四年］の特異な議論と、藤原の議論とを比較していただきたい）。ではそのなかで、藤原の議論の特徴となる主張はなにか。さしあたり、以下の三つの点を指摘したい。

第一に、公共性あるいは共通善を支える「存在論」（あるいは「世界観」）が繰り返し問題となっている点である。ホッブズ、ロック、スミスらに代表される「個人が国家に先行し、国家は個人の生存のための手段としてある」という立場（一四頁）を批判するに当たって、藤原はつねに「基本的な思惟の様式や存在理解」、「存在の世界全体」（一四頁）を、あるいは「自然と人間を貫くその存在論的構造」（二六頁）を問題にする。ヘーゲルにおける「公共的空間」ないし「政治的空間」の回復を肯定的に論じる場合でも、重視されるのはその「回復を支える基本的な論理であり、その存在理解である」（二一〇頁）。テイラーの共通善の理論を高く評価するときにも、注目されるのは善が理論化されるべき「道徳的空間」を支える、「道徳的存在論」なのである（三四頁）。

藤原が、思想史家としても理論家としても、つねにこうした存在論的な問題構成をとることの経緯と理由については、すでに触れたので繰り返さない。ここでは、「存在の世界全体」を問題にすることによって、藤原の公共性論の射程が二つの重要な点で拡大されたことを指摘しておきたい。すなわち藤原は、国際関係と、自然環境に対する人間の関係をともに公共性論の枠内で論じようとする。とくに後者の問題は『自然観の構造と環境倫理学』で詳しく論じられ、日本の現代政治理論研究に対する藤原の重要な貢献の一つとなった。

しかし第二に、上に見たことの裏返しであるが、公共的ないし政治的空間において実際に行われる実践や制度、あるいは追求される価値については、意外なほど議論されていない。近年の公共性をめぐる議論でしばしば中心となる「共和主義」や「共同体主義」という言葉は「公共性」でも「『公』と『私』」論文でも一度も使われていない。「『公』と『私』」論文では「共和制」が何度も使われているが、その使用の多くはマルクスによるブルジョア共和制の批判を検討する文脈においてである。

取り上げられる思想家についていえば、公共的なものの復権を論じた思想家として第一に連想される一人、ルソーに中心的に割かれている紙幅は、わずかにすぎない（七二−七四頁）。その理由は、ルソーの政治思想の特徴が、存在論的基盤をそれ自体として語ることのない共和主義だからではないだろうか。ホッブズがその存在論をめぐって繰り返し批判の対象となっているのと好対照である。ハーバーマスが「世界観の脱中心化」の条件の下で実質倫理を排して形式的で普遍化可能なコミュニケーション倫理を主張したことが批判的に論じられる一方で、「市民的公共性」をめぐるハーバーマスの歴史的分析と規範的構想がほとんど触れられていないことは、意外でもあり、残念でもある。第Ⅳ部の「規範理論と価値の多元性」（一九八七年、以下「規範理論」）での厳しいハーバーマス批判と合わせて読んだとき、藤原がハーバーマスのより近年の仕事を考慮して、かれの公共性論を評価しなおす機会をもちえたならば、どのように論じたであろうかと考えてみたくなる。たとえば『公共性の構造転換』第二版の新序文（一九九〇年）および『事実性と妥当性』（一九九二年）での、市民的公共性を国境を越えて拡大し、討議倫理を討議的デモクラシーへと発展させる試みを、藤原ならばどのように評価しただろうか。

第三に、藤原が個人のさまざまな自由の領域としての近代市民社会の要素のうち、とくに市場における経済的自由を肯定的に評価していることは注意しておくべきだろう。市場を敵視したルソーが論じられないのに対して、スミスの市場論と分業論が詳しく論じられる。ヘーゲルが市民社会の自由を国家において「媒介」したことが繰り返し強調されるのに対して、マルクスがブルジョア市民社会そのものを「解体」の対象としたことは批判される。市民社会についての藤原の見方は、市民社会をもっぱら乗り超えられるべきブルジョア的な「欲求の体系」と見る立場よりも、特殊的なものが普遍的なものへと媒介される自由な相互行為と教養形成の場と見る立場に近い。さらに、「所有権」論文では藤原は、自由主義の政治と市場経済についてははっきりと次のように述べている。

たしかに東欧革命の過程にあらわれた経済の市場社会化と政治の自由主義化は、ほとんど同時進行的であったのであり、そこにあらわれたスローガンはしばしば近代市民革命のそれを思わせるものであった。そしてこのことは市場経済と自由主義が、決してたんに共産主義によって乗り超えられるべき、歴史的一段階のものではなく、より普遍的な――少なくとも近代的な産業組織とそのうえに成立する近代社会を前提とするかぎり――性格をもつことを明らかにしていったのである（四二頁）。

このような姿勢は、第III部の「T・H・グリーンと社会主義」（一九八二年、以下「グリーンと社会主義」）でも、第IV部の書評「デイヴィッド・ミラー『市場、国家、共同体――市場社会主義の理論的基礎』」（一九九三年）でも一貫している。

近年の市民社会論においても、市場を市民社会に含めるかどうかは、決着のついた問題ではなくて一つのトピックである。この点を考えると、藤原による市場の評価は、かれの独自性を示す点であるといえる。藤原による「公共性の再構築」の試みは、たんなる復古主義によるものでも、私的な自由の解消によるものでもなかったことは強調しておく価値がある。

では、こうした思想史的な分析を通じて、藤原がもっとも同意している理論家とは誰か。いいかえれば、再構築されるべき公共性の輪郭を藤原が示すとき、かれが拠りどころとしている理論家は誰か。ヘーゲルとテイラーの名前がただちに思い浮かぶが、しかし藤原のヘーゲル論およびテイラー論は、本著作集の他の巻（第二巻、第七巻、第九巻など）で本格的に展開されるであろう。ここでは、藤原が同意し依拠していると思われるもう一人の理論家、グリーンについてやや詳しく述べておきたい。

**藤原保信におけるT・H・グリーン的継承——社会民主主義と理想主義**

「公共性」論文および「所有権」論文においてグリーンが重要な位置を占めていることはすでに示唆した。それらに加えて本書では、第III部に、グリーンを主題的に論じた「グリーンと社会主義」論文および「理想主義と政治思想の交渉——ヘーゲルとグリーン」（一九八七年、以下「理想主義」）という二本の論文が含まれている。これら二論文は、藤原の公共性論の源泉が、さらには藤原の自由主義批判の源泉がどこにあるかについて、有力な手がかりを与える点で、重要であると思われる。藤原がどのような文脈で、どれほどグリーンを高く評価しているかを、それぞれの論文において確認してみよう。

そもそも「公共性」論文で藤原は、ホッブズ、ロック、スミスらに代表される、「私的、市民社会的領域（中略）における生を人間の本質としながら、公的、政治的領域をそのための手段としていく立場」（二三―二四頁）を、次のように批判していた。

ひとつには、仮に個人がそのような自立化した市民社会の構造のなかで、没公共的な私的空間における生活を享受していようとも、その構造そのものが対内的、対外的に矛盾を孕んでいないとはいえないからである。とりわけこのことは、国際社会の構造において顕著であり、しばしば指摘されるように、南北の格差や非対称な構造が存在するのみならず、北の国々の豊かさは南の国々の貧困と無縁であるとはいえない。のみならず、ひとたび眼を人間社会における人間と人間との関係から、人間と自然との関係にまで転ずるならば、すでに自然環境の破壊は人類の生存そのものを脅かすものとなっているのである。このような構造をみたとき、おのれの生の他との連動を無視した、没公共的な私的利害や関心への埋没は、そのような矛盾を隠蔽しむしろ拡大することを意味するであろう（二四頁）。

もちろん、藤原にとって真に批判すべきなのは公共性についてのこのような考え方の背後にある存在論である。では、藤原はどのような存在論を批判の対象としているのか。それは、個別的、特殊的、経験的な個物を唯一の実在として、全体的、普遍的、観念的なものを個物によって機械的に構成されたものとしか考えない、ノミナリズムの立場だといえる。とりわけ道徳的には、個人の利益や選好から独立した共通善の存在を認めない立場、いわば公共性についてのノミナリズムを藤原は批判する。そこには、客観的で実質的な善の理論としての道徳的存在論が不在だからである。さらに、こうしたノミナリズムの存在論では、自然の全体的秩序と人間との関係も適切に理解されていないと、藤原は考える。

「公共性」論文および「規範理論」論文における、ロールズとハーバーマスに対する批判もこのノミナリズム批判の延長線上にある。ハーバーマスが普遍的な実質倫理を成立不可能と見なしていることへの批判には、すでに触れた。

ロールズがかれの義務論的正義論において、特定の善の構想から正義の原理を独立させたことに対しても、藤原は批判を向けている。

以上の批判を踏まえて、客観的な道徳的存在論のなかで公共性と共通善を結びつけ、公共性が個人の生に内面化される必要性を藤原が説くときに、参照されるのがグリーンなのである。藤原は公共性と共通善の結びつけが、「自由についてのかつてのT・H・グリーンの議論を思い起こさせる」という。すなわち、

グリーンによれば、正しく理解された自由とは、たんに「制約や強制からの自由」も、「それが何であるかにかかわりなく、たんにわれわれが好きなようにする自由」も意味しない。それはまさに「為しまたは享受するに値するもの、しかもまた、われわれが他の人びとと共通に為しまたは享受するものを、為しまたは享受する積極的な力または能力」を意味した。このような「為しまたは享受するに値するもの」の範囲が、今日もはや一国を超え地球大の拡がりをもたなければならないことはいうまでもない。それが自然にまで拡げられうるかどうかについては意見が分かれるかもしれない。もし拡げられうるとしたならば、道徳的存在論はもはや道徳的存在論たることを超えて、自然のすべての存在のあり方とその相互の関係を示す存在論一般に繋げられていかなければならないであろう（三五頁）。

藤原はここで、グリーンの自由論にならって、次のように主張しているのだと思われる。すなわち、個人の追求する善が、道徳的な存在論（あるいは存在論一般）によって示される「為しまたは享受するに値するもの」と、いいかえれば共通善と結びつくことによって、公共性は個人にとってたんなる手段を超えた存在となるべきであり、個人の生にとって内面化されるべきである。

この主張とまったく同様に、グリーンに依拠した主張が、「所有権」論文での私的所有の擁護にも見てとれる。そ

こで藤原は、「一九世紀のイギリス政治社会思想」には、「私的所有を前提としながら、内在的にその欠陥を克服し、私的利益を公的利益に繋げていくような試みがみられる」(五五頁)としたうえで、とくにグリーンについて次のように述べている。

グリーンによるならば、いかなる相互の承認にも基づかない、自然状態におけるいわゆる自然権は、権利という名に値しないたんなる事実ないし事実としての力にすぎない。(中略)所有権についてもまったく同様であり、ロックが所有権の起源を前政治的な自然状態の労働に求めたとき、それはなんら所有権の根拠を示すものではない。他の権利一般と同じく、所有権の成立はすでに社会の存在を前提としており、それがたんに個人の利己的な利益を超えて、共通の善(common good)の実現に貢献しうるということへの相互の承認が必要であるというのである。このことは所有権の行使がすでに、共通の善の実現に向かって規制され方向づけられていかなければならないことを意味する(五六頁)。

これに続けて藤原は先のグリーンによる自由の定義を再び引用し、自由について妥当することは――したがって公共性について妥当することは――所有権についてもそのまま妥当すると述べている。ようするに藤原は、私的所有の自由を含む市民社会的な自由を擁護しつつ、公共性を再構築するというかれの試みにおいて、「共通善を先取りする」という道筋をとっているが、それはちょうどグリーンが自由を擁護するときにとった道筋と同じであり、この点で藤原はグリーンに依拠し、グリーンを継承しているのである。

のみならず、私見によれば、公共性論を超えて、藤原の自由主義批判の企て全体が、グリーンの継承という観点から理解できるのではないだろうか。藤原が批判の対象とした公共性の考え方が、代表的な自由主義の政治理論家たちによって定式化され支持されたものであるかぎり、かれの自由主義批判の論点が公共性論にも伏在していることが見てとれる。たとえばそれらは、自由主義において私的、個人的なものが公共的なものよりも先行すると考えられがちなこと、とりわけ個人の選好から独立した共通善を想定しない個人主義的道徳の立場がとられることへの批判であり、自由主義が公共性の「存在論的」基盤に対して無理解ないし無関心であることに対する批判であり、藤原が繰り返し「人類史的危機」と呼ぶ、人類に共通する政治的課題、とりわけ環境問題に対して自由主義が解決をもたないのではないかという疑念である。

藤原の自由主義批判の詳細を論じることは本著作集第九巻に譲るとして、ここではやや図式的ではあるが、その要点を次のように整理してみたい。『自由主義の再検討』において藤原は、「自由主義」を、経験主義的認識論と功利主義的道徳論からなる人間観と、自由市場経済と議会制デモクラシーからなる政治社会の構想（つまり、リベラル・デモクラシー）という二つの部分から捉えているように思われる。これら二つの部分をそれぞれ批判するさいに藤原を導いたのが、理想主義と社会主義ではなかったか。すなわち、藤原の自由主義批判は、人間観に関しては理想主義の立場から、政治社会の構想については広い意味での社会主義の立場からなされているといえるのではないか。

そのさい、理想主義に関しても社会主義に関しても、多様な思想的源泉が存在するし、事実藤原も多くの思想家を参照しさまざまな論拠に訴えている。ここで注目したいのは、藤原が理想主義に関してヘーゲルの観念論とは別の源泉を求めて、また社会主義に関してマルクス主義とは別の源泉を求めて、いずれの場合もグリーンにたどり着いているという点である。この点を明らかにしているがゆえに、「グリーンと社会主義」論文および「理想主義」論文は重要なのである。

「グリーンと社会主義」では、藤原はグリーン的な社会主義の、マルクス主義との違いを以下の点に見ている。第一に、私的所有と資本主義市場経済を否定しない点が挙げられる。「所有権」論文では詳しく述べられないグリーンによる私的所有権の正当化の論理は、藤原もそれに賛同しているとすれば、ここで紹介しておく価値があるだろう。藤原によれば、グリーンは私的所有権を「占有」と「承認」という二つの契機によって正当化する。すなわち、占有行為自体が「自分自身の善の概念に現実性を与えんとする個人の努力の表現」であり、なおかつ、「自分自身の善の実現が同時に他人の善の実現に貢献しうるという――このことは逆に共同善をみずからの善としその実現に向かって努力しうるということを前提とするのであるが――ことの相互的な承認」が各人の間で成り立つかぎり、所有権は保障されるべきである（一四七―四九頁）。現実の資本主義市場経済における不平等は、私的所有と契約の自由の必然的な結果ではない。グリーンによればそれは、征服と封建制という土地所有制度に固有の不正の結果である。むしろ共同善によって適切にコントロールされた市場経済は、すべての人にとって富の増大をもたらし、善を実現する機会を与えると考えられるのである（一五一―五二頁）。

第二に、グリーンは唯物論でなく観念論または理想主義の立場をとる点が挙げられる。グリーンの理想社会とは、唯物的な歴史法則にしたがって到来するものではなくて、「共同善への組み入れという意識変革」（一五三頁）あるいは「道徳意識の進歩」（一五九頁）を通じて成し遂げられるものなのである。この第二の違いは、革命と階級独裁の道ではなく、社会立法による漸進主義的改革の道を選ぶという第三の違いに結びつくであろう。こうした分析を踏まえてこの論文の末尾で次のように述べるとき、藤原は端的にいってグリーン的な社会民主主義の立場に賛同しているように思われる。

…グリーンの理論は、たんなるブルジョア・イデオロギーとしては勿論、たんなる過去の遺物として廃棄しえないものを含んでいるともいえる。社会を人びとの善の意識の共通性のうえに成立し、歴史をそのような共通の善の実現過程とみるグリーンの理論は、理念をたんに歴史を超越した普遍とみる立場と、理念を喪失し状況(存在)に埋没する立場との両面を批判しながら、歴史の発展における理念の実現の過程を辿りながら、その上で現代を理解し、未来への展望を示すひとつの理論としてやはりいま一度見直さるべきものを含んでいるといえよう（一六三頁）。

「理想主義」論文では、グリーンとヘーゲルとの違いが次のように整理される。第一に、グリーンの理想主義は弁証法的ではない。グリーンの理想主義は、それが克服しようとした経験論と功利主義に規定されており、それ自体がつねに経験的意識に媒介されざるをえなかった。すなわち、グリーンは「自己意識の反省」のプロセスに弁証法的な法則が働いているとは考えず、法則にしたがった到達点としての絶対知も人倫的国家も想定しないのである。第二の重要な違いは、人倫的国家を想定せず、社会と国家の区別を保つ点において「ヘーゲルに較べ、グリーンの理想主義がよりリベラルな性格をもっていた」（二〇〇頁）ことである。藤原はここでは、ヘーゲルではなく、グリーンの側に立って、論文を次のように締めくくっている。

環境破壊、公害（それ自身が科学とテクノロジーの所産であった）、精神の荒廃という地球大の人類史的危機を背景として、いま一度理想主義の――宇宙の本質とそこにおける人間の位置についての統一的理論を根底におきながら、しかもリベラルなそれの――再興を企てるのは時代錯誤であろうか（二〇二頁）。

こうした言明をみるとき、ロックやスミスに向けて、また現代ではロールズやハーバーマスに向けて展開される藤原の自由主義批判を、グリーンに依拠した自由主義の内在的な批判であると理解することも不可能ではない。いいかえれば藤原は、かれが自由主義に見出した限界を、グリーンにならって自由のなかに、他の人びとと共に「為しまたは享受するに値するもの」という共通善を先取りすることで、克服しようとしたのではないか。

そのさい最終的に問題となるのは、先取りされるべき共通善の基盤としての道徳的存在論あるいは存在論一般である。「公共性」論文の末尾で藤原は、グリーンを想起しつつテイラーへと向かい、解釈学的な道徳的存在論の方向を示唆する。この方向とも合致する藤原自身の構想は、『政治理論のパラダイム転換』に示された、アリストテレス的な賢慮＝実践知の性格をもつ存在論である（二四八頁）。その詳細は本著作集第八巻で明らかにされるであろう。

**残された問題**

以上に見たように、オーソドックスで緻密な政治思想史の研究と、同時代の政治理論に対する――いいかえれば同時代の政治的課題に対する――強烈な問題関心とを組み合わせた藤原の研究姿勢は、本書においても明らかであろう。そしてまさにこの野心的な姿勢のゆえに、藤原が未解決のまま残した課題は膨大かつ深遠なものとなる。ここでは、もっぱら現代政治理論を研究する立場から、相互に関連する二つの問題を指摘したい。一つは「多元性」をなぜ、いかに擁護するかという問題であり、もう一つは政治における「強制力」および「権力」をどのように扱うかという問題である。どちらの問題も、現代の自由主義的政治理論（現代リベラリズム）と藤原の理論との違いを明確にする点で示唆的であると思われる。

つねに「共通善」の先取りを求める藤原の理想主義が、「価値観の多様性」、「世界観の脱中心化」、あるいはウェーバーにならって「神々の闘争」とかれが呼ぶ事態に対して、いいかえれば現代の政治理論で「善の構想の多元性」と呼ばれる事態に対して、両義的な態度をかれに取らせていることは、すでに指摘したとおりである。一方で藤原が、ヘーゲルにおける近代市民社会の「媒介」の重要性を指摘し、しかもグリーンにならってより「リベラルな」理想主義を志向する以上、かれが多様な善の構想を追求する個人の自由をまったく擁護しないということは考えにくい。しかし他方で、ロールズやハーバーマスにおける、客観的で実質的な共通善の理論を欠いた多元性の擁護の仕方に、藤原が不満を表明していることも事実である。

では、藤原は多元性をなぜ、どのように擁護するのだろうか。本書に収録された論考から明らかなことは、藤原が擁護するのはあくまでも共通善という枠組みの内部での個人の自由であり、多元性であろうということである。そのさい、多元性自体の存在論的基盤を明らかにする必要を藤原は認めたであろうか。すなわち、なにゆえ善の構想が複数あるのか、なにゆえ個人は異なった善の構想を追求せざるをえないのかについて、藤原は「存在論的」答えを求めたであろうか。もし求めたとすれば、藤原の考える存在論は、どの程度の多元性を、どのような根拠にもとづいて擁護することになったのだろうか。残念ながら、本書に収録された論考だけからは、これらの問いに答えることはできない。

むしろここでは、多元性の擁護についてのロールズやハーバーマスと藤原との違いを、政治における強制力についてのかれらの考え方の違いから考えてみたい。ロールズやハーバーマスにとっては、多元性をなぜ、いかに擁護するかはただちに政治における強制力の問題と結びついている。とくにロールズにしたがって簡単に整理しよう。政治的決定にとって物理的な強制力は必然的な要素である。このとき、多数の異なった善の構想が存在するという条件、すなわち「多元性の事実」という条件のもとでは、強制力の行使が特定の善の構想に依拠して行われることには正統性がない。その場合強制力の行使は、善の構想を共にしない人びとの自由を必然的に抑圧し、そうした人びとを平等な仲間として取り扱わないからである。ロールズによれば、そのような抑圧の事例として、初期近代のヨーロッパにおいて宗教的な非寛容、迫害、宗教戦争が起こったことが、自由主義の出現にとって決定的な重要性をもつ。ようするにロールズにとって、善の構想の多元性の擁護とは、まずもって強制力の行使と特定の善の構想とを結びつけない、ということを意味する。ロールズがそのように主張する少なくとも一つの重要な理由は、特定の宗教的な善の構想にもとづいた政治が、極度の抑圧と残酷さをもたらしたという「事実」にある。

藤原が政治と強制力の結びつきを認めていないというわけではない。藤原自身、バーカーやグリーンにならって、強制の必然性を政治のメルクマールとしている（二五頁、二〇〇頁）。その上で、ヘーゲルの人倫的国家に関してもマルクスの共産主義に関しても、法的強制力を独占した存在が普遍性の唯一の担い手となるときにそれが「権威主義体制に堕する危険」があることを指摘してもいる（二三頁、二五頁）。のみならず、フーコーの権力論を踏まえて、「たしかに普遍性を掲げる知が、抑圧として機能することに関しての警戒を怠ってはならないであろう」（三三頁）と述べてもいる。加えて、政治権力の正統性（正当性）の問題を正面から扱った「危機管理国家の正当性危機――政治理論の対応をめぐって」（一九九〇年）では、「自然の存在論的把握」に正当性を依拠させるような理論の危険性について、次のように述べている。

このような正当性――この意味における人間社会の正当性――の理論は、すでに述べた人びとの経験的意識の正当性とときには衝突するかもしれない。そのとき、この意味での規範的正当性を強要することは抑圧の危険性を内在させているともいえる。その意味では、その社会の最終的な意志決定は――政策レヴェルも含めて――あくまでも人びとの経験的意識と民主主義的な手続きに委ねざるをえないであろう（二三〇頁）。

しかしながら藤原が、抑圧や権威主義の「危険がある」ことについて譲歩しつつも、存在論に依拠し、存在論に導かれた政治に対して期待を隠さないことは、これまで述べてきたところから明らかであろう。なによりも、藤原がそうした政治に見出すのは、抑圧や権威主義の「危険」であって、抑圧や権威主義そのものではけっしてない。おそらくここに、ロールズとの決定的な違いがあると思われる。

のみならず、第Ⅳ部に収録された「『政治哲学の復権』をめぐって――添谷氏の批判に答えつつ」（一九八三年）では藤原は、近代の科学的な自然観、人間観における「自然と人間と社会を貫くコスモスの崩壊」を指摘し、「内面におけるコスモスの崩壊」あるいは「価値の主観化と相対化」をこうむった近代的な人間は、自己を無意味化した「量的な存在」にすぎないと厳しく批判した上で（二一二―二一三頁）、次のようにさえ述べる。

このような人間の織りなす社会が、アナーキカルな状況を呈するのは当然といえよう。そこでは社会は、そこにおいて人間が意味と完全性を見出す場所であるよりも、異なった価値観をもてる人間の、利益を求めての手段の体系にすぎなかったのである。ここでも、自然の外的自然への放擲と社会のそれとは相即的であった。そこにおける政治が、権力現象として現出するのも当然といえよう（二一三頁）。

この論考でも藤原は、近代市民社会そのものがコスモスの崩壊したアナーキカルな状況であるとまでは断言していない。そのような評価は、後の「所有権」論文や「公共性」論文はもちろん、この論考と同時期の「グリーンと社会主義」論文とも一致しないだろう。しかし少なくとも、「権力現象」としての政治が「自然と人間と社会を貫くコスモスの崩壊」の所産である、と藤原が考えていた可能性は否定できないように思われる。

同時にまた、「自然の世界におけるコスモスの回復は、外的な自然との関係で位置と意味を与えられる内面のコスモスの回復に繋がり、さらにそのような個人の結合による社会は、利益と権力を求めての競争とは別の社会となるであろう」（二一四頁）というとき、コスモスが回復されるならば政治がもつ「権力現象」としての性格は消失すると藤原が考えていた可能性も否定できないのではないか。ここでは、コスモスにおいてさえも政治とは物理的強制力を伴う権力行使であるという可能性を、藤原は真剣に考えていないのではないか。同様に重要なことであるが、いかなるコスモスを、いかにして回復するかという世界観と善の構想をめぐる争いが、政治と直結したときに、致命的な抑圧と残酷さをもたらすという「危険性」を――ロールズによればむしろ「事実」を――、藤原はどれほど恐れているだろうか。この点で興味深いのは、宗教改革と宗教戦争についての言及が、「大陸自然法とその展開」でのグロティウスに関連した短い記述（一三三頁）以外に、本書に見当たらないことである。

おそらく藤原は、「事実」として多元的な善の構想の存在を受け入れ、擁護するという道筋をとらなかったのではないか。「事実」として政治権力による抑圧が存在したにもかかわらず、コスモスの回復が権力政治そのものを解消させるという期待を抱き続けたのではなかったか。そのようにして多元性を是認し、コスモスの回復を断念することは、いわば事実への屈服にすぎないと、藤原の理想主義はみなしたのかもしれない。そうだとすれば、そこにあるのはラディカルなまでの理想主義の立場であろう。

ひるがえって、今日の政治的言説――理論的、思想史的な反省の水準の言説と、人びとの経験的意識の水準に立った言説とを含めて――の状況を見たとき、そこには理想主義的な考え方一般に対する幻滅や冷笑と、驚くほど理想主義的な言葉づかいによって正当化される政治権力の行使（たとえば「自由の拡大」のための戦争）が、奇妙なことに同居しているようにも思われる。理想主義の定義を試みて、それは「人間が自己意識的存在であるかぎり、自分自身の行動や社会が善の観念に一致したとき最高の満足が得られるということを前提とし、それゆえに善なる意志の可能性にかける」（二〇二頁）ものであると述べた藤原に対して、われわれは同意すべきであろうか。むしろ批判を加えるべきであろうか。いずれにせよ、藤原の残した問題は、今日ますます真摯な考察をわれわれに求めていると思われるのである。［谷澤　記］

＊　＊　＊

本著作集は、期せずして、藤原が存命であったなら早稲田大学政治経済学部の退職を迎えるはずであった時期に出版されることになる。残念なことに、かれがすでに四半世紀前に「人類史的危機」を看て取った近代の文明はいよいよ荒廃の様相を呈しているように見える。本書は、その危機を脱する途を探るべく真剣に思索を重ねた晩年の藤原の論考を中心に編まれたものである。それらの論考に、いま私たちが共にかかえる問題をあらためて理解し直し、その克服を展望するための示唆が含まれていることを編者としても願っている。

本書が成るにあたっては多くの方々の恩恵を受けている。まず、本著作集の刊行のために物心両面にわたって多大なご支援をいただいた方々にこの場をかりてあらためてお礼を申し上げたい。また、野口雅弘、西永亮、和田泰一、近藤和貴、高田宏史、山口太郎、高山裕二、的射場瑞樹、久保慶一の各氏は、貴重な研究時間を割いて、原稿の整理、校正、索引の作成等の仕事を手伝ってくださった。早稲田大学の飯島昇藏氏も、実質的にもう一人の編者として全面的に力をかしてくださった。記して感謝申し上げたい。各論文の転載許可についても、岩波書店、御茶の水書房、北樹出版、有斐閣、理想社、早稲田大学出版部の各社からご配慮を得た。

最後に武市一幸社長をはじめ新評論の皆様に感謝したい。とくに、この著作集の意義を認め、出版の企画をご快諾いただいたばかりか、むしろ積極的に推し進めるよう励ましてくださった二瓶一郎前会長、そして、藤原の問題提起に共感をよせてくださりながら、この編集の仕事を非常に熱心にサポートしてくださった吉住亜矢氏に心よりお礼を申し上げる。

二〇〇五年　早春

編　者

# 藤原保信　年譜

一九三五（昭和一〇）年九月四日　長野県東筑摩郡上川手村田澤（現在・南安曇郡豊科町田沢）に四人兄弟の長男として生まれる。

一九四二（昭和一七）年　四月　上川手村立上川手小学校入学。

一九四五（昭和二〇）年　七月　父今朝喜フィリピン・ルソン島にて戦死。

一九四八（昭和二三）年　三月　上川手小学校卒業。

　　　　　　　　　　　　四月　上川手村立上川手中学校入学。

一九五一（昭和二六）年　三月　同校卒業。

　　　　　　　　　　　　四月　長野県立南安曇農業高等学校入学。

一九五四（昭和二九）年　三月　同校卒業。

　　　　　　　　　　　　四月　日東紡績株式会社東京工場（江東区東雲町）入社。

一九五五（昭和三〇）年　四月　早稲田大学第二政治経済学部政治学科入学。

一九五八（昭和三三）年一二月　日東紡績株式会社退社。

一九五九（昭和三四）年　三月　早稲田大学第二政治経済学部政治学科卒業。

　　　　　　　　　　　　四月　同大学大学院政治学研究科入学。内田繁隆・堀豊彦教授の指導のもとに政治思想史を専攻。

一九六〇（昭和三五）年　六月　麻生貞子と結婚。

一九六五（昭和四〇）年　三月　早稲田大学大学院政治学研究科博士課程修了。

　　　　　　　　　　　　七月　早稲田大学政治経済学部助手。

一九六七（昭和四二）年　四月　同学部専任講師。

一九六九（昭和四四）年　四月　同助教授。

七月　フルブライト奨学生として、カンザス大学にてオリエンテーションに出席ののち、シカゴ大学大学院政治学研究科に学ぶ。指導教員はJ・クロプシー教授、他にD・マクレイ、D・イーストン、H・モーゲンソー、M・カプラン、A・ギワース教授らの講義にも出席、L・シュトラウス教授の指導も受ける。

一九七一（昭和四六）年　三月　ロンドン大学LSEに二カ月滞在ののち（M・オークショット、J・W・N・ワトキンス教授と接触）、フランス、ドイツ、ポーランド、イタリア、ギリシア、インド、フィリピン等を廻って帰国。

一九七四（昭和四九）年　九月　早稲田大学政治経済学部教授。

一九七六（昭和五一）年　四月　同大学院担当。

六月　日本イギリス哲学会理事（～一九九四年）。

七月　早稲田大学より政治学博士の学位を受ける。博士論文『近代政治哲学の形成――ホッブズの政治哲学』

一九七八（昭和五三）年　四月　早稲田大学在外研究員としてオックスフォード大学にて研究。主としてZ・A・ペルチンスキー、C・テイラー教授と接触、指導を受ける。その間昭和五四年一月M・リーデル教授のもと一カ月ドイツ・エアランゲン大学に滞在。同三月帰国。

一九八二（昭和五七）年　三月　早稲田大学政治経済学部教務主任（教務担当）、一二月まで在任。

一九八四（昭和五九）年　七月　国士舘大学大学院客員教授（〜一九九四年）。

一九八六（昭和六一）年　九月　早稲田大学大学院政治学研究科教務委員、一九九二年九月まで在任。

一九八七（昭和六二）年　四月　築地カトリック教会水谷九郎神父のもとで受洗。

一九八八（昭和六三）年　八月　日本学術振興会特定国派遣研究員として一カ月オックスフォード大学に滞在。その間英国ヘーゲル学会にてアリストテレスとヘーゲルの自然観について特別講演。

一〇月　日本政治学会理事（〜一九九四年）。

一九八九（平成元）年　四月　東京大学教育学部非常勤講師、一九九一年まで在任。

六月　政治思想研究会（ＣＳＰＴ－ＪＡＰＡＮ）世話人（〜一九九四年）。

一九九二（平成四）年　四月　社会思想史学会幹事（〜一九九四年）。

七月　早稲田大学派遣研究員としてオックスフォード大学に滞在、九月帰国。

この間、明治学院大学、琉球大学、筑波大学、中央大学、成蹊大学、学習院大学において非常勤講師を歴任。

一九九四（平成六）年六月五日　午前八時四九分　敗血症のため帰天（五八歳）。

# 藤原保信 著作目録

## Ⅰ 著書

『近代政治哲学の形成――ホッブズの政治哲学』 早稲田大学出版部 一九七四年
『西欧政治理論史（上）』 御茶の水書房 一九七六年
『正義・自由・民主主義――政治理論の復権のために』 御茶の水書房 一九七九年
『政治哲学の復権――新しい規範理論を求めて』 新評論 一九七九年
『ヘーゲル政治哲学講義――人倫の再興』 御茶の水書房 一九八二年
『西洋政治理論史』 早稲田大学出版部 一九八五年
『政治理論のパラダイム転換――世界観と政治』 岩波書店 一九八五年
『大学の責任と政治学の責任と』 行人社 一九八七年
『〔増補版〕政治哲学の復権』 新評論 一九八八年
『大山郁夫と大正デモクラシー』 みすず書房 一九八九年
『二〇世紀の政治理論』 岩波書店 一九九一年
『自然観の構造と環境倫理学』 御茶の水書房 一九九一年
『自由主義の再検討』 岩波書店 一九九三年
『学問へのひとつの道――働くことと学ぶこと』 私家版 一九九五年
『自由主義の政治理論』 早稲田大学出版部 一九九七年

## Ⅱ 共編著

『政治思想における自由と秩序』（共著） 早稲田大学出版部 一九七一年
『政治思想史の基礎知識』（共編著） 有斐閣 一九七七年

『社会契約説』（共編著）　新評論　一九七七年
『近代政治思想史（2）――市民革命の政治思想』（共著）　有斐閣　一九七七年
『ホッブズ　リヴァイアサン』（共著）　有斐閣　一九七八年
『現代の政治思想』（共編著）　理想社　一九八一年
『T・H・グリーン研究』（共編著）　御茶の水書房　一九八二年
『啓蒙政治思想の克服』（共編著）　成文堂　一九八六年
『政治思想史』（共編著）　有斐閣　一九八七年
『ハーバーマスと現代』（共編著）　新評論　一九八七年
『大山郁夫著作集』（共編）　岩波書店　一九八七～八八年
『デモクラシーと抵抗権』（堀豊彦著、共編）　東京大学出版会　一九八九年
『政治思想の現在』（共編著）　早稲田大学出版部　一九九〇年
『政治思想史講義』（共編著）　早稲田大学出版部　一九九一年
『政治思想史における平和の問題』（政治学会年報）　岩波書店　一九九二年
『国際化と人権』（共編）　国際書院　一九九四年
『西洋政治思想史（Ⅰ）（Ⅱ）』（共編著）　新評論　一九九五年

## Ⅲ　共訳書

E・バーカー『政治学原理』　勁草書房　一九六九年
J・プラムナッツ『近代政治思想の再検討Ⅰ－Ⅴ』　早稲田大学出版部　一九七五～七八年
クレスピニイ／マイノウグ編『現代の政治哲学者』　南窓社　一九七七年
Z・A・ペルチンスキー『ヘーゲルの政治哲学（上）（下）』　御茶の水書房　一九八〇～八一年

J・ロールズ他『現代世界の危機と未来への展望』 岩波書店 一九八四年
Z・A・ペルチンスキー他『自由論の系譜』 行人社 一九八七年
J・グレイ『自由主義』 昭和堂 一九九一年

## Ⅳ 論文

「サー・アーネスト・バーカーにおける政治思想と民主主義」 内田繁隆先生古希記念論文集刊行会編『政治の思想と歴史』 一九六三年
「T・H・グリーンにおける政治義務論の理想主義的転回（1）」 『早稲田政治経済学雑誌』一九九号 一九六六年
「T・H・グリーンにおける政治義務論の理想主義的転回（2）」 『早稲田政治経済学雑誌』二〇五号 一九六七年
「T・H・グリーンにおける政治義務論の理想主義的転回（3）」 『早稲田政治経済学雑誌』二〇七号 一九六七年
「政治理論における『正義』の問題」 『早稲田政治経済学雑誌』二一〇・二一一合併号 一九六八年
「E・バーカー政治理論の方法的形成（上）」 『早稲田政治経済学雑誌』二一五号 一九六九年
「ホッブズ解釈の問題」 『早稲田政治経済学雑誌』二二六・二二七合併号 一九七一年
「ホッブズ哲学の方法（上）」 『早稲田政治経済学雑誌』二二九号 一九七二年
「ホッブズ哲学の方法（下）」 『早稲田政治経済学雑誌』二三〇・二三一合併号 一九七二年
「ホッブズの人間論（上）」 『早稲田政治経済学雑誌』二三三号 一九七三年

「ホッブズの自然哲学――機械論的自然観の成立」 『社会科学討究』五一号 一九七三年
「ホッブズ自然哲学の形成――『第一原理についての小論』をめぐって」 『早稲田政治経済学雑誌』二三五号 一九七三年
「ホッブズ政治哲学と宗教」 『社会科学討究』五三号 一九七三年
「ホッブズの人間論（下）」 『早稲田政治経済学雑誌』二三六・二三七合併号 一九七三年
"Thomas Hill Green and Positive Liberty" *Waseda Political Studies* XI 一九七六年
「分裂と統一――ヘーゲル市民社会像の形成」 『早稲田政治経済学雑誌』二五六・二五七合併号 一九七九年
「理想と現実の宥和（1）――初期ヘーゲルの政治思想」 『早稲田政治経済学雑誌』二五八号 一九七九年
「大山郁夫――民本主義からマルクス主義へ」 小松茂夫・田中浩編『日本の国家思想（下）』青木書店 一九八〇年
「レオ・シュトラウスと政治哲学の復権」 『早稲田政治経済学雑誌』二六三号 一九八〇年
「理想と現実の宥和（2）――初期ヘーゲルの政治思想」 『早稲田政治経済学雑誌』二六四号 一九八〇年
「大山郁夫の『卒論』をめぐって」 『書斎の窓』二九七号 一九八〇年
「人倫の再興（1）――『精神現象学』の政治哲学」 『早稲田政治経済学雑誌』二六六・二六七合併号 一九八一年
「政治理論と実践哲学の復権」 『思想』六八四号 一九八一年
「抽象法と道徳――ヘーゲル『法の哲学』をめぐって」 『早稲田政治経済学雑誌』二六九号 一九八二年

「政治理論史の方法とその現代的課題」　『早稲田政治経済学雑誌』二七〇・二七一・二七二合併号　一九八二年

「イギリスにおけるヘーゲル研究の動向」　『社会思想史研究』六号　一九八二年

「反ウェーバー的思惟の諸相」　『理想』五九八号　一九八三年

「政治哲学のパラダイム転換のために——自然の再生・人間の再生・政治の再生」　『思想』七〇九号　一九八三年

「ロック政治理論の展開（上）」　『早稲田政治経済学雑誌』二七五号　一九八三年

「科学・哲学革命と社会契約説——ホッブズを中心として」　『法哲学年報』　一九八三年

「『政治哲学の復権』をめぐって——添谷氏の批判に答えつつ」　『社会科学の方法』一六五号　一九八三年

「民主主義と精神の覚醒〈大山郁夫〉」　早稲田大学社会科学研究所編『近代日本と早稲田の思想群像2』早稲田大学出版部　一九八三年

「倫理的アナーキーを超えて」　『早稲田政治経済学雑誌』二七六・二七七合併号　一九八四年

「政治哲学の復権（2）——ジョン・ロールズと正義の理論」　『早稲田政治経済学雑誌』二七八号　一九八四年

「ホッブズ政治哲学における理性の機能——水波朗教授への二、三の疑問」　『法の理論』四号　一九八四年

「政治哲学の現況」　『理想』六〇八号　一九八四年

「ホッブズとヘーゲル——市民社会の止揚の論理をめぐって」　田中浩責任編集『トマス・ホッブズ研究』御茶の水書房　一九八四年

「大山郁夫における理想主義の克服」　『早稲田政治経済学雑誌』二八〇・二八一合併号　一九八五年

「大山郁夫の生誕・幼少年時代・初期著作について」（共著）　『早稲田大学現代政治経済研究所・研究ノート』三号　一九八五年

「もう一つの『早稲田を去る』――大山郁夫の場合」　『早稲田フォーラム』四九号　一九八五年

「大山郁夫と『科学としての政治学』」　『早稲田政治経済学雑誌』二八三号　一九八六年

"The Ideological Structure of Political Thought in England in the 1930's"　*Waseda Political Studies* XVIII　一九八六年

「近代化と宗教倫理」　柴田敏夫編『政治と宗教のあいだ』有斐閣　一九八六年

一九八六年

「大山郁夫の無産政党論（1）」　『早稲田政治経済学雑誌』二九〇号　一九八七年

「大山郁夫の無産政党論（2）」　『早稲田政治経済学雑誌』二九一号　一九八七年

「大山郁夫研究序説」　『社会科学討究』九六号　一九八七年

「『論争の試み――倫理学』を読んで」　『創文』二七六号　一九八七年

「理想主義と政治思想の交渉――ヘーゲルとグリーン」　峰島旭雄編『比較思想の世界』北樹出版　一九八七年

「アクィナス」　芹沢功編『現代に語りかける政治思想史』昭和堂　一九八七年

「初期大山郁夫の政治道徳観」　『早稲田政治経済学雑誌』二九二・二九三合併号　一九八八年

「政治哲学の復権によせて――ロールズ、ドウォーキン、ノズィック」　『日本福祉大学社会科学研究所年報』三号　一九八八年

「ヘーゲルの自然観――ヘーゲル自然哲学研究序説」　『早稲田政治経済学雑誌』二九五・二九六合併号　一九八九年

「政治理論史における『公』と『私』」　『早稲田政治経済学雑誌』二九七・二九八合併号　一九八九年

"Nature and Man in Hobbes's and Hegel's Philosophy"　*Waseda Political Studies* XX　一九八九年

「G・D・H・コールの政治理論」　『早稲田政治経済学雑誌』三〇〇号　一九八九年

「C・シュミットの自由主義批判」　『早稲田政治経済学雑誌』三〇一・三〇二合併号　一九九〇年

「現代政治学の理論」　佐藤正志・中原喜一郎・三浦信行編『政治学講義』早稲田大学出版部　一九八九年

「危機管理国家の正当性危機」　田中浩編『現代世界と国民国家の将来』御茶の水書房　一九九〇年

「アリストテレスの自然観（上）――自然観の構造と環境倫理学」　『早稲田政治経済学雑誌』三〇三号　一九九〇年

「日本の民主化と大正デモクラシー――吉野作造・大山郁夫によせて」　早稲田大学社会科学研究所編『アジアの伝統と近代化』　一九九〇年

「アリストテレスにおける自然と人間」　『早稲田政治経済学雑誌』三〇四・三〇五合併号　一九九一年

「所有権論考」　『早稲田政治経済学雑誌』三〇六号　一九九一年

「理想主義と教育――明治三〇年代浮田和民の政治思想」　早稲田大学社会科学研究所編『近代高等教育の成立』　一九九一年

「環境・情報・政治」　『情報通信学会誌』三三号　一九九一年

「自由主義と道徳的秩序――アダム・スミスの場合」　『早稲田政治経済学雑誌』三〇七・三〇八合併号　一九九二年

「初期ロックの政治理論」　『早稲田政治経済学雑誌』三〇九・三一〇合併号　一九九二年

「経験論と自由主義――ジョン・ロックの場合」　『思想』八一八号　一九九二年

「ロック経験論と道徳」　『早稲田政治経済学雑誌』三一一号　一九九二年

「公共性の再構築に向けて――思想史の視座から」　山之内靖他編『二〇世紀社会科学のパラダイム』〈岩波講座社会科学の方法〉第Ⅱ巻、岩波書店　一九九三年

"Social Reform and Educational Reform"　*Modernization and Educational Reforms : Prospects for the 21th Century*（一九九三年早稲田国際シンポジウム〈現代化と教育改革〉）　一九九七年

## Ⅴ　書評

C・B・マクファーソン『所有的個人主義の政治理論』（藤野渉他訳、合同出版、一九八〇年）、『民主主義の現実世界』（『現代世界の民主　『早稲田政治経済学雑誌』二〇一号　一九六六年

主義』粟田賢三訳、岩波書店、一九六七年）

M・リヒター『良心の政治学』　『早稲田政治経済学雑誌』二〇六号　一九六七年

T・ホッブズ『エッセイズ』　『早稲田政治経済学雑誌』二三二号　一九七二年

T・ホッブズ『「物体論」初期草稿』　『早稲田政治経済学雑誌』二三四号　一九七三年

岸畑豊『ホッブズ哲学の諸問題』（創文社、一九七四年）　「図書新聞」　一九七四年六月

P・C・マイヤー＝タッシュ『ホッブズと抵抗権』（三吉敏博・初宿正典訳、木鐸社、一九七六年）　「週刊読書人」　一九七六年一〇月

S・S・ウォーリン『西欧政治思想史』（全五巻、尾形典男他訳、福村出版、一九七五〜八三年／新版合本一九九三年）　「週刊読書人」　一九八三年七月

R・J・バーンスタイン『客観主義と相対主義を超えて』（丸山高司他訳『科学・解釈学・実践―客観主義と相対主義を超えて』全二巻、岩波書店、一九九〇年）、R・ベイナー『政治的判断力』（浜田義文監訳、法政大学出版局、一九八八年）　『早稲田政治経済学雑誌』二七九号　一九八四年

原輝史編『大学改革の先駆者橘静二』（行人社、一九八四年）　「早稲田ウィークリー」四八二号　一九八五年

小野紀明『フランス・ロマン主義の政治思想』（木鐸社、一九八六年）　「週刊読書人」　一九八六年一一月

D・ミラー『市場、国家、共同体――市場社会主義の理論的基礎』　『早稲田政治経済学雑誌』三一三号　一九九三年

## Ⅵ　事典等の分担執筆

政治学　『百科年鑑』平凡社　一九七五年

バーカー、ホッブズ、ロック　内田満・内山秀夫編『政治学を学ぶ』有斐閣　一九七六年

大山郁夫、吉野作造　伊藤友信他編／中村元・武田清子監修『近代日本哲学思想家辞典』東京書籍　一九八二年

L・シュトラウス、J・ロールズ　見田宗介・栗原彬・田中義久編『社会学事典』弘文堂　一九八八年

大山郁夫留任騒動　奥島孝康・木村時夫監修／エピソード早稲田大学編集委員会編『エピソード早稲田大学：一二五話』早稲田大学出版部　一九九〇年

## Ⅶ　評論等

「討論の精神」　『週刊とちょう』　一九六九年

「大学における学問研究と教育」　『早稲田フォーラム』　一九七三年

「わが著書を語る　『近代政治哲学の形成』」　『出版ニュース』　一九七四年八月

「わが著書を語る　『西欧政治理論史（上）』」　『出版ニュース』　一九七六年六月

「古典をどう受けとめるか」　『書斎の窓』二五八号　一九七六年一一月

| | | |
|---|---|---|
| 「希望の政治学への道」 | ΠΟΛΙΤΙΚΑ | 一九七七年 |
| 「第四回学術交流訪中団に参加して――政治学者の立場から」 | 『交流簡報』 | 一九八三年 |
| 「正義と倫理感覚麻痺」 | 「信濃毎日新聞」 | 一九八三年六月二一日 |
| 「アベリストウィスとエアロン教授のこと」 | 『ふみくら』No.2 | 一九八四年九月 |
| 「『政治理論のパラダイム転換――世界観と政治』を刊行して」 | 『みずほ』 | 一九八六年 |
| 「繁栄のなか、自省心を消失――中曽根発言の背後にあるもの」 | 「信濃毎日新聞」 | 一九八六年九月三〇日 |
| 「大山郁夫の『社会改造』――『著作集』刊行に寄せて」 | 「毎日新聞」 | 一九八七年一一月一一日夕刊 |
| 「トマス・ホッブズ『リヴァイアサン』」 | 『かがくさろん』 | 一九八九年一月 |
| 「ホッブズが現代に語るもの」 | 「朝日新聞」 | 一九八九年一一月一三日夕刊 |
| 「私の蔵書整理法」 | 『早稲田学報』 | 一九八九年一一月 |
| 「ロックとその思想」 | 『時事教養』一〇号 | 一九九〇年二月 |
| 「『文化国家』の選択はどこへ」 | 「毎日新聞」 | 一九九〇年四月二八日夕刊 |
| 「変動の時代と『歴史の終焉』は」 | 『私学公論』 | 一九九一年一月 |
| 「環境倫理学の視点」 | 「聖教新聞」 | 一九九二年一月二五日 |
| 「社会主義体制の崩壊と自由主義の将来」 | 『言論人』 | 一九九二年二月 |
| 「人類破滅の可能性とその回避のシナリオ」 | *Culture, Energy & Life* | 一九九二年一一月 |
| 「不透明な時代における政治の混乱」 | 『みずほ』 | 一九九二年 |
| 「競争の論理から共生の論理へ」（未完） | 『回想・藤原保信』 | 一九九七年 |

# 人名索引

## ア行

アウグスティヌス（Augustinus, Aurelius） 44, 68
アクィナス（Aquinas, Thomas） 15, 18, 44-45, 68, 101, 110, 207, 234-35
アッカーマン（Ackerman, Bruce A.） 292, 294
アリストテレス（Aristoteles） 11, 12, 14, 15, 18, 42-45, 52, 53, 64-67, 69, 71, 84, 101, 107, 110, 113, 128, 160, 196, 207, 210, 212, 223, 234, 235, 248, 276, 277, 278, 295
アルトゥジウス（Althusius, Johannes） 124-27, 132, 143
アレント（Arendt, Hannah） 10, 67, 276, 277, 278, 292, 298

イーストン（Easton, David） 219-22

ウェッブ（Webb, Sidney James） 161
ウェーバー（Weber, Max） 30, 45, 80-82, 83, 208, 218, 226, 253, 254, 256-57, 258-59, 261, 262
ヴォルフ（Wolff, Christian） 139
ウォレンダー（Warrender, Howard） 116
ウラム（Ulam, Adam Bruno） 161

オークショット（Oakeshott, Michael Joseph） 209

## カ行

ガダマー（Gadamer, Hans-Georg） 273, 275-76, 277, 278, 279
ガヌル（Gunnell, J. G.） 299
ガリレイ（Galilei, Galileo） 117
カルネアデス（Karneades） 127
カント（Kant, Immanuel） 34, 119, 172, 173, 182, 192, 196, 213, 236, 240, 277, 278

グリーン（Green, Thomas Hill） 35, 55-57, 146-61, 163, 190, 196-202
グリーンガルテン（Greengarten, I. M.） 200
グロティウス（Grotius, Hugo） 127-33, 142, 143, 149
クーン（Kuhn, Thomas Samuel） 248, 272, 274, 279, 295

ケアード（Caird, Edward） 160

コイレ（Koyré, Alexandre） 212
コペルニクス（Copernicus, Nicolaus） 117
コール（Cole, George Douglas Howard） 161, 162

## サ行

シュトラウス（Strauss, Leo） 72, 102, 209, 210, 237, 292, 298
シュペーマン（Spaemann, Robert） 216
シュミット（Schmitt, Carl） 115, 116, 167-68, 169, 218, 260

スキナー（Skinner, Quentin） 298
スピノザ（Spinoza, Baruch de） 134-39, 143
スペンサー（Spencer, Herbert） 196
スミス（Smith, Adam） 23, 48, 50-53, 54, 55
住谷一彦 267

添谷育志 206, 209, 210, 211, 212, 215
ソクラテス（Sokrates） 63, 192, 210

## タ行

高島善哉　53
玉野井芳郎　214
ダン（Dunn, John）　298

テイラー（Taylor, Charles）　34, 36, 290
デカルト（Descartes, René）　15, 108, 117, 124, 134

ドゥオーキン（Dworkin, Ronald）　224, 226, 232, 292, 294
トクヴィル（Tocquevile, Alexis Charles Henri Maurice Clerel de）　61
トーニー（Tawney, Richard Henry）　161
トマジウス（Thomasius, Christian）　139

## ナ行

ニーチェ（Nietzsche, Friedrich Wilhelm）　223

ノズィック（Nozick, Robert）　34, 219, 224-25, 232, 283, 284, 292, 293, 297
ノール（Nohl, Hermann）　74, 172, 192

## ハ行

ハイエク（Hayek, Friedrich August von）　283, 284, 297
バイナー（Beiner, Ronald）　272, 276, 278
ハーヴェイ（Harvey, William）　110, 117
バーカー（Barker, Ernest）　25, 43, 64, 99, 101, 202
パーソンズ（Parsons, Talcott）　221, 263
ハーバーマス（Habermas, Jürgen）　27, 30-32, 33, 36, 82-84, 195, 227, 228, 233, 241-43, 244-45, 246-47, 248, 249, 276, 277-78, 279, 296
バーリン（Berlin, Isaiah）　282
バーンスタイン（Bernstein, Richard J.）　247, 272, 273-76, 279

ヒューム（Hume, David）　50, 52, 239

ファイヤアーベント（Feyerabend, Paul Karl）　274
フィッギス（Figgis, John Neville）　124
フーコー（Foucault, Michel）　27, 32, 33
フッカー（Hooker, Richard）　101
プーフェンドルフ（Pufendorf, Samuel）　139-42, 143
ブライト（Bright, John）　153
プラトン（Platon）　11, 14, 42, 43, 63-64, 160, 189, 196, 210, 276

ベイ（Bay, Christian）　297
ベイツ（Beitz, Charles R.）　29, 229, 246
ペイン（Paine, Thomas）　123
ヘーゲル（Hegel, Georg Wilhelm Friedrich）　11, 19-21, 22, 23, 25, 26, 67, 74-78, 80, 82, 118, 154, 167, 168, 169, 170, 172-80, 181, 182-86, 189, 190-95, 196, 199-201, 208, 209, 211, 215, 227, 274, 276
ヘニース（Hennis, Wilhelm）　295
ベラー（Bellah, Robert Neely）　263-64
ペルチンスキー（Pelczynski, Z. A.）　181
ベンサム（Bentham, Jeremy）　199, 218

ポコック（Pocock, John Greville Agard）　71, 298-99
ボダン（Bodin, Jean）　125, 131
ホッブズ（Hobbes, Thomas）　12-13, 14, 15-17, 18, 23, 45, 68-71, 72, 78, 93, 94, 97, 99, 102, 107-118, 123, 124, 129, 132, 134, 136, 140, 141, 149, 167-69, 170, 181, 182, 196, 199, 207, 208, 235, 239, 240, 258

## マ行

マキアヴェリ（Machiavelli, Niccolò）　134, 168, 261
マクファーソン（Macpherson, Crawford Brough）　41, 48, 71
マルクス（Marx, Karl）　11, 19, 21-23, 25, 26, 40, 54-55, 61-62, 78-80, 82, 83, 146, 154-58, 159, 185-86, 227, 265, 285, 286, 287

ミラー（Miller, David William）　281-82, 284-88, 290
ミル（Mill, John Stuart）　55

毛沢東（Máo Zé dōng） 267
モンテスキュー（Montesquieu, Charles-Louis de Secondat, Baron de la Brède et de） 123

**ラ行**

ラスキ（Laski, Harold Joseph） 41, 161, 162
ラスレット（Laslett, Peter） 101, 291
ラッセル（Russell, Bertrand Arthur William） 139, 189-90, 195, 266

リーデル（Riedel, Manfred） 14, 295
リヒター（Richter, Melvin） 153
リンゼイ（Lindsay, Alexander Dunlop） 161

ルウィス（Lewes, George Henry） 196
ルソー（Rousseau, Jean-Jacques） 19, 54, 69, 72-74, 75, 82, 115, 119, 123, 170-71, 175, 184

ロック（Locke, John） 13, 14, 17-18, 23, 92-103, 46-49, 56, 69, 71-72, 78, 92-103, 115, 123, 124, 141, 142, 149, 170, 182, 189, 199, 239
ロベスピエール（Robespierre, Maximilien-François-Isidore de） 193
ロールズ（Rawls, John） 27-29, 33, 34, 36, 219, 222-24, 229, 232, 233-34, 236-41, 243, 246, 249, 292-93

# 事 項 索 引

## ア行



## カ行

**サ行**

**タ行**



**ナ行**



**ハ行**

## マ行



## ヤ行



## ラ行

■著者紹介
**藤原保信**（ふじはら　やすのぶ）
1935年長野県生まれ。65年早稲田大学大学院政治学研究科博士課程修了。元早稲田大学政治経済学部教授。政治学博士。政治思想史専攻。1969-71年シカゴ大学，78-79年オックスフォード大学に留学。日本政治学会，政治思想学会，日本イギリス哲学会などの理事を歴任。1994年没。『近代政治哲学の形成—ホッブズの政治哲学』（早稲田大学出版部 1974），『政治哲学の復権』（新評論 1979／増補版88），『ヘーゲル政治哲学講義—人倫の再興』（御茶の水書房 1982），『大山郁夫と大正デモクラシー』（みすず書房 1989）など著書多数。『自由主義の再検討』（岩波新書 1993）が遺作となった。

■編者紹介
**齋藤純一**（さいとう　じゅんいち）
1958年生まれ。横浜国立大学経済学部教授を経て，現在早稲田大学政治経済学部教授。政治理論・公共哲学専攻。著書に『公共性』（岩波書店 2000），編著に『親密圏のポリティクス』（ナカニシヤ出版 2003），『福祉国家／社会的連帯の理由』（ミネルヴァ書房 2004），共編著に『表現の〈リミット〉』（ナカニシヤ出版 2005），共訳にR.ローティ『偶然性・アイロニー・連帯』（岩波書店 2000），『ハンナ・アーレント政治思想集成』Ⅰ・Ⅱ（みすず書房 2002）などがある。

**谷澤正嗣**（やざわ　まさし）
1967年生まれ。早稲田大学政治経済学部助教授。政治理論・現代リベラリズム専攻。論文に「現代リベラリズムにおける立憲主義とデモクラシー」（『憲法と政治思想の対話』新評論 2002），“Revolution and Enlightenment in Kant’s Political Philosophy : Is There a Kantian Liberalism?” in *Waseda Political Studies*, Vol. 33（2001），「ジョン・ロールズ『政治的リベラリズム』をめぐる批判」（『早稲田政治経済学雑誌』第341号 2000），共訳にI.クラーク＆I.B.ノイマン編『国際関係思想史』（新評論 2003）などがある。

---

藤原保信著作集　第10巻　公共性の再構築に向けて
2005年 2 月28日　初版第 1 刷発行

著者　藤原保信
編者　齋藤純一・谷澤正嗣
発行者　武市一幸

---

発行所　株式会社 新評論
〒169-0051　東京都新宿区西早稲田3-16-28
電話03-3202-7391　FAX 03-3202-5832　振替　00160-1-113487

装丁　山田英春＋根本貴美枝
本文・付物印刷　神谷印刷
製本　日進堂製本

定価はカバーに表示してあります
落丁・乱丁本はお取り替えします

ISBN4-7948-0651-5 C0331
Printed in Japan

# 藤原保信著作集　全10巻

## 政治哲学の復権に向けて――〈藤原政治哲学〉の全貌を捉える

各巻の構成

### 第1巻　ホッブズの政治哲学

■佐藤正志・的射場敬一 編　［第8回配本］

第Ⅰ章　序論――政治哲学と自然哲学
第Ⅱ章　哲学
第Ⅲ章　自然
第Ⅳ章　人間
第Ⅴ章　自然状態
第Ⅵ章　国家
第Ⅶ章　宗教
第Ⅷ章　結論――近代政治哲学の形成

### 第2巻　ヘーゲルの政治哲学

■引田隆也・山田正行 編　［第8回配本］

第Ⅰ章　初期ヘーゲル――人倫の発見
第Ⅱ章　『精神現象学』――人倫の再興
第Ⅲ章　『法の哲学』――人倫の体系
第Ⅳ章　結論――ヘーゲルと現代

### 第3巻　西洋政治理論史（上）

■中金 聡・厚見恵一郎 編　［第4回配本］

### 第6巻　大正デモクラシーと大山郁夫

■荻原 隆・梅森直之 編　［第3回配本］

『大山郁夫と大正デモクラシー――思想史的考察』
序説／第Ⅰ章　政治的デモクラシー――政治的機会均等主義／第Ⅱ章　社会構造の根本精神――民衆文化主義／第Ⅲ章　科学としての政治学／第Ⅳ章　無産政党への道――無産階級倫理の基調／第Ⅴ章　結語にかえて――大山郁夫の遺産
「日本の民主化と大正デモクラシー」他

### 第7巻　政治哲学の復権

■金田耕一・田中智彦 編　［第6回配本］

第一部　『正義・自由・民主主義』（第Ⅰ章　政治理論における「正義」の問題／第Ⅱ章　イギリス理想主義と「積極的自由」の概念／第Ⅲ章　近代的「政治参加」概念の成立／第Ⅳ章　現代理想主義と民主主義の理論／第Ⅴ章　「正義」の基準と社会システム）
第二部　『政治哲学の復権』（第Ⅰ章　はじめに／第Ⅱ章　政治哲学の復権／第Ⅲ章　目的論の復権／第Ⅳ章　自然法の復権／第Ⅴ章　実践哲学の復権）

### 第8巻　政治理論のパラダイム転換

■千葉 眞・添谷育志 編　［第7回配本］

第一部　『政治理論のパラダイム転換――世界観と政治』（第Ⅰ章　政治哲学の復権

序論　政治理論史の方法
第Ⅰ章　プラトン
第Ⅱ章　アリストテレス
第Ⅲ章　アウグスティヌス
第Ⅳ章　アクィナス
第Ⅴ章　マキアヴェリ
第Ⅵ章　ホッブズ

## 第4巻　西洋政治理論史（下）

■岸本広司・川出良枝 編　［第4回配本］

第Ⅶ章　ロック
第Ⅷ章　ルソー
第Ⅸ章　ヘーゲル
第Ⅹ章　マルクス
第Ⅺ章　ウェーバー
結論――政治理論の現代的課題

## 第5巻　20世紀の政治理論

■押村 高・谷 喬夫 編　［第5回配本］

序　二〇世紀と政治理論
第Ⅰ章　多元的国家論（E・バーカー、H・J・ラスキ、G・D・H・コール）
第Ⅱ章　科学とイデオロギー（M・ウェーバー、C・シュミット、K・マンハイム）
第Ⅲ章　政治学の経験科学化（H・D・ラスウェル、D・イーストン、K・W・ドイッチュ）
第Ⅳ章　政治哲学の再生（J・ロールズ、R・ドゥオーキン、R・ノズィック）
第Ⅴ章　モダンとポスト・モダン（H・アレント、J・ハーバーマス、M・フーコー）
結論――総括と展望

---

(1)――レオ・シュトラウスの場合／第Ⅱ章　政治哲学の復権(2)――ジョン・ロールズの場合／第Ⅲ章　中間考察――自然・人間・政治の連関／第Ⅳ章　政治理論のパラダイム転換のために／第Ⅴ章　結論――丸山政治学との関連において）

第二部『自然観の構造と環境倫理学』（第Ⅰ章　序――なぜ自然観か／第Ⅱ章　目的論的自然観――コスモスとしての自然／第Ⅲ章　自然像の機械論化――自然のカオス化／第Ⅳ章　機械論から有機体論へ――コスモスの再興／第Ⅴ章　自然観の転換と環境倫理学――自然と人間の調和のために）

## 第9巻　自由主義の再検討

■松園 伸・山岡龍一 編　［第2回配本］

第一部『自由主義の再検討』（序章　自由主義は勝利したか／第Ⅰ章　自由主義はどのようにして正当化されたか／第Ⅱ章　社会主義の挑戦は何であったか／第Ⅲ章　自由主義のどこに問題があるか／終章――コミュニタリアニズムに向けて）

第二部『自由主義の政治理論』（第Ⅰ章　政治理論と実践哲学の復権／第Ⅱ章　政治哲学のパラダイム転換のために／第Ⅲ章　初期ロックの政治理論／第Ⅳ章　経験論と自由主義――ジョン・ロックの場合／第Ⅴ章　ロック経験論と道徳／第Ⅵ章　自由主義と道徳的秩序――アダム・スミスの場合）

遺稿「競争の論理から共生の論理へ」

## 第10巻　公共性の再構築に向けて

■齋藤純一・谷澤正嗣 編　［第1回配本］

「公共性の再構築に向けて――思想史の視座から」／「政治理論史における『公』と『私』」／「所有権論考」／「危機管理国家の正当性危機――政治理論の対応をめぐって」／「規範理論と価値の多元性――ロールズとハーバーマス」／「大陸自然法とその展開」／「理想主義と政治思想の交渉――ヘーゲルとグリーン」／「近代化と宗教倫理」他／年譜・著作目録付

■A5上製カバー装・平均三五〇頁
■本体予価五〇〇〇～六〇〇〇円
■第1回配本＝'05・2月、第2回配本＝4月、第3回配本＝6月予定。以降二～三カ月毎に一～二冊ずつ刊行の予定